★★★★★ ANGEL INVESTING ★★★★★

엔젤투자 새로운 부자들의 시대

David S. Rose

역자 : 이우진·김영덕·장원식·김종철

비앤엠북스

추천사

2015년 늦은 봄, 저는 뜻있는 지인들과 함께 주변의 그리고 미국 엔젤투자자들의 조언을 통해서 A.I.(Accredited Investors)엔젤클럽을 결성했습니다. 당시에는 엔젤투자가 우리 일반인들에게는 그리 흔치 않은 시기였기에 저는 좌충우돌하며 어떻게 나아가야할지 고민을 많이 했습니다. 하루는 아마존 도서 사이트를 검색하다가 우연히 미국 엔젤투자계의 개척자인 데이비드 로즈의 책을 발견했고, 2주 뒤 해외우편을 통해 겨우 손에 쥔 다음에는 책이 헤질 정도로 몇 번이나 읽고 또 읽었습니다.

이 책이 바로 그 책입니다. 이 책은 엔젤투자자를 위해 엔젤투자의 구체적 사례 및 지식이 백과사전처럼 집대성되어 있습니다. 실제로 A.I.엔젤클럽과 저에게 A부터 Z까지 엔젤투자의 근간을 이루게 해준 책이며, 단언컨대 이 책이 없었다면 지금의 A.I.엔젤클럽은 없었을 것입니다.

한국 독자들을 위해 번역에 혼신을 다해주신 역자분들에게 진심으로 감사의 마음을 전합니다. 이 책을 토대로 한국의 엔젤투자 및 엔젤클럽이 더욱 활성화되고, 모두 성공의 결실을 함께 누리길 간절히 고대합니다.

A.I.엔젤클럽 최성호 회장(현 최성호치과 원장)

역자 서문

이우진

나의 인생에 '벤처창업'이 시대의 주류(主流)가 된 것은 이번이 두 번째이다. 1990년대 말의 첫 번째 흐름에는 어리고(아니, 더 정확한 표현은 '어리석고'일지도 모르겠다) 관심도 없어 올라탈 생각도 못 했고, 두 번째인 지금의 흐름에서는 '벤처창업'이 삶의 전부인 양 살고 있다. 이렇게 다시 마주한 벤처창업의 흐름을 또다시 놓칠세라 7년이 넘는 지난 시간 동안 적극적으로 엔젤투자도 하고 공부도 하며 지금의 주어진 시간을 귀하게 보내고 있다.

나로서는 처음 해보는 번역작업이 아닌 만큼 그 힘든 과정을 알기에 이 책은 더 겁이 났다. 그런데 다행히 내용을 함께 고민하고 토론할 수 있는 친구들이 있어서 두려움이 재미로 바뀌었고 점차 의미 있는 모임을 해나갈 수 있었다. 교정을 보느라 다시 모여 이야기하면서 발견한 거지만, 의미가 모호하거나 번역이 어려운 부분들을 끝까지 집요하게 마무리할 수 있었던 것은 우리 스스로의 자기갱신 경험이 아니었나 생각해본다. 그만큼 엔젤투자에 애착을 가지고 번역을 시작하고 마무리했다.

이 책은 비상장 초기기업을 대상으로 하는 '엔젤투자'를, 이제 막 엔젤투자를 시작하는 사람이나 엔젤투자를 하려고 생각하는 사람들의 수준에서 설명한다. 물론, 이미 엔젤투자를 하고 있는 나 같은 사람들에게도 다시 한번 기초에 대한 복습의 기회를 제공한다.

많은 경우 번역서는 국내사례가 부족하고 적용이 어려울 수 있는 단점을 지닌다. 그러나 이 책에서 설명하고 있는 엔젤투자의 본질적인 메커니즘과 방법론은 국경을 초월하는 본질적인 이야기이며, 국내의 독특한 사례나 내용을 각 장에 추가하여 국내 현실에 적용하는 데 어려움이 없도록 했다.

2021년 현재 극심한 부동산 불안정과 더불어 처음으로 3,000을 돌파한 코스피 증시는 자본시장의 변화와 개인자산 관리의 변화를 보여주며, 이러한 현상은 엔젤투자의 기회와도 맞닿아 있다. 엔젤투자는 벤처창업이 주류가 된 지금의 시대에 혁신을 추구하는 벤처를 성장시키는 원동력이 될 뿐만이 아니라 개인의 자산을 키우는 데에도 큰 기회가 될 수 있다. 엔젤투자를 하는, 그리고 하려는 모든 투자자들에게 이 책이 도움이 되기를 기대한다.

김영덕

1990년대 말(정확히는 1995~2000년)은 전 세계적으로 닷컴버블현상이 일어나면서 '벤처기업'이라는 딱지만 달고 있으면 너도 나도 투자하겠다고 돈 꾸러미를 던지던 시절이었다. 물론 한국도 예외는 아니었다. 2001년 버블 붕괴 이후 이러한 개인들의 투자는 소위 '암흑기'를 맞이하며 엔젤투자시장은 극심한 정체기를 경험하였다. 하지만 2020년대가 도래한 지금, 아마존과 이베이의 성장을 지켜보며 정부의 적극적인 벤처활성화 정책 및 창업생태계의 발전과 더불어 개인 엔젤의 지표는 양과 질적인 측면에서 크게 개선되었다.

이 책의 원저자인 데이비드 로즈(David S. Rose)가 서술한 바와 같이, 격동의 시기 속에서 기회의 새싹을 감지하는 개인들이 늘어나고 있기 때문이라 여겨진다. 데이비드 로즈는 뉴욕의 대천사, 실리콘밸리의 애국자로 불리며, 구글, 페이스북, 인텔을 비롯한 120개의 유망기업에 투자한 엔젤투자자이자 시리얼 창업가이다. 그는 뉴욕의 벤처투자 생태계 발전을 위해 '뉴욕엔젤스(New York Angels)'라는 비영리단체를 설립하기도 하였다. 그가 쓴 본 《*Angel Investing*》은 뉴욕타임스 베스트셀러로 선정되며 많은 엔젤투자자들의 투자지침서로 활용되고 있다.

국내에서도 2020년도 기준 13개의 유니콘(기업가치 1조 원 이상인 비상장 스타트업)의 성장을 바라보면서 High Risk High Return의 꿈을 안고 스타트업 투자에 도전하는 이들이 급증하고 있지만, 여전히 이 시장은 정보의 비대칭성이 매우 큰(어쩌면 네트워크 없이는 진입하기 힘든) 그들만의 리그로 여겨지고 있는 것도 사실이다. 나 역시 엔젤투자를 시작할 때 어디서부터 어떻게 시작해야 할지 정보와 지식에 갈증을 느꼈다.

이것이 바로 이 책을 번역하게 된 계기이기도 하다. 엔젤투자에 대한 기본적인 상식(1부)부터 투자를 잘 할 수 있는 방법(2부), 그리고 투자생태계에 대한 지식(3부)까지 엔젤투자 입문자라면 필히 숙지하고 있어야 할 정보들을 체계적으로 전달하고 있다.

이 책을 통해 우리보다 앞서 스타트업 투자에서 노하우를 쌓은 저자의 폭넓은 지식과 경험이 엔젤투자자들에게 전달되기를 바라며, 투자역량을 한 단계 업그레이드시키는 계기가 되길 바란다. 더 나아가 이 한 권의 책이 마중물이 되어 엔젤투자에 대한 학습과 경험이 지속되고, 이를 통해 보다 많은 분들이 스타트업 투자시장의 진정한 '엔젤'로 거듭나기를 희망한다.

장원식

변리사로 일한 지 어느덧 20년이 되어간다. 그동안 수많은 고객들의 사업 아이디어를 특허나 디자인, 상표로 권리화하면서 어떻게 하면 나의 역할이 고객의 사업에 도움이 될 수 있을까 고민하며 살아왔다. 돌이켜 보면 변리사인 나는 항상 지식재산권이라는 창으로 사업을 바라보지 않았나 생각한다.

하지만 직접 비즈니스의 전선에 나선 사업가의 입장에서 지식재산권은 고려해야 하는 많은 요소 중 일부에 불과할 것이다. 그들에게 영업, 마케팅, 인사, 회계, 자금, 생산 등 사업에 있어서 중요한 요소는 수도 없이 많다. 특히 이 책의 주요 관심 대상인 스타트업 창업자라면 아마도 자금 조달을 가장 중요하다고 여길 것이다.

그동안 기회가 닿을 때마다 성장가능성이 커 보이는 지인들의 회사에 소액의 투자를 해왔다. 지나고 보니 소위 엔젤투자를 해 온 셈이었다. 그 후 우연한 계기로 엔젤클럽에도 참여하면서 엔젤투자를 체계적으로 수행하는 과정을 지켜보게 되었다. 감사하게도 다양한 사례를 경험할 수 있었다. 하지만 그 기초가 되는 지식에 대해서는 풀리지 않는 갈망이 있었다.

이 책은 엔젤투자를 하면서 알아야 할 전반적인 사항을 이해하기 쉽게 다룬다. 일부 사례의 경우 우리나라의 현실과 다소 차이가 있는 부분도 있지만 대부분은 실제 투자 활동에 활용할 수 있는 실질적인 내용을 담고 있다.

나는 앞으로도 이 책을 가이드 삼아 공부와 투자 활동을 병행할 생각이다. 꾸준히 하다 보면 언젠가는 확고한 투자철학을 가질 수 있으리라 기대한다.

엔젤투자 분야 대가의 저서를 함께 번역할 수 있는 기회를 준 이우진 교수께 감사드린다. 여러분 모두 성공하는 엔젤이 되시기를 빈다.

김종철

얼마 전까지만 해도 스타트업이라는 단어를 아는 사람들은 많지 않았다. 또한 이들에게 투자를 하는 벤처캐피털, 엔젤투자자 등에 대한 관심도 많지 않았다. 하지만 최근에는 〈스타트업〉이라는 제목의 드라마(실제 업계를 정확하게 표현하고 있지는 않다)가 나올 정도로 비상장기업 투자 분야에 대한 일반 대중들의 관심은 높아지고 있다.

미국의 애플, 구글, 테슬라 등 전 세계적으로 스타트업의 가치는 전통기업들의 그것을 넘은 지 오래다. 한국은 민간 및 정부의 막대한 투자로 인하여 2019년 스타트업 투자 규모가 약 5조 원을 넘었고, 벤처캐피털뿐만 아니라 은행, 증권회사 등 금융회사나 대기업 및 중견기업 등에서도 CVC(기업벤처캐피털)를 만들어 스타트업 투자에 적극적으로 나서고 있다.

하지만 늘어나는 스타트업 투자에 비해 엔젤투자에 대한 증가는 아직 미미한 실정이다. 스타트업에 투자한 개인에 대한 소득공제 혜택, 엔젤매칭펀드, 전문 개인투자자 제도 등 비상장투자를 적극적으로 장려하고 있지만, 이를 충분히 활용하는 사람은 많지 않다. 또 개인이 엔젤투자를 하고 싶다고 해도 어디서 스타트업을 만나야 하는지, 마음에 드는 기업을 만났다면 어떤 방식으로 투자를 해야 하는지 알 수 있는 방법이 많지 않았다.

이 책은 처음 스타트업 투자를 경험하는 엔젤투자자들에게 반가운 책이다. 비록 미국의 사례를 중심으로 하여 쓰인 책이지만, 엔젤투자란 무엇이며, 왜 엔젤투자를 해야만 하는지, 엔젤투자를 시작한 후 어떻게 포트폴리오를 구성하여 수익을 낼 수 있는지, 또한 스타트업에 투자한다는 의미가 단순히 재무적으로 이익 측면에서뿐만 아니라 어떤 특별한 의미가 있는지 등 엔젤투자자로서 알아야 할 내용을 미국에서 가장 활발하게 엔젤투자 활동 중인 저자의 실제 경험을 바탕으로 하여 서술하였다.

예전보다는 많아졌지만 아직도 한국에는 엔젤투자자에 대해 체계적으로 정리한 콘텐츠가 너무 부족하다. 이 책은 앞으로 엔젤투자자로 발돋움하려는 사람들에게 엔젤투자에 대한 정보 부족의 아쉬움을 채워줄 수 있을 것이라고 생각한다.

현재 엔젤클럽의 일원으로 참여하고 있으며, 투자 회사에서도 투자 심사역으로서 투자 활동을 영위하고 있는 투자자로서 사회에 기여할 수 있어 매우 만족하고 있다. 여러분도 한국의 좋은 초기 기업을 발견하고 투자하여 금전적 이익뿐만 아니라 다른 여러 측면에서 투자자가 가지는 기쁨을 얻어갈 수 있기를 바란다. 마지막으로 이 책이 한국에 소개되는 데 작은 역할이나마 할 수 있게 된 것에 대해 영광스럽고 감사하게 생각한다. 미래의 엔젤투자자들에게도 부디 이 책이 많은 도움이 되었으면 한다.

서 문

십여 년 전 2002년 가을, 내가 일하고 있던 페이팔(PayPal)이 이베이(eBay)에 매각되었다. 매각의 결과로 나는 긴 휴가를 계획하고 있었다. 페이팔은 성공적이었지만, 셀 수 없을 만큼의 닷컴(dot-com)기업들이 실패하였다. 많은 사람들이 소비자 인터넷의 호황은 끝났다고 생각했다.

그러나 나는 기회를 감지하기 시작하였다. 전체 온라인 생태계는 진화하는 중이었다. 인터넷은 어디에서나 흔히 접할 수 있는 것이 되었고, 사람들의 일상생활 속에 급격하게 스며들었다. 그리고 정체성(true identity)이 온라인 세상에서 중요한 역할을 하기 시작하였다.

정체성이 인터넷에서 더욱 중요한 요소가 된 것처럼 사람들 사이의 연결성 또한 인터넷에서 중요한 요소가 되었다. 초기의 온라인 세상에서 연결은 가장 기본적인 것이었다. 그러나 정보의 시대에서 새로운 세계(네트워크 세상)로 변화하기 시작하면서 관계성이 우선하게 되었다. 물론 정보성은 여전히 중요하지만, 사람들은 방대한 정보의 내용을 이해하기 위하여 다른 사람에게 의존하기 시작했다. 네트워크가 모든 것의 뼈대가 되기 시작했다.

이러한 변화의 중요성을 자각한 이후, 나는 웹2.0의 세계를 이해하는 방법과 네트워크 시대의 시작을 연구하기로 결정하였다. 네트워크 시대가 직업의 세계에 영향을 끼치는 방법을 이용하기 위하여 나는 링크드인(Linkedln)을 설립했다. 그러나 나의 관심을 직업적인 측면에만 집중하지 않았다. 나는 네트워크 시대의 사회적 현상에 투자하는 엔젤투자자가 되어 디그(Digg), 페이스북(Facebook), 플리커(Flicker), 라스트 FM(Last.fm), 닝(Ning), 식스아파트(Six Apart), 징가(Zynga) 같은 기업에 투자하였다. 십 년 동안 나는 100개 이상의 기업에 엔젤투자를 하였다.

몇몇 기업은 대단한 이익을 창출하였다. 그러나 나는 빠른 이익 실현을 바라고 플리커나 페이스북에 투자한 것이 아니다. 이 책의 저자인 데이비드 로즈(David S. Rose)가 이야기하는 것처럼 성공적인 엔젤투자자는 장기적인 관점으로 투자를 한다. 나는 내가 투자한 기업들에 대하여 저자와 같은 생각으로 투자하였다. 우리는 기술적으로나 문화적으로 변화하는 시대에 있으며, 이러한 변화는 수개월 또는 일 년 동안 벌어지는 것이 아니며 수십 년에 걸쳐 발생하기 때문이다. 그리고 그러한 기업들은 수백만 명의 사람들이 인터넷과 생활을 통합시키는 플랫폼, 제품 그리고 서비스 등을 창조했다.

기업들의 거래 정보와 기업의 정보가 흘러넘치는 주식시장에서 승자를 골라내기란 어려운 일이다. 스타트업들 중에서 승자를 고르는 것은 더욱 더 어렵다. 성공적인 엔젤투자자가 되고 싶다면, 위험을 감수하고 실패를 받아들이는 능력을 갖추어야 한다. 또한 더욱 중요한 것은 호기심을 가져야 한다는 것이다. 당신은 새로 등장하는 기술과 그 기술을 시장에 접목하려 하는 기업가에 대하여 가능한 모든 것을 알아야 한다. 엔젤투자를 시작한다면, 멘토를 정하고, 동료를 만들어 신뢰를 바탕으로 하여 네트워크를 만들어야 한다. 결국 그러한 네트워크는 투자 결정 과정에 도움을 준다.

이 책은 엔젤투자의 세계에 입문하기에 훌륭한 출발이다. 데이비드는 90개 이상의 기업에 투자한 엔젤투자자이다. 저자는 최상위 학교에서 강의하였으며, 투자자와 기업가를 연결해 주는 플랫폼인 거스트닷컴(Gust.com)의 설립자이다.

– 링크드인(LinkedIn) 창업자 리드 호프먼(Reid Hoffman)

들어가며

나는 어떻게 엔젤투자자가 되었나

대학교 재학 당시, 나는 종조부인 데이브에게 다음 달 뉴욕에서 있을 점심 모임에 초대하는 편지를 받았다. 종조부의 친구 분들이 같이 모이는 것 같아 종조부와 단둘이 대화하고 싶었던 나는 다소 실망하였다. 그러나 다른 세 명의 손님이 도착하고 그들 모두가 노벨상 수상자인 것을 알고 난 후 나의 놀라움은 극에 달했다. 어떻게 이민자로 뉴욕의 빈민가에서 가난한 유년 시절을 보냈고, 정규 교육은 9학년으로 끝난 종조부가 이러한 사람들과 친분 관계를 가지게 되었을까? 그는 비범한 인물이자 기업가, 엔젤투자자였다.

근면한 기업가로서, 그는 몇 개의 기업을 그의 형인 샘(나의 할아버지)과 같이 창업하였으며, 그중 하나는 거의 백년 가까이 활발하게 운영되고 있다. 또한 독지가로서 시간과 돈을 가치 있는 일에 헌신했다.

그러나 종조부와 관련하여 가장 흥미로운 점은 기술혁신을 찾아내고 지지하는 그의 성향이었다. 교육을 거의 받지 못했지만, 활력이 넘치고 호기심 가득했던 길거리 출신의 이 소년은 앨버트 아인슈타인과 만났었고, 블라디미르 즈워리킨(Vladimir Zworykin, 텔레비전 튜브 발명자)과 가장 가까운 친구였으며, 노벨상 수상자인 로잘린 야로(Rosalyn Yalow), 아이작 라비(I.I. Rabi)와 친구였다. 엔젤투자자라는 말이 탄생하기 수십 년 전에 그는 스스로를 혁신의 촉매제라고 묘사했다. 그는 흥미로운 새로운 기술을 발견하여 그 기술과 알맞은 과학자나 대학에 소개하고, 기술을 상업화하거나 조사하는 일에 시드 자금을 제공하였다.

그는 빌렘 콜프(William Kolff, 인공심장 발명자) 박사가 개발한 휴대용 인공신장의 주요 후원자였으며, 새로운 의료기기와 관련하여 선도적인 펀드인 메디컬 테크놀로지(Medical Technology) 설립의 주요 지지자였다. 그는 주거용 고층 건물의 공조 시스템을 발명한 사람이기도 했다. 그의 프로젝트 중 하나에서 일하던 대학원생 인턴 요시 바르디(Yossi Vardi)는 이스라엘 역사상 가장 어린 개발청 장관이 되었고, 오늘날 가장 성공한 엔젤투자자 중 한 명이다.

종조부의 이러한 기질은 아버지를 통하여 나에게 전해졌다. 아버지는 70대의 나이에 에른스트 앤드 영(Ernst & Young)의 올해의 기업인상을 수상하였고, 80대의 나이에도 새로운 벤처에 투자하고 새 프로젝트 개발에 열정적이었다. 그들의 유산은 나에게 자금 조달과 기업가정신 개발과 관련하여 독특한 관점을 주었다. 내가 유일한 3세대 기업인은 아닐지 몰라도, 나는 세계에서 유일한 3세대 엔젤투자자라고 믿고 있다.

내 앞에 이러한 롤 모델을 두고, 나는 1980년대 초반 MBA를 마치고 경영대학원 교수 중 한 명인 피터 개리티(Peter Garrity) 박사와 첫 번째 기술 관련 기업을 공동으로 창업하였다. 그 당시 나는 부동산 개발사업에 전념하고 있었지만, 한편으로 계속하여 기술 관련 기업들을 창업하였다. 그 기업들 중 하나는 초기의 무선통신 분야에서 괄목할 만한 성과를 창출하였고 결과적으로 나는 기술세계로 사업 영역을 전환하였다.

커다란 행운 덕택에 1990년대 초반 나의 첫 사업은 최상위의 벤처캐피탈 펀드에서 투자를 유치하였고 결과적으로 120명의 직원을 거느린 다국적 인터넷 기반의 통신기업으로 성장하였다. 그러나 새천년이 시작하며 불어닥친 닷컴(Dot-com)기업의 붕괴로 수십 년의 노력이 물거품이 되었고, 나의 배우자는 휴식기를 갖고 창업보다는 진짜 직업을 얻으라고 제안했다.

그래서 나는 엔젤투자자가 되었다.

지난 15년간의 결과로 나는 더할 수 없는 즐거움을 맛보았다. 십년 전 나는 오늘날 세계에서 가장 활동적인 엔젤 그룹인 '뉴욕 엔젤(New York Angel)'을 설립했다. 90개가 넘는 기업에 투자하였으며, 구글, 페이스북, 아마존, 인텔, CBS, 코닥을 비롯한 여러 기업들과 투자기업의 합병으로 수백만 달러를 만들어 냈다. 그 과정에서 아주 비범한 창업자 및 투자자들과 만남을 가졌으며 예일, 하버드, 컬럼비아 등 여러 경영대학원에서의 강의를 통하여 수많은 사람들에게 가르침과 멘토링의 기회를 가질 수 있었다. 나는 재정과 기업가정신 및 경영 프로그램을 싱귤래리티 대학에 설립했는데, 이 프로그램은 뉴욕 대학교의 스턴 경영대학원으로부터 올해의 멘토로 지명되었고, 그 밖의 여러 공신력이 있는 기관에서 많은 찬사를 받았다.

결국 나의 배우자는 내가 창업 비즈니스로 돌아가는 데 동의하였고, 나는 거스트닷컴(Gust.com)을 창업했다. 오늘날 거스트는 엔젤투자 산업에 있어서 전 세계적으로 사용되는 온라인 플랫폼이며, 현재까지 초기 엔젤투자와 시드 투자 펀딩과 관련하여 2억 달러가 넘는 거래 실적을 기록하고 있다.

나는 창업기업 펀딩과 관련하여 창업가와 투자자를 모두 경험하였고, 이러한 경험은 초기 단계의 기업 투자와 관련하여 독특한 관점을 제공하였으며 엔젤투자는 부자들의 여흥 거리에서 공인된 투자자 자격을 갖출 수 있는 수입과 재산을 소유하고 있는 모든 사람들에게로 옮겨간 것이 명확해졌다.

엔젤투자가 유행인 이유

20세기 비즈니스 세계에서 기존의 틀을 완전히 바꾼 커다란 변화가 시작된 뒤, 21세기에는 그 변화가 유행하였으나 그 결과는 아무도 예측하지 못하고 있다. 급격한 속도로 기술의 발전이 이루어지는 중이며 그 영향으로 그동안 사람들이 알고 있던 비즈니스 및 재정과 관련한 모든 것을 바꾸어 놓을 것이다. 매년 기술이 배로 발전하면서 같은 기간 동안 비용은 절반으로 줄어들었다. 발전된 기술은 급속도로 증가한 새로운 산업에 응용되었다. 그 결과, 20세기에 번창했던 산업은 21세기에는 실패할 운명에 처하게 되었다. 이러한 상황은 투자 가능한 일정한 자산(10만 달러 이상)을 소유하고 투자(엔젤투자)의 위험을 감수할 수 있는 사람들에게는 기회가 되었다.

몇 가지 예를 고려해 보자. 항공사, 도서 소매상, 교육, 농업, 음악, 엔터테인먼트, 가전기기 산업, 택시 등의 산업 분야에 있어서 기존의 산업은 기술, 관련 규정, 시장의 변화로 인하여 완전히 뒤집히는 충격을 받았다. 현재 포춘지(Fortune) 선정 500대 기업 중 443개의 기업은 1955년 포춘지가 500대 기업을 선정하기 시작한 당시에는 존재하지도 않았던 기업이다. 미래의 가장 거대하고 성공적인 기업은 바로 오늘 만들어지고 있는 것이다. 그러나 주식시장 투자자는 가치가 폭발적으로 성장하는 기업에 투자할 수 있는 방법을 찾을 수 없다.

그러나 기업의 아주 초기 단계에 투자하고 지원하는 개인 투자자에게는 그 방법이 있다. 그리고 이러한 개인 투자의 수익성은 매우 좋을 수 있다. 벤 실버만(Ben Silberman)이 그의 인터액티브 모바일 카탈로그 아이디어를 가지고 뉴욕 엔젤클럽을 찾아 왔을 때, 자신의 기업 가치를 250만 달러로 책정했다. 그러나 그로부터 4년 후 핀터레스트(Pinterest)는 3억 8천만 달러의 가치로 인정받았다. 짐작할 수 있듯이 나의 친구인 브라이언 코헨(Brian Cohen)을 비롯하여 선견지명과 믿음을 가지고 초기에 투자한 엔젤투자자들은 매우 성공적인 결과를 얻었다. 주식 시장에서 페이스북의 IPO 가격인 38달러로 매입한 투자자와 비교해 보자. 이 책을 쓰고 있는 현재 페이스북 투자자들은 78%의 가치가 증가했다는 것을 알 수 있을 것이다. 시드 투자자와 IPO 투자자의 수익률 차이는 2천 배가 넘는다.

발전하는 기술, 법 제도의 변화, 급격한 창업 비용의 감소, 온라인 투자 플랫폼의 결합은 진지한 엔젤투자자 누구나 지금 바로 투자가 가능하다는 것을 의미하고, 이것이 이 책의 내용이다. 엔젤투자 시장과 이론 등에 대하여 안내하고 초기 단계의 기업에 직접 투자하는 방법을 보여주려고 한다.

스타트업에 투자하는 것과 같은 수익률이 높은 투자는 돈을 잃을 가능성도 높다는 것을 의미한다. 이 사실에 대해서는 의문의 여지가 없다. 그러나 주의하고 장기적인 관점에서 전문적으로 이 투자에 접근한다면, 어떠한 전통적인 투자 수익보다 월등히 높은 수익을 낼 수 있다는 것을 통계상 나타난 수치로 알 수 있을 것이다. 그리고 만일 당신이 나와 같다면, 엔젤투자에서 커다란 즐거움을 발견할 수 있을 것이다.

차 례

A N G E L   I N V E S T I N G

PART 1

엔젤투자의 기초

제1장

연간 25%의 수익률을 노려라

왜 여유자금이 있으면
엔젤투자를 해야 하는가

1 연간 25%의 수익률을 노려라

왜 여유자금이 있으면 엔젤투자를 해야 하는가

지난 수년 동안 금융업계의 변방에 머무르던 엔젤투자는, 미국의 주요 신문들뿐 아니라 인기 TV쇼 〈샤크 탱크(*Shark Tank*)〉[1]와 같은 프로그램들의 주목을 받기 시작하였다. 이제 자산관리를 위해 포트폴리오를 구성하려는 전문 투자자들은, 초기 단계의 민간기업에 투자하는 것을 투자 포트폴리오 구성에 있어 중요한 요소로 고려해야 한다. 도대체 왜 그럴까? 그동안 미국과 영국 등 다양한 국가와 기관에서 수행한 연구들에 따르면 신중하게 선택한 엔젤투자들의 장기적인 포트폴리오는 연평균 25% 이상의 수익을 거두었다. 은행계좌 1%, 채권 3%, 주식 7%, 헤지펀드 10%, 그리고 상위 벤처캐피털들도 15% 수준인 연평균 수익률과 비교해도, 25%라는 수익률은 아주 대단한 것이다.

1 〈샤크 탱크(*Shark Tank*)〉는 ABC 방송에서 2009년부터 2018에 걸쳐 방영된 리얼리티 프로그램으로 벤처기업 사장부터 스타트업 사업자까지 다양한 개인 사업자들이, 자수성가한 백만장자들인 다섯 명의 투자자들 앞에서 자신의 사업을 설명하고 투자를 얻어내는 형태의 프로그램이다.

그림 1-1 ▶ 대체 자산 수익률

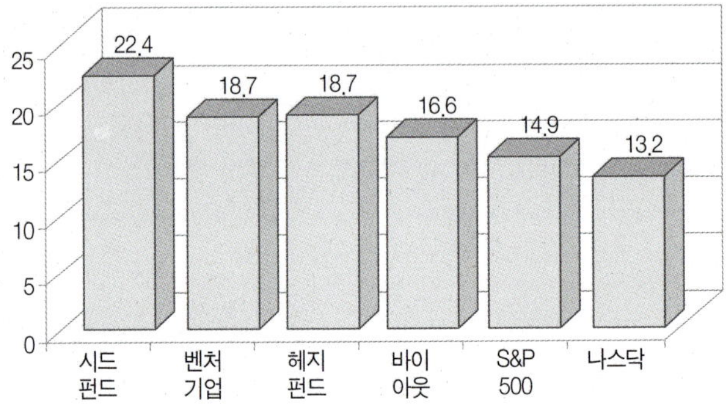

출처: 벤처 이코노믹스(Venture Economics), HFRI 사모 헤지 인덱스(HFRI Equity Hedge Index.)

엔젤투자가 더욱 흥미로운 점은 가만히 앉아 신문에서 주식거래 목록을 읽고 있는 것과는 다르게, 역동적인 스타트업(스타트업)의 부분소유자가 되어 큰 재미를 느낄 수 있다는 것이다. 당신은 세상을 바꾸려 하는 벤처라는 무대에서 가장 가까운 위치에서, 미래에 기업계의 거물이 될 수도 있는 CEO들과 직접적인 관계를 맺고 아직 세상에 공개되기 이전의 최신 상품과 서비스를 경험할 수도 있다. 심지어 실제 시장의 반응에 따라 사업계획을 구상하고 변경하는 데 조언하고 멘토링할 기회를 가질 수도 있다.

지금까지는 장점만 언급해서 믿기 어려울 것이다. 수익도 높고 재미도 있는데 어떻게 좋아하지 않을 수 있을까? 그러나 아직 냉정한 현실을 말하지는 않았다. 자칭 엔젤투자자의 대다수는 실제로 돈을 잃는다. 오히려 아무것도 하지 않는 것이 나을 수 있는 것이다.

이 두 사실을 어떻게 조화시킬 수 있을까?

간단하다. 앞서 주장한 25% 이상의 수익률은 "장기적으로, 신중하게 선택되고 관리된 엔젤투자의 포트폴리오"에서 발생한다. 그러나 실제로 엔젤투자자라 불리는 대부분의 사람들은 투자를 주의 깊게 선택하거나 관리하지 않고, 장기적인 관점을 갖지 않으며, 대체자산 포트폴리오의 중요한 부분으로 엔젤투자에 접근하는 방법에 대한 이해가 부족하다.

그렇다면 당신은, 자신의 투자 자산을 배분할 때 중요한 엔젤투자를 시작하는 방법에 대하여 알고 싶을 것이다. 이제 엔젤투자의 기본부터 시작해보자.

엔젤투자란 무엇인가?

엔젤투자는 전문적인 투자 펀드, 기업, 정부 또는 기타 기관의 투자와는 달리 개인 자산을 스타트업(창업 초기 단계 기업)에 투자하는 것을 말한다. 엔젤투자자는 일반적으로 소액의 금액을 기업 수명주기 중 아주 초기에 투자하는 개인 투자자인 것이다.

엔젤투자자들은 주로 지인(기존 투자한 회사의 ceo 같은)에게서 추천을 받거나, 스타트업이 제품을 출시하는 행사에 참석하거나, 창업가에게 직접 연락을 받거나, 엔젤투자자들의 모임에 가입하거나, 요즘 증가하고 있는 방식인 거스트(Gust)와 같은 평판 좋은 신생 온라인 투자 플랫폼에 참여함으로써, 투자 기회를 찾는다. 엔젤투자 기회를 식별하는 기술 및 그 밖의 여러 기술은 5장에서 자세히 설명도록 하겠다.

엔젤투자자들이 자신들의 돈을 사용하여 투자한 기업의 성장을 기대하고, 큰 이익을 가져다줄 수 있는 기업을 후원한다는 사실 자체에는 특이한 점이 없다. 대부분의 주류 투자자들 또한 똑같이 행동한다. 그들은 애플, 구글, GE, 코카콜라와 같은 우량기업, 또는 여러 기업을 지원하는 뮤추얼 펀드에 투자하여 투자기업의 비즈니스가 성장함에 따라 자신들의 수익이 증가할 것으로 기대한다. 이러한 주류 투자자와 엔젤투자자의 중요한 차이점은 엔젤투자자는 스타트업, 즉 비교적 작은 비상장회사(뉴욕 증권거래소나 나스닥과 같은 시장에서 대중적으로 거래되는 것이 아니라)에 투자한다는 것이다. 이 회사들은 거대한 나무가 되기 위해 노력하는 작은 식물과 같아서 엔젤투자자들과 다른 사람들이 이러한 기업들에 처음으로 투자하는 것을 '시드 투자(seed investments)'라고 한다.

상장회사와 달리 스타트업은 거의 알려지지 않은 경우가 많다. 그들은 일반적으로 포브스(Forbes)나 포춘(Fortune)의 표지에 실리지 않으며, 케이블 TV의 주식 분석가조차 언급하는 일이 없다. 따라서 이러한 스타트업이 무엇인지, 어디에서 찾아야 하는지, 성장 잠재력이 큰 기업들을 어떻게 식별하는지 파악하는 것이 성공적인 엔젤투자자가 되는 열쇠 중 하나일 것이다.

스타트업의 세계와 이 세계에서 엔젤투자자와 스타트업이 함께 일하는 방식은 매혹적인 주제이며 끊임없이 변화하고 있다. 특히 지난 몇 년간 현금으로 스타트업을 지원하는 단계는, 현대 기술을 이용하여 성장 가능성이 있는 기업을 창업하는 비용을 줄이게 된 결과로서 변화를 겪었다. 현금을 쓰는 것이 스타트업에 투자하는 유일한 방법이었던 과거에는 초기 투자자가 전단지를 받는 것 외에는 대안이 없었고 비전과 계획만을 지닌 창업자를 지원했다.

그러나 오늘날에는 새로운 기술을 이용하여 누구든지 쉽게 스타트업의 창업을 시작할 수 있기 때문에 투자가치가 있는 기업들을 위한 기회가 늘어나고 있다. 엔젤투자자들이 제시받은 다수의 기회들은 이미 투자자들을 위하여 무엇인가(완제품, 고객 또는 소비자, 때로는 이익까지도)를 이미 제공하고 있기 때문에, 오로지 아이디어만을 가지고 있는 창업가들에게는 쉽지 않은 일이다. 엔젤투자자들이 그럴 필요가 없음에도 왜 추가로 실행 위험을 감수할까? 창업가, 작가이자 연설가인 데릭 시버스(Derek Sivers)는 TED 컨퍼런스에서 **그림 1-2**에서 표를 통해 아이디어와 실행 관계를 요약하였다.

그림 1-2 아이디어 vs. 실행

아이디어는 실행을 위한 배수 역할을 할 뿐이다.

아이디어를 지나치게 보호하려는 사람들의 이야기를 들어보면 매우 우습다.
(본인의 가장 간단한 아이디어를 내보이려 NDA 체결을 원하는 사람들)
나에게 있어 실행되지 않는 아이디어는 아무런 가치가 없다.
아이디어는 단지 배수 역할을 하며, 실행되어야 비로소 금전적 가치를 가진다.

아이디어		실행	
끔찍한 수준의 아이디어	=–1	끔찍한 수준의 실행	=1 달러
약한 수준의 아이디어	=1	약한 수준의 실행	=1천 달러
보통 수준의 아이디어	=5	보통 수준의 실행	=1만 달러
좋은 수준의 아이디어	=10	좋은 수준의 실행	=10만 달러
훌륭한 수준의 아이디어	=15	훌륭한 수준의 실행	=1백만 달러
매우 훌륭한 수준의 아이디어	=20	매우 훌륭한 수준의 실행	=1천만

비즈니스로 만들기 위해서는 위의 아이디어와 실행값을 곱해야 한다.
가장 뛰어난 수준의 아이디어를 가지고 실행을 하지 않으면 20달러의 가치가 있다.
가장 뛰어난 수준의 아이디어를 바탕으로 제대로 실행한다면 2천만 달러의 가치를 실현할 수 있다.
이러한 이유에서 나는 사람들의 아이디어를 듣고 싶지 않다. 아이디어를 실행하는 것을 눈앞에서 볼 때까지는 전혀 관심이 없다.

– 데릭 시버스(Derek Sivers)

이 때문에 많은 초기 단계에 있는 회사는 엔젤 및 기타 전문 투자자로부터 자금을 끌어 들이지 못한다. 결과적으로, 소위 친구 및 가족으로 이루어지는 투자 라운드(Friends and Family rounds of investment)는 창업 자금을 조달하기 위한 가장 일반적인 방법(창립자 자신의 자본을 제외하고)이며, 모든 자금 조달 방식의 1/3을 차지하고 있다. (스타트업 자금 조달의 다양한 단계에 대한 자세한 내용은 4장에서 설명한다.) 친구 및 가족 투자자는 사업의 성공 여부를 기반으로 투자하지 않고 창업가 지원을 기반으로 투자한다. 반대로 전문 엔젤투자자는 주류 투자자가 해당 주식을 발행하는 회사의 강점과 전망을 평가하며, 그 평가를 토대로 투자하는 방식과 마찬가지로 장기적인 사업의 강점과 전망에 중점을 둔다.

상장회사 주식의 투자자들과 마찬가지로, 엔젤투자자들은 그들이 투자하는 회사의 부분 소유자이다. 차이점은 구글에 투자한 1만 달러를 통해 구글 가치의 3,300만분의 1에 해당하는 10주의 주식을 소유할 수 있지만, 유망한 스타트업에 투자한 똑같은 1만 달러는 10,000주의 주식을 살 수 있으며, 회사 전체 지분의 1%를 소유한다.

그렇다면 아주 낮은 엔트리 비용으로 한 명의 엔젤투자자가 스타트업의 대주주가 되는 것은 공정한 일일까? 단순한 문제는 아닐 것이다. 실제로 1백만 달러 이상을 한 회사에 투자한 개인도 있지만, 대다수의 엔젤투자가는 훨씬 적은 금액으로 투자를 한다. 회사의 창업 시드 단계 및 초기 단계에 대한 투자가 위험하기 때문이다. 이러한 투자의 대부분이 완전히 실패로 끝난다. 따라서 엔젤투자자는 최소 20개에서 80개 회사에 투자하려고 하며, 이러한 방식으로 한 회사에서 발생하는 손실을 제한한다.

보통 개인 엔젤투자자는 한 회사당 약 2만 5천 달러를 투자하는데, 일반적으로 투자 라운드를 구성하기 위해 5명 또는 10명의 엔젤투자자가 참여한다. (많은 엔젤들이 다양한 종류의 엔젤투자자 그룹이나 신디케이트[syndicate]에 참여하고 있으며, 이는 통찰력, 아이디어, 네트워크 및 기타 자원을 모으는 데 매우 효과적이고 개인보다 훨씬 효과적으로 투자할 수 있다). 더 큰 액수의 투자 라운드를 진행하기 위하여 점점 더 많은 그룹이 신디케이트를 조직하여 함께 투자하기도 하지만 엔젤투자자 그룹의 평균 총 라운드 크기는 약 275,000달러이다.

위에 언급한 범위를 벗어나서 몇몇의 개인 엔젤투자자들은 각 회사에 5,000달러에서 500,000달러(또는 그 이상)까지 투자하고 있다. 마이크로 벤처 펀드를 관리하는 노련한 투자자인 "슈퍼 엔젤스"는 투자당 평균 10만~20만 달러 정도를 투자하는 것으로 알려져 있다. 벤처캐피털 펀드가 운영되는 영역에 들어서야만 초기 투자가 단일 소스에서 1백만 달러에 가까워지는 것을 알 수 있다.

따라서 요약하면 엔젤투자자는 다양한 스타트업의 성장에 중요하지만 기관 투자자 대비 작은 금액(평균 10만 달러 이하)을 투자하는 개인이다. 이러한 투자는 시간이 지남에 따라 성공한 기업과 실패한 기업을 포함하는 포트폴리오를 형성한다. 성공적인 엔젤투자자가 되는 열쇠는 실패한 기업을 상쇄하기에 충분할 만큼 성공한 기업을 확보하는 것이다.

정말로 25%의 수익을 1년에 만들 수 있을까?

성공한 엔젤투자의 본질은 한 가지 엄연한 사실을 인정하고 받아들이는 것에서 시작된다. 아주 적은 금액을 오직 하나의 스타트업 회사에 투자하는 경우라면, 당신이 그 투자로 이익을 만들 수 있는 확률은 거의 없을 것이다. 하지만 이러한 확률은 투자를 다각화하여(투자금액이 상대적으로 적어도) 여러 개의 회사에 나누어 투자를 하는 경우에 크게 늘어난다.

왜 이런 결과가 발생할까? 엔젤투자자의 지원을 받는 대다수의 신생회사들은 실패로 귀결되기 때문이며, 한 회사에만 투자하면 "이익을 창출하지 못하는" 경우보다 "모든 돈을 잃는" 가능성이 더 크다. 그러나 회사가 성공할 때, 초기 투자에 대비하여 몇 배에 달하는 수익을 돌려주는 진정한 성공의 기회를 얻는다. 이를 "히트 비즈니스(hit business)"라고 한다.

평균적인 엔젤투자자가 얼마나 많은 수익을 올릴 수 있을까? 이 질문에 대답하는 데 필요한 데이터는 실제로 존재하지 않는다.

그 이유는 ① 평균적인 엔젤투자자를 정의할 수 없고, ② 현재 개인 투자자의 활동이나 기록을 추적할 수 있는 방법이 없기 때문이다.

거스트(Gust)가 전형적인 전문 엔젤투자자들의 활동을 묘사하는 주요 통계에 대해 대략적으로 요약하면 다음과 같다.

- 개인 엔젤투자자들은 자신들의 이용가능성을 얼마나 적극적으로 홍보하고 자신들에 대한 접근성을 얼마나 용이하게 하는지에 따라 매월 0~50개의 투자유치 제안(pitches)을 받는다.
- 조직된 엔젤투자 그룹은 전형적으로 매달 5~100건의 제안을 받을 수 있다. 모든 엔젤 그룹은 매달 약 1만 건의 투자제안서를 받게 된다. 모든 엔젤투자자들은 매달 약 50,000건의 자금 요청을 받게 된다.
- 조직화된 엔젤 그룹은 한 개의 투자 회사를 결정하기 위하여 대략

40개의 회사를 살펴본다(벤처캐피털기업의 경우 400여 개).

그리고 매년 전형적인 엔젤투자자 그룹이 받는 자금 지원 요청은 다음과 같다.

- 30%는 예비 심사를 위해 초청된다.
- 10%는 전체 그룹을 대상으로 하는 투자유치에 참여하도록 초청된다.
- 2%는 적어도 일부 회원들로부터 자금을 지원받는다.

평균적으로 미국 엔젤투자자 그룹에 속한 개인 투자자는 회사당 약 35,000달러를 투자하고 엔젤 그룹의 구성원들이 모여 회사당 약 30만 달러를 투자한다.

투자가 이루어지면 결과(엔젤투자자 수익에 대한 여러 독립적인 연구 결과의 평균)는 다음과 같다.

- 결국 50%가 완전히 실패한다.
- 20%는 결국 원래 투자 원금을 반환한다.
- 20%는 2~3배의 투자 이익을 반환한다.
- 9%는 투자의 10배 이익을 반환한다.
- 1%는 투자액의 20배 이상의 이익을 반환한다.

위의 숫자가 대략 정확하다고 가정한다면 신화에 가까운 성과를 낸 평규적인 엔젤투자자는 어느 위치에 있다고 생각하는가?

실제로 엔젤투자의 결과는 두 갈래로 나뉜다.

소위 말하는 대다수의 엔젤투자자들은, 미국에서 활동하거나 해외에서 활동하거나, 엔젤투자에 대하여 잘 알지 못하고, 엔젤투자를 금융사업으로서 심각하게 생각하지 않으며, 자신들의 포트폴리오가 다양해질 때까지 장기적으로 연속적인 투자를 하지 않는다. 이러한 투자자들의 수익은 거의 제로이거나 손해를 기록한다.

대조적으로, 이 책에서 설명한 접근법을 따르는 전문 엔젤투자자는 투자 이론과 초기 단계의 현실에 대한 강력한 지식으로 장기간에 걸쳐 비교적 합리적이고 안정적으로 투자한다. 그들은 돈을 버는 것뿐만 아니라 투자를 잘 하는 경향이 있다. 실제로 포괄적이고 잘 관리된 엔젤 포트폴리오의 평균 수익률은 25~30%의 내부수익률(IRR)을 가진다.

누가 엔젤투자자가 될 수 있을까?

엔젤투자는 매우 위험하기 때문에(이 책에서 설명한 접근법을 취하지 않고 장기간에 걸쳐 적어도 20~80개의 회사에 합리적이고 일관되게 투자하지 않는 한), 2014년까지 제한된 그룹의 사람들만이 이 자산 투자에 접근할 수 있었다. 미국 증권 거래위원회(SEC)의 규정에 따르면, 소규모 투자자를 비현실적이고 영향력이 큰 영업 홍보로부터 보호하기 위해 전통적으로 미국에서는, SEC의 정의에 따라 자격이 있는 공인 투자자 또는 공인 구매자만 엔젤투자가 가능하였다. 금융 시장이 발달한 많은 다른 국가에도 유사한 규칙이 존재한다.

미국에서는 공인 투자자 및 공인 구매자에 대한 정의가 구체적으로 SEC에 의해 규정된다. 두 가지 용어에 대한 정의에는 난해한 법률용어가 있지만, 사실상 다음과 같이 정리할 수 있다.

- 공인 투자자: 연간 최소 수입이 20만 달러(또는 배우자와 함께 30만 달러) 또는 순자산 (주거 가치 제외)이 적어도 100만 달러인 사람
- 공인 구매자: 투자 자산이 500만 달러 이상이거나 다른 사람들의 자산을 적어도 2,500만 달러 이상 관리하는 사람

이 책 전체에서 거의 모든 엔젤투자자가 전통적으로 속하는 공인 투자자에 대한 이 정의를 다시 언급할 것이다.

누가 엔젤투자자가 되어야 할까?

엔젤투자는 균형 잡힌 포트폴리오의 한 부분이어야 하기 때문에, 대부분의 엔젤투자자는 자산의 10% 이상을 벤처기업에 투자하지 않아야 한다. 사실 엔젤 협회(Angel Capital Association)의 전 회장인 존 휴스턴(John Huston)은 엔젤투자자들이 다른 소득원에서 얻는 연간 현금 중 10% 정도만을 초기 단계의 투자에 사용하여야 한다고 주장하였다. 따라서 미국에서는 전형적인 엔젤투자자가 5~10개 회사에 각각 2만 5천 달러에서 5만 달러에 이르는 투자를 했다고 말할 수 있다. 정기적으로 훨씬 더 큰 투자를 하는 사람들이 있으며, 더 적은 금액을 투자하는 사람이 더 많다. 그러나 벤처캐피털리스트와는 대조적으로 엔젤투자를 정규 직업으로 간

주하는 소수의 엔젤투자자들이 있으며, 말 그대로 전문적인 투자자들이다.

이 엔젤투자자들은 누구이며, 그들을 움직이는 것은 무엇일까?

종종 엔젤투자자들의 투자를 사회 환원이라 포장하기도 하지만, 엔젤투자자들의 투자 동기는 재정적인 이유가 크다(사전적 정의에 따르면, 투자는 경제적 수익의 기대를 의미한다). 많은 엔젤투자자들은, 현재 창업가들이거나 또는 과거에 창업가들이었으며, 기업 활동을 통하여 현재의 투자 가용 자금을 마련하였다. 따라서 엔젤투자자들은 창업가 정신을 강력하게 믿으며, 언젠가 비즈니스 세계에 혁신을 불러일으키고, 수백억 원의 이익을 창출하여 경제에 박차를 가할 수 있는 아주 작고, 시작 단계의 회사들을 지원한다는 사실에 흥분한다. 링크드인(LinkedIn)의 레이드 호프먼(Reid Hoffman), 페이팔(PayPal)의 피터 틸(Peter Thiel), ICQ의 요시 바르디(Yossi Vardi) 또는 에드벤처(EDventure)의 에스더 다이슨(Esther Dyson)과 같은 엔젤들은 말 그대로 세계를 변화시키고 있다. 위의 인물들 중에 가장 순수한 경우는 아마존이 자포스(Zappos)를 인수한 자금으로 라스베이거스 다운타운의 외형 및 경제적 인프라 재개발 프로젝트에 큰 자본을 투자한 토니 셰이(Tony Hsieh)일 것이다.

그러나 엔젤투자자는 사전적 의미의 박애주의자나 선행을 베푸는 사람이 아니다. 대신에 대부분의 엔젤투자자들은 장기적으로 강력한 재정적인 수익이 기대된다는 점에서 주로 비즈니스의 경제적 측면에 대해 전문적이고 진지한 자세를 보인다.

엔젤투자는 이른바 '대수의 법칙(Law of Large Numbers)'이 적용되는 분야이다. 이는 동일한 실험을 여러 번 수행한 결과를 설명하는 정리이다.

이 법칙에 따르면 많은 수의 시험에서 얻은 결과의 평균은 예상값에 가깝고 더 많은 시험이 수행될수록 더욱 예상값에 가까워지는 경향이 있다.

대수의 법칙이 엔젤투자에 미치는 함의는 어떠한 특정한 투자도 정의상 거의 예측할 수 없고 통계상으로는 경제적 실패가 될 수 있지만 일관되게, 지능적으로, 오랫동안 투자하면 결과는 명백하게 유리해진다는 것이다.

이것은 성공한 엔젤투자자(그리고 더 중요한 것은 엔젤이 되는 것을 즐기기 위해)가 되기 위해 다음과 같은 개인적인 특징을 지녀야 한다는 것을 의미한다.

- 장기적인 관점 (수십 년이 아니라 해도 수 년 후에 측정됨)
- 강력한 경제 기반과 손실을 견딜 수 있는 능력
- 위험에 대한 높은 내성
- 높은 내구성
- 기질
- 강력한 대인 간 기술(Type-A 창업가와 거래)
- 자기 단련
- 학습의지
- 창업가 및 스타트업에 대한 일반적인 애정과 존경

당신이 회사의 운영이나 전략에 대하여 회사와 함께 연구하며 시간을 보내고, 회사의 자금 조달을 돕는 적극적인 엔젤투자자가 되고자 한다면, 다른 특성들을 지니고 있어야 한다. 여기에는 교육/멘토링 능력, 업무 영역에 대한 전문성, 비즈니스 경험, 재정적 능력, 개인 네트워크 및 관대함이 포함된다. 그러나 위의 목록은 능동적이든 수동적이든 모든 엔젤투자자에게 일반적으로 적용된다.

이렇듯 엔젤투자자는 창업가와 공통점이 많으며 창업가 정신은 본질적으로 무모한 사업이라 할 수 있다. 이러한 무모한 사업을 시도하는 사람들 중 한 명을 선택하여 당신은 개인적인 엔젤투자를 함으로써, 짜릿한 승리와 패배의 고통으로 들썩이는 이상한 나라의 앨리스라는 롤러코스터에 자발적으로 탑승한 것이다.

모든 엔젤투자에서 당신이 상상할 수 있는 모든 재난, 실망 및 무모한 가능성을 경험할 것이라 장담한다. 창업가들이 무모한 일을 벌이는 것처럼, 당신도 마찬가지로 이 무모한 일을 수십 번 이상 하고 있을 것이다. 그리고 당신이 투자한 기업 중 50~90%는 실망스럽고, 경제적으로 비참한 결과를 맞이하게 될 것이다.

따라서 유망한 스타트업에 5만 달러를 투자하고 모조리 잃었을 때 화가 나거나, 창립자가 획기적인 제품을 출시한 바로 다음 날 구글이 전체 시장을 흡수하는 더 나은 무료 버전을 공개한다는 사실을 수용할 수 없는 사람이라면, 엔젤투자는 당신이 할 사업이 아닐 것이다. 이런 사람은 분명 창업가가 되어서는 안 된다.

이러한 경고가 형식적(proforma)이라거나 당신에게는 적용되지 않는다고 한 순간이라도 가정하지 말아야 한다. 그렇다. 나는 엔젤투자자로서 성공했다. 그리고 나는 수많은 실패, 실수를 겪었으며 그로 인해 수많은 상처를 입기도 했다. 모든 경험 있는 엔젤투자자와 마찬가지로, 나도 성공이 확실해 보이던 기회가 실패로 끝나고, 무시하고 지나친 기회가 큰 성공으로 귀결된 경우와 같은 많은 일을 경험했다.

예를 들어, 2004년 한 업계 컨퍼런스에서 나는 가정용 TV의 생방송을 실시간으로 인터넷을 통해 전 세계 어느 곳에서든 스마트폰이나 컴퓨터로 전송할 수 있는 장치를 처음으로 시연하는 장면을 보았다. 굉장히 신선하다고 생각한 나는 연단에서 내려오는 블레이크 크리코리안(Blake Krikorian)을 재빨리 따라가서 말을 걸었다. 나는 그에게 제품에 대해 얼마나 감동받았는지 이야기했고, 뉴욕에 와서 뉴욕 엔젤에 속한 동료 투자자들에게 프레젠테이션을 할 의향이 있는지 물었다. 그는 동의했고, 우리를 찾아와 엔젤 그룹 회의에서 시스템을 시연했다. 우리는 대단하다고 생각하면서 아직 이익이 전무하고 본격적으로 생산하기 전인 이 회사를 500만 달러의 가치로 상정하여, 수십만 달러를 투자하겠다고 제안하였다.

내가 주요 거래 조건들을 준비하고 있을 때, 블레이크는 2개의 주요 실리콘밸리 벤처캐피털 펀드가 우리가 상정한 가치의 4배에 달하는 2천만 달러 상당의 가치평가액으로 1천만 달러를 투자할 준비가 되어 있다고 말했다. 그는 우리에게 그 라운드에 참여하도록 권유하면서 투자를 호소했다. 그러나 우리는 그의 제안을 거절하였다. 우리는 현명하고 경험이 풍부한 투자자였기에 제품이 출하되지 않은 회사에 대해서 2천만 달러 상당의 가치평가가 이루어졌다는 것은 의문의 여지가 있음을 잘 알고 있었다. 그래서 우리가 성공 가능성을 본 제품이었고, 블레이크와 공동 창업자이자 형제인 제이슨(Jason)이 투자에 참여하라고 부탁했으며, 일부의 매우 현명한 벤처캐피털이 그 회사의 가치를 높게 평가했음에도, 우리는 유감스럽게 이 요청을 거절하였다.

그리고 3년 후 블레이크의 슬링 미디어(Sling Media)는 에코스타(Echo-Star)에 3억 8천만 달러에 인수되었다.

반면 작년에는 진정으로 예술적이었던 아이패드(iPad) 응용 프로그램을 보유한 흥미로운 스타트업기업을 보았다. 그 기업은 기존의 크고 수익성 있는 시장에 새로운 접근법을 가져 왔으며, 아주 대단한 창업팀을 갖추고 있었다. CEO는 업계의 주요 상장 회사의 최고위 임원 중 한 사람이었으며 CTO는 애플 모바일 엔지니어링의 리더였으며 애플 엔지니어 팀을 이끌고 합류했다. 두 공동 설립자는 이미 직접 자기 자본 수십만 달러를 투자했으며, 우리에게 보여준 프로토 타입은 디자인과 기능이 조화를 이루었다. 나는 12명의 다른 수준 높은 엔젤투자자와 함께 회사에 대한 투자 라운드를 이끌고 회사 이사회에 합류하여 잠재적인 파트너, 투자자 및 고객에게 소개하기 시작했다.

새로운 투자로 회사가 확장하고 초기 출시를 시작할 준비를 마쳤기에 상황은 잘 진행되고 있는 것 같았다. 제품이 애플 앱 스토어에 등장했을 때, 많은 다운로드 수를 기록했다. 그러나 불행히도 그 많은 다운로드 중 극히 일부만 수익을 창출하는 매출로 전환되었다. 실망스러웠지만 예상치 못한 것은 아니었다. 그러나 예상치 못했던 것은 회사에 35만 달러가 투입된 투자가 이루어진 후 석 달도 채 되지 않았을 때 CTO/공동 창업가가 자신이 회사에 투자한 20만 달러를 두고 떠난 것이었다. 그런 다음 전체 엔지니어링 팀도 신속히 그를 따라갔다. 불쌍한 CEO는 우리와 마찬가지로 파트너의 이탈이라는 기습을 받았고 여전히 회사의 가치를 보호하기 위해 고군분투하고 있지만 매우 고통스러운 상황이다.

재미있는(사실은 그렇지 않지만) 점은 엔젤투자의 엉뚱하고 멋진 세계에 발을 들여놓으면 이런 일을 비일비재하게 겪을 수 있다는 것이다. 나는 슬링 미디어(Sling Media), 쿼키(Quirky), 핀터레스트(Pinterest) 같은 회사에서 기회가 왔을 때는 투자하지 않고, 정작 내가 투자한 회사는 투자금을 희망 없이 날려 버렸다. 사실 나는 성공적이라 할 수 있는 개인 엔젤투자를 90번 이상 해왔고 10년이 넘도록 잘 해왔으며, 30개 이상의 회사에 대한 투자는 완전히 실패했다. 그러나 실패는 게임의 일부이며, 엔젤투자자가 되는 것에 대해 진지하게 생각한다면 이 사실을 우선 이해해야 한다. 그러나 다른 한편으로, 나는 지금까지 십여 개 이상의 회사에 투자를 끝내고 수백만 달러의 이익을 보았으며, 수십 개가 넘는 유망한 회사를 여전히 내 포트폴리오에 남겨두고 있다. 그들 중 일부는 최근 1억 달러를 훨씬 넘는 가치로 추가 자본을 모았기 때문에 포트폴리오의 전반적인 미래 가치는 상당히 좋아 보인다.

위에 열거한 엔젤투자자의 특성 대부분을 가지고 있고, 불확실성, 경쟁, 멘토링, 위험을 감수하고 새로운 아이디어 및 기술을 사용하기 좋아하는 성격이라면, 엔젤투자는 당신이 참여할 수 있는 가장 즐겁고, 흥미진진한 일이 될 것이다.

통계 자료에서 알 수 있듯이 성공적인 엔젤투자는 숫자 게임이다. 엄청난 수익을 올리는 단일 투자의 확률은 매우 작다. 그러나 당신이 여러 개의 회사에 지능적으로 투자한다면, 적어도 그 회사 중 몇 개의 기업은 수익을 올릴 수 있는 좋은 기회를 안겨 줄 수 있을 것이다. 수익이 충분하다면 실패한 기업으로 인한 손실을 상쇄할 뿐만 아니라 전반적인 수익률을 높일 수 있다. 오랜 기간 동안 준비한 포트폴리오를 신중하고 올바르게 수행한다면, '대수의 법칙(Law of Large Numbers)'은 어떤 주류 투자보다 훨씬 좋은 수익을 올릴 수 있게 해 줄 것이다.

내 포트폴리오에 있는 몇몇 CEO의 성장을 오래 지켜보는 것은, 자녀가 성장하는 것을 지켜보는 것만큼이나 가슴 벅찬 것이었다. 그리고 10년 동안 25% 이상의 포트폴리오 IRR을 성취했다는 사실로 인해 그 기다림은 더욱 행복한 것이었다.

당신이 엔젤투자자가 되어야 할 사람이라면, 당신은 엔젤투자를 만족감이 대단하고, 재미있고, 정신적으로 자극을 주고, 경제적인 보상이 있는 활동으로 여길 것이다.

엔젤투자 시작하기

엔젤투자에 관한 SEC 규정은 변화하기 시작하였다. 공인된 기준(백만 달러 이상의 투자 가능 자산, 연 20만 달러 이상의 소득)이 아닌 미국인들에게 벤처 투자를 위한 새로운 기회를 열어주었다. 이 비인가 범주에 해당하는 경우 모든 엔젤투자는 2012년 JOBS 법 Title III에 설명된 대로 SEC가 온라인 자금 포털이라고 명명한 것을 통해 이루어진다(이 새로운 플랫폼과 신흥 세계에 대해 논의할 것이다). 그러나 이 책의 출판일 당시 SEC는 아직 포털의 규제를 위한 법령을 확정하지 않았기 때문에, 실제로 이러한 포털은 비즈니스를 시작하지 않고 있다(물론 다른 모든 사람들과 마찬가지로 주식 시장에서 신흥 상장회사를 인수할 수는 있다). 스타트업에 투자하는 일반적인 방법은 이 책에서 기술할 것이지만, 익숙하지 않은 투자 환경에 있다 하더라도, 포털 등을 통한 새로운 투자 방법을 이용할 수 있을 것이다.

반면에, 이미 공인 투자자 자격을 취득했다면 합법적으로 스타트업에 투자할 수 있으며 이 책은 첫 번째 투자를 하기 위해 취할 수 있는 구체적인 내용을 단계별로 안내할 것이다.

오늘날 새로운 엔젤투자자를 위한 최선의 선택 중 하나는 지역 엔젤투자자 그룹에 가입하는 것이다. 이곳에서 25~250명의 다른 진지한 투자자와 함께 회사의 프레젠테이션을 듣고 기업의 상태를 조사하여, 관심이 있는 기업이 있다면 다른 엔젤투자자와 함께 의미 있는 투자를 위하여 투자금을 모을 수 있을 것이다. 이러한 엔젤투자 그룹의 대부분은 직접 만나서 그 지역을 기반으로 하는 회사에 주로 투자하지만, 지역적인 제한 없이 온라인으로 만나고 투자하는 가상의 엔젤투자 그룹 수가 증가하고 있다(엔젤 그룹의 장단점과 그 투자 과정에 대해서는 제17장에서 다룰 것이다).

스스로 혼자 하고 싶다면, 이 책은 필요한 모든 것을 보여줄 것이다. 즉, 기회를 찾기 위해 알아야 할 것(제5장), 그 기회에 대해 해야 하는 실사와 같은 숙제를 하는 법(제8장), 투자 조건을 협상하는 법(제11장), 투자 기간 동안 계속하여 가치를 더해가는 법에 대하여 다룰 것이다(제13장).

지난 몇 년 동안 프로세스를 간소화하려는 수많은 온라인 플랫폼이 만들어졌기 때문에, 현재는 엔젤투자자가 되기에 좋은 상황이다. 이 중 가장 크고 포괄적인 것은 거스트(Gust)이다. 나는 엔젤 공동체 전체를 위한 온라인 인프라를 제공하기 위해 거스트를 창립했다. 오늘날 미국과 국제적으로 많은 엔젤 그룹이 거스트를 사용하여 모든 투자를 운영하고 관리하고 있다. 거스트는 엔젤투자그룹 내부적으로나 외부적으로 투자처의 발굴과 투자의 실행을 위한 엔젤투자자들 간의 협업을 쉽게 만들었다.

다른 웹사이트는 부동산(Realty Mogul), 영화(Slated), 소비재(CircleUp) 등

과 같은 특정 산업에 특화되어 있다. 특정 거래의 소스가 되는 액셀러레이터 프로그램(Funders Club) 또는 대학 동문으로 이루어진 유형(Harvard Business School Alumni Angels), 특정 지역(유럽의 시드 리더) 또는 소위 메인 스트리트 회사(Bolstr)와 같은 특정 유형의 투자도 포함된다. 엔젤리스트(Angel-List), 초기 지분(EarlyShares), 마이크로 벤처(MicroVentures)와 같은 다양한 산업 분야를 다루는 일반적인 플랫폼도 있다. 엔젤투자의 세계가 지속적으로 확장되고 다각화됨에 따라 독자적인 플랫폼으로, 또는 거스트와 같은 기존 플랫폼 외에 선별된 그룹 또는 컬렉션으로 점점 더 많은 온라인 플랫폼을 통한 투자 기회가 증가하고 있다.

따라서 엔젤투자자로서 시작하는 것이 어느 때보다 쉬워졌다. 그러나 성공적으로 시작하려면 어떻게 해야 할까? 성공한 엔젤투자자들이 자신들의 이익을 위해 어떤 전략을 세우고 있을까?

그 질문에 대한 답은 하나도 없다. 엔젤투자자에 관하여 일반화하려는 것은 구름을 일반화하려는 것과 같다(몇 가지 근본적인 특징을 공유하지만, 그 외에는 다르다).

성공적인 엔젤투자자의 한 가지 특징은 자신이 잘 알고 있는 산업을 전문으로 하는 경향이 있다는 것이다. 나는 소셜 네트워킹 사이트에서 전단지(어떤 날엔 비뇨기과용 카테터, 그 주 마지막 날엔 스시/레스토랑을 광고하는)를 살펴보는 기회주의적인 엔젤투자자들을 알고 있지만, 그러한 전단지들은 예외적인 것이지 일반적인 것은 아니다. 그들은 엔젤투자를 재정적인 수익의 창출을 위한 시도로 생각하기보다는 잉여 자본이 많은 부유한 사람들이다.

대부분의 전문 엔젤투자자(즉, 엔젤투자자라는 용어로 자칭하고 궁극적으로 10개 이상의 투자를 계획하는 사람들)는 이미 잘 알고 있는 비즈니스 분야에 투자한다. 그래서 가장 진지한 엔젤 그룹은 특정 산업을 중심으로 집단화되는 경향이 있다. 예를 들어, 뉴욕에는 뉴욕 엔젤(기술 분야), Tevel Angels(이스라엘 관련), Golden Seeds(여성 주도자), New York Life Science Angels 등이 있다. 다른 그룹은 우주, 엔터테인먼트, 제약, 소비재, 빅데이터 등의 비즈니스 분야를 전문으로 하고, 그 예는 수도 없이 많이 존재한다.

많은 연구로 검증된 경험에 따르면 배경 지식과 전문 지식을 가지고 있는 분야에 투자하면 결국에는 좋은 결과를 얻을 수 있다. 그러나 표면적으로 멋있어 보이지만, 실제 그 분야 전문가들의 의구심을 받는 곳에 투자를 한다면, 당신이 알고 있는 분야에 투자하는 것과는 다른 결과를 얻을 수 있다. 그러나 이러한 규칙이 불변의 법칙은 아니라는 것을 명심하여야 한다. 내 포트폴리오의 사업 범위는 무중력 우주여행부터 동물 애호가 소셜 네트워킹까지 다양하지만, 모두 내가 이해하는 분야이다. 반면에, 내가 신약 개발, 식당 또는 영화 거래에 투자하지 않은 이유이기도 하다.

거의 모든 성공적인 엔젤투자자들이 공유하는 또 다른 특징은 "큰 비전" 투자에 대한 끊임없는 탐색이다. 내가 몇 페이지 앞에 제시한 숫자를 보면, 성공을 위해서 엔젤투자자는 투자자 자신의 투자 포트폴리오안에 포함된 수많은 실패한 투자를 상쇄하고도 남을 아주 큰 성공을 가져다준 한두 개의 투자가 필요하다는 것을 알 수 있을 것이다. 이것은 엔젤투자자들이 다음 몇 년 동안 10배 또는 20배로 성장할 것으로 기대되는 사업을 찾는 것을 부끄러워하지 않는 이유이다.

초보 투자자로서 첫 번째 투자를 하는 많은 엔젤투자자가 범하는 다음과 같은 일반적인 실수를 피해야만 한다.

- 마주하는 첫 번째 거래에 하는 투자
- 철저한 실사를 하지 않고 투자
- 경험 영역 밖에서의 투자
- 너무 높은 평가에 투자
- 기업 가치 상한을 정하지 않은 전환사채에 투자
- 변호사가 검토하지 않고 회사의 문서에 서명
- 불가피한 후속 라운드에 대해 자본을 준비하지 않음
- 20개 미만의 거래에 투자
- 장기(10년 또는 그 이상) 약속 없이 엔젤이 되는 것
- 투자 프로세스를 불필요하게 오래 끌기

이 목록에서 사용하는 용어 중 일부(전환사채, 후속 라운드 등)는 익숙하지 않을 수 있다. 하지만 걱정할 필요는 없다. 이 책을 조금 더 읽은 후에는 엔젤투자자에 대해 알아야 할 것이 무엇인지를 이해하게 될 것이다(책 마지막 부분의 용어집에 설명이 나와 있다). 그렇다면 엔젤투자를 위한 첫 번째 수표를 실제로 쓰기 전에 수차례 반복 연습하고 싶은 위의 목록으로 돌아갈 준비가 되어 있을 것이다.

요점은 고성장 회사, 벤처기업에 대한 투자를 고려하기에 좋은 타이밍이라는 것이다. 공인 엔젤투자자든 비공인 투자자든, 그룹 투자를 하든 혼자서 투자하든, 직접 창업가를 만나거나 온라인으로만 실행하든, 1천

달러 또는 1백만 달러를 투자하고 싶든, 투자 신디케이트를 이끌거나 다른 투자자를 따라서 투자를 진행하든, 게임에 참여할 수 있도록 기꺼이 도와줄 조직이나 플랫폼, 서비스들이 있다.

엔젤투자 시 위험

엔젤투자자는 (우량주 또는 잘 알려진 뮤추얼 펀드에 투자하는 것과 비교하여) 여전히 주류 밖에 있기 때문에 이 아이디어는 당신 또는 당신의 배우자를 조금 긴장하게 만들 수 있다. 그렇지 않다면 당신은 실제로 이 자산군에서 돈을 벌기 위해 필요한 규칙을 따르기에는 너무 큰 위험추구자일 수 있다. 익숙하지 않은 것에 대한 불안은 당신이 들어 보지 못했을 수도 있는 소규모 회사에 대한 투자의 불확실성 때문에 발생한다. 그러므로 엔젤투자의 위험에 관한 현실적인 이해는 엔젤투자에 뛰어들기로 결정하기 전에 매우 중요한 일이다.

당신이 걱정하는 것 중 하나는 사기꾼이 당신의 돈을 훔칠 것이라는 것이다. 회사 창업가는 당신의 투자 자금을 가지고 도주할 수도 있다. 실제로 이것은 매우 드문 경우이다. 포트폴리오 CEO가 문제가 있는 과거를 가지고 있거나 부당한 자금 조달을 진행하는 등의 한두 가지 경우가 있었지만, 이것 또한 매우 드문 경우이다. 엔젤 벤처캐피털은 매년 자금 조달처를 찾는 수백만 개의 스타트업(자금 조달처를 구하지 않는 수백만 개의 스타트업이 더 있다) 중에서, 매년 수천 개의 초기 단계 회사에게만 자금을 제공한다는 것을 명심해야 한다. 이는 그러한 투자가 일반적으로 철저히 조사된다는 것을 의미한다.

벤처캐피털 회사는 일반적으로 몇 달 동안 지속되는 프로세스를 진행하므로, 기업, 직원, 운영, 고객 및 재무에 익숙해진다(투자 자금은 기업 계좌로 들어가며, 개인의 계좌로 들어가지 않는다). 벤처 펀드는 일반적으로 회사 이사회에 한 명 이상의 자리를 차지하고 월별 또는 분기별 재무 보고서를 받는다. 자금 조달 직후, 대량의 현금을 가지고 도주하는 것은 주요 범죄이고, 투자자는 그 범법자를 추적하는 데 비용을 아끼지 않을 것이며, 결국 그 범법자는 오랜 기간 동안 감옥에 갇힐 것이다. 이제까지는 이러한 일이 일어난 적이 없다고 알고 있다.

전문가 수준의 실사와 배경 조사를 제공하는 벤처 펀드가 없는 엔젤투자는 다소 위험할 수 있다. 그러나 기본 이슈는 동일하며, 90개 이상의 기업을 조사하고 수백 개의 다른 벤처기업을 보아 왔지만, 나는 이러한 일이 발생하는 것을 본 적이 없다.

엔젤투자자 유형

상장 주식 시장에서 활동하는 투자자만큼 많은 유형의 엔젤투자자가 있다. 많은 엔젤투자자들은 투자자인 동시에 창업가이다. 나는 엔젤투자자일 뿐만 아니라 연속적인 창업가이기도 하며, 뉴욕 엔젤 중 적어도 3분의 1(아마도 그 이상)이 현재 자신의 스타트업을 운영하고 있다고 생각한다. 그들의 신생 창업기업은 항공 택시 서비스에서부터 홍보 플랫폼, 의료 리뷰 웹사이트, 광고 기술 서비스에 이르기까지 다양하다.

다른 많은 엔젤투자자들은 포춘 500 기업의 임원들이다. 특정 투자에 대해 특정 경쟁 또는 윤리적 문제가 없다면 고용주의 관점에서 볼 때 개인기업과 상장기업에 투자하는 것은 차이가 없다.

어떤 엔젤투자자들은 법조계 또는 의학적인 직업이나, 기업의 임원직에서 은퇴했다. 다른 이들은 투자에 사용하는 자본을 상속받았다. 그들은 모든 인종과 민족 배경을 가진 남녀노소로 세계 곳곳의 수많은 국가에 있다. 그들의 공통적 특징은 열심히 일하고, 조사를 진행하며, 흥미진진한 비즈니스 기회를 추구하기 위해 계산된 위험을 감수할 준비가 되어 있다는 것이다. 당신이 엔젤투자에 뛰어드는 데 적합한 사람이라면, 엔젤투자가 당신이 즐길 수 있는 가장 자극적이고 개인적으로 보람 있는 활동 중 하나가 될 것이라고 약속한다.

한국 사례 국내의 엔젤투자 현황

국내에서는 정부가 1997년 「벤처기업 육성에 관한 특별조치법」을 만들어 개인이 벤처기업에 투자하는 것을 지원하면서 본격적으로 엔젤 조합 또는 엔젤클럽이 만들어지기 시작했다. 개인이 직접 투자하는 방식과 개인투자조합에 출자하는 간접투자방식을 함께 도입하고 투자자금과 투자수익에 대해 세제지원을 제공하고 있다.

이러한 정부의 엔젤투자에 대한 지원에 따라 국내 엔젤투자자는 해마다 증가하는 추세에 있다. 한국의 엔젤투자자를 정확히 파악하기는 어려우나 국내 엔젤투자의 활성화를 목적으로 2012년 설립된 '사단법인 한국엔젤투자자협회'의 사이트 이용자수, 개인투자조합 설립 현황을 통해 추이를 살펴볼 수 있다. 또한 정부가 엔젤투자자에게 제공하는 소득공제 신청금액을 통해 국내 엔젤투자의 규모를 추정해 볼 수 있다.

그림 1-3 엔젤투자지원센터 통계

(21년 02월 현재 기준)

지원센터 개인회원	전문개인투자자	엔젤클럽	개인투자조합
24,596명	177명	240개	1,493개 (출자총액: 8,193억)

(사)한국엔젤투자자협회는 엔젤투자자지원센터(https://www.kban.or.kr/)를 운영하고 있다. 엔젤투자지원센터의 가입자는 2016년 등록기준 11,752명으로 최초로 1만 명을 돌파한 후, 2021년 현재 24,596명이며 엔

표 1-1 엔젤 등록 현황(사이트 가입자 기준)

(단위: 명)

구분(연도)	2011	2012	2013	2014	2015	2016	2017	2018	2019	2020				합계
										1분기	2분기	3분기	4분기	
가입자수	369	2,241	2,258	2,192	2,408	3,068	2,291	3,030	3,318	816	762	659	727	24,139

출처: 한국엔젤투자자협회(2021)

젤투자에 대한 관심이 높아짐에 따라 매년 증가하고 있다.

엔젤투자자지원센터에서는 개인엔젤투자자, 엔젤클럽, 전문엔젤투자자(현재 명칭은 전문개인투자자), 개인투자조합 등 엔젤투자에 대한 소개 및 관련제도 설명, 교육정보 등을 살펴볼 수 있다. 엔젤투자지원센터 온라인 사이트를 통해 엔젤클럽 등록 및 관리, 엔젤투자자매칭펀드 신청 등을 할 수 있다.

그림 1-4 국내 엔젤투자 실적변화

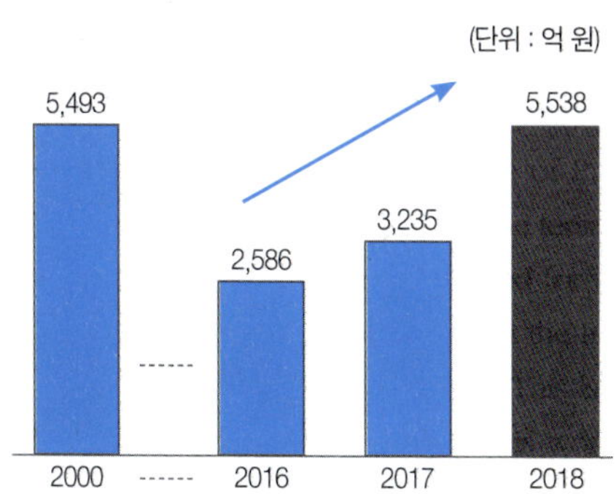

출처: 중소벤처기업부(2020)

엔젤투자는 벤처캐피털과 달리 개인 투자실적에 대한 신고 및 보고의 의무가 없다. 따라서 국내 엔젤투자 공식 통계는 소득공제 신청자 기준으로 엔젤투자 규모를 산정한다. 이렇게 산정된 국내 엔젤투자 규모는 2016년 2,586억 원에서 2018년 기준 5,538억 원으로 2년간 2배 이상 성장하였다. 이러한 규모는 지난 18여 년간 깨지지 않았던 벤처 붐 시기의 엔젤투자 액수인 2000년도의 5,493억 원보다 많은 액수로 역대 최고치를 기록하고 있다.

제2장

재미있는 엔젤투자

돈을 버는 것 이상의 재미!

2 재미있는 엔젤투자

돈을 버는 것 이상의 재미!

1장에서 말했듯이, 초기 단계의 엔젤투자는 전문적으로 그리고 장기적으로 이 책에서 다루는 방식으로 접근할 때 수익성 있는 자산 클래스가 될 수 있으며, 대부분의 다른 투자 형태보다 수익률이 뛰어날 수 있다. 그러나 주식 시장에 돈을 넣거나, 콩 선물에 베팅을 하거나, 부동산 펀드에 투자하는 것과는 달리 고성장 신생 회사에 직접 관련이 되는 것은 많은 추가 혜택을 가져올 수 있다. 이는 슈퍼마켓에서 통조림 완두콩을 사는 대신 뒤뜰에서 신선한 채소를 재배하는 것과 비슷하다. 둘 다 모두 저녁 테이블에 오르겠지만, 뒤뜰에서 재배한 품종은 맛이 더 좋고, 영양가가 높으며, 만족감을 준다. 정원 가꾸기를 좋아한다면, 뒤뜰에 텃밭을 가꾸고 채소를 재배하는 것은 재미있는 일이다. 이처럼 스타트업에 대한 투자는, 텃밭 가꾸기처럼 부가적인 혜택을 가져다준다.

엔젤이라는 용어는 20세기 초반에 전통적으로 위험도가 높은 편이었던 연극 제작을 위한 자금 조달을 제공하는 부유한 신사에서 유래했다. 브로드웨이 히트에 대한 잠재적인 경제적 이익 외에도 연극에 투자한 엔젤은 자신을 일종의 프로듀서로 여기고, 갈라에 초청되고, 리허설을 캐스팅하며 때로는 무대 뒤에서 젊은 청춘을 만날 기회를 얻을 수 있었다. 그러나 이러한 낭만적인 측면의 혜택은 일반적으로 하이테크 스타트업에게는 해당되지 않는다.

그럼에도 불구하고, 스타트업에 대한 투자에는 많은 다른 차원의 혜택이 있기 때문에, 몇 몇의 엔젤투자자들에게는 외적인 보상이 재무적 보상보다 중요할 수 있다. 엔젤투자와 함께 제공되는 비금전적 혜택 중 일부는 다음과 같다.

세상에 대해 알게 되다

적극적으로 계획을 검토하고 젊은 창업가를 만나는 것은 이미 익숙한 업계의 현재 발전 상황을 파악하거나 새로운 것에 대해 최신 정보를 얻는 가장 좋은 방법 중 하나이다.

테크놀로지 창업가로서의 경력을 시작하기 전에 나는 부동산 개발, 건설, 금융 및 기술 분야에서 10년 이상의 시간을 보냈다. 나는 이 분야를 크게 즐겼으며, 새로운 기술 회사를 만드는 것을 더 좋아하지 않았다면 내 인생의 나머지 시간을 새로운 주거용/상업용 건물을 개발하면서 보냈을 것이다. 나는 아직도 이 분야의 초기 단계 상태에 있는 회사에 유용한 연락처뿐만 아니라 부동산 업계에 대한 많은 지식을 보유하고 있다. 이러한 이유에서 부동산 기술 스타트업은 내가 투자하는 분야 중 하나이다. 그러나 이는 양방향 상호작용이라 할 수 있다. 왜냐하면, 내가 스타트업에 제공할 수 있는 가치에 더해서 창업가가 혁신적인 방식으로 기존 산업에 변화를 일으키고 있다는 사실은 내가 그들로부터 많은 것을 배울 수 있다는 의미이기 때문이다. 그들이 나에게서 하는 것처럼 말이다.

예를 들어, 'FASTTAC : Technology Advancing Construction'은 건축 도면 및 문서가 현장에서 처리되는 방식에 회의감을 느낀 베테랑 건설사 임원인 레이 스팁(Ray Steeb)에 의해 설립된 회사이다. 그는 건축 프로젝트에 필요한 여러 도면 세트에 최신 정보가 담겨 있도록 유지하는 일이 시간 소모가 크고 비효율적이라 생각했다. 도면의 일부 또는 전체가 변경되었을 때 원격으로 업데이트하기는 더욱 어려웠으며 모든 문서에 정확히 최신 메모 및 변경 사항을 반영하는 것도 거의 불가능했다. 그래서 그는 카네기 멜론 대학(Carnegie Mellon University) 팀과 협력하여 건축 도면 및 문서를 디지털 방식으로 공유, 배포 및 제어할 수 있는 소프트웨어 플랫폼을 만들었다. 이 소프트웨어 플랫폼은 Turner construction, Leggatt McCall, Plza Construction 등의 회사를 비롯하여 전국적으로 사용되고 있다. 회사의 초기 투자자 중 한 사람인 나는 그 기술이 실제 건설 세계를 변화시키는 흥미진진한 과정을 직접 보았다.

유사한 예로, 질리엔 헬맨(Jilliene Helman)과 저스틴 휴즈(Justin Hughes)가 설립한 온라인 부동산 펀딩 플랫폼인 리얼티 모굴(Realty Mogul)에 대한 최근 투자로 인해, 나는 부동산 금융, 엔젤투자 및 크라우드 펀딩이 연결된 영역에 대한 대단한 통찰력을 얻을 수 있었다. 외부에서는 얻을 수 없었던 것들을 말이다.

내 자신의 산업에서 최신 개발에 뒤지지 않고 지켜 나가는 것 또한 엔젤 활동에서 얻을 수 있는 한 가지 이점이다. 나는 기술 발전에 대한 끊임없는 호기심을 가지고 있는데, 이것이 시드 투자를 통하여 나의 호기심에 대한 갈증을 풀어 주는 재미가 있다. 오늘날 모든 산업은 하드웨어,

소프트웨어 및 연결성의 발전에 영향을 받는다. 그 결과 오늘날의 세상은 어제의 세계와는 전혀 다르며, 내일의 세계는 예측할 수도 없다. 최신 개발 정보에 밝은 사람이 되고자 하면 〈사이언티픽 아메리칸(*Scientific American*)〉을 읽을 수도 있고, 자녀가 스냅챗(SnapChat)이 이메일을 대체하는 이유를 보여줄 때까지 기다리거나 또는 엔젤투자자가 됨으로써 최신의, 멋진 기술 발전의 최첨단에 직접 참여할 수 있다.

상업용 우주 비행의 분야를 예로 들어 보겠다. 스페이스 1.0은 달 착륙과 허블 우주 망원경과 같은 정부 프로젝트를 위한 값비싼 기반 시설과 장비를 만드는 정부 프로그램으로 구성되었지만, 스페이스 2.0은 우주 기술을 상업적 목적으로 활용하는 소규모 민간 스타트업의 폭발적 증가로 구성되었다. 이는 2009년 NASA(미국 우주국)가 우주 활동을 민영화하기로 한 결정과 상업 기술 비용의 급격한 하락에 기인한다.

XPrize 재단의 회장인 피터 디아만디스(Peter Diamandis) 및 기타 여러 가지 놀라운 벤처기업은 몇 년 전 가장 멋진 아이디어를 냈다. NASA는 우주 비행사를 무중력 상태로 훈련시키는 데 사용되어온 오래된 비행기를 퇴역시키는 중이었고 그와 동료들(그중 일부는 NASA 출신)은 상업용 화물 비행기를 더 크고, 더 나은 무중력 플랫폼으로 수리하는 획기적인 방법을 알아냈다. 그들은 또한 미연방 항공국의 관료 체계에 대하여 잘 알고 있었으며, 비용을 지불한 고객을 화물 비행기에 태울 수 있는 권리를 획득하였고, 고객들을 태우고 급강하를 하였다.

그들은 NASA의 훈련 프로그램과 관광 비행을 결합하는 회사를 설립하여, 우주 비행사가 우주 임무를 수행하기 전에 받는 훈련 과정인 무중력 비행을 평범한 사람들이 경험할 수 있게 했다. 그가 예상한 재정적 계획은 높은 실현 가능성과 수익성을 갖춘 계획으로 밝혀졌다. 회사의 엔젤투자자들도 매년 무중력 비행을 무료로 받을 수 있다고 언급했던가? 에스더 다이슨(Esther Dyson)과 하워드 모르간(Howard L. Morgan)과 같은 우주를 사랑하는 엔젤들과 함께 나 역시 그 최초의 엔젤투자자들 중 한 사람이다.

투자한 이래로, 나는 무중력 상태에서 몇 차례 비행을 했고, 하면 할수록 더욱 더 재미가 있었다. 무중력 상태로 떠다니고 슈퍼맨처럼 날아다니는 것으로 성대한 자축 생일 파티를 했다. 이 모든 것이 엔젤투자 덕분이었다.

위의 무중력 경험은 대단해 보이지만, 언제나 당신보다 뛰어난 누군가가 있기 마련이다. 에스더와 나는 국가 우주 엔젤 네트워크의 창립 회원이며, 스페이스 2.0은 그녀의 주요한 투자 관심 분야이다. 수년간의 성공적인 사업 운영 후, ZeroG는 국제 우주 정거장(ISS)에 관광객을 파견하기 위해 러시아 우주 프로그램과 협력하는 스페이스 어드벤처(Space Adventures)라는 다른 회사와 합병했다. 이 여행의 경비는 3천만 달러에 이르고, 취소 정책은 확실히 없다. 그렇다면 공식 예약된 우주 관광객이 우주로 출발하기 전날 감기에 걸려 빠지면 어떻게 될까? 물론 백업이 필요하다. 에스더는 2009년 찰스 시모니(Charles Simonyi)의 ISS 로켓 여행을 위한 백업 승무원으로 서명했으며 스타시티(Star City)에서 그와 나란히 몇 주 동안 훈련을 받은 후 숙련된 우주 비행사로 인증받았다.

그녀는 우주 비행사로서의 합류 발표에서 "우주 모험의 투자자로서, 우주 비행사로서의 훈련과 우주 여행에 대하여 직접 배운 것을 기쁘게 생각한다. 아버지는 내가 어렸을 때 로켓 우주선을 디자인하는 일을 도와주었다. 그리고 나는 항상 우주에 나갈 것이라고 생각해왔다"라고 말했다.

중압감이 덜한 기업가정신

자신의 사업으로 온종일 일하는 엔젤투자자들에게 특정 산업에서의 최신 개발에 대한 최신 정보를 유지하는 것은 매우 요긴한 일이기도 하지만, 매일 힘을 쏟아부었던 경영 역할을 뒤로 하고 물러난 사람들에게도 엔젤투자는 재미있는 일이다. 북미 엔젤 그룹의 대부분을 구성하는 엔젤 캐피털 협회(Angel Capital Association)에서 인구 통계학적인 조사를 실시하였는데, 그 결과 전형적인 엔젤투자자는 15년간의 기업 활동 경험이 있으며, 2~3개의 회사를 개인적으로 창업하였다고 밝혔다. 모든 창업가가 알고 있는 것처럼 회사를 설립하고 운영하는 것은 간단해 보일 수 있다(자신의 시간표를 만들라! 자신의 시간대로 일하라! 상사가 없다!). 그러나 그것은 사람이 선택할 수 있는 가장 힘들고 심리적으로 힘든 라이프스타일 중 하나이다. 기술 스타트업인 에콰이어(Ecquire)의 창립자 폴 드조(Paul DeJoe)는 스타트업 CEO의 삶에 대한 질의응답 네트워크인 쿼라(Quora)에서 밝힌 내용을 웅변으로 요약했다.

> 일주일 내내 밤잠을 자기가 무척 힘듭니다. 주말은 더 이상 당신에게 아무 의미가 없습니다. 투자를 받는 것은 구원을 받는 것이 아닙니다. 이는 더 많은 사람들이 당신에게 한 투자로 원금 대비 20배의 이익을 기대한다는 의미입니다. "그만두기"는 매우 어렵습니다. 당

> 신이 회사일 외에 당신이 원하는 일을 할 때, 당신은 죄책감을 느낄 것입니다. 당신은 오리를 존경하게 될지도 모릅니다. 물 아래에서 지옥 같은 물장구를 치지만 모두가 당신을 볼 수 있는 수면 위에서는 부드럽고 평온하니 말이죠.

모래톱과 같은 함정 사이를 성공적으로 항해하여 빠져나와 경제적 여유를 주는 엑싯에 도달한 많은 창업가들은 딜레마에 직면한다. 그들은 창업 시도를 좋아하고 도전을 극복하지만, 20년이나 30년 동안 오리처럼 발을 젓고 나면, 그들(또는 적어도 배우자)은 마침내 휴가를 원할 것이다. 어린 자녀들과 함께 놀이를 즐기거나 알프스에서 한 달 동안 하이킹을 할 수 있는 여유가 생긴다. 표면적으로 진정한 기업가정신은 일에 열중하는 스포츠이기 때문에 이 두 가지 목표를 조화시킬 방법은 없는 것 같다. 그러나 엔젤투자는 이 두 가지를 조화시킬 수 있다. 특히 자문, 멘토링 또는 이사회 역할을 하는 경우 활발히 활동하는 시드 투자자가 되는 것이 자신이 직접 창업하는 것에 대한 차선책이 될 것이다. 당신은 추격의 스릴을 얻을 수도 있으며, 동시에 회사 생각은 뒤로하고, 밤에 집에 돌아갈 수도 있다. 당신의 CEO가 회사를 전적으로 책임지고 있다는 사실을 알고 나면 안도를 느낄 것이다. 그것은 조부모로서 육아의 즐거움은 누리지만 기저귀를 갈거나 밤에 잠들 수 없는 고통은 겪지 않는 것과 같다.

2012년 여름, 뉴욕시 스타트업 현장의 비공식적이지만 오프라인의 핵심인 NY테크 밋업(NY Tech Meetup) 회의에 참석했다. 매월 12개 정도의 스타트업이 정해진 5분 동안 동료들에게 신제품이나 웹사이트를 시연한다. 그날 저녁, 발표자 중 한 명인 라이언 즈페키(Ryan Rzepecki)라는 젊은 창업가는 도시 자전거 공유에 대한 새로운 접근법인 소셜 바이시클(Social Bicycles, 사회적 자전거)을 발표했다.

지난 몇 년 동안 파리, 런던, 뉴욕 및 상하이와 같은 도시에서는 공공 자전거 공유 시스템을 설치했다. 서비스 가입자는 특수 전자키 카드를 사용하여 여러 허브 중 한 곳의 커다란 자전거 거치대에서 자전거를 잠금 해제하고 다른 허브로 이동한 후에 목적지의 거치대에 다시 고정시키고 잠금장치를 한다. 도시에 이러한 스마트 허브가 충분히 설치되었을 경우, 이 시스템은 유용했고 자전거 이용을 도시 일상생활의 일부분으로 서서히 만들었다.

유일한 문제였던 충분한 허브의 확보 문제는 승객의 증가에 따라서 더 큰 문제가 되기 시작했다. 예를 들어, 파리는 엄청난 비용으로 거의 2,000개의 스테이션을 설치해야 했다. 초기 미드타운과 맨해튼에 330개의 허브뿐이었던 뉴욕에서도, 대형 스테이션이 차지하는 공간에 대한 문제점이 있었다.

라이언과 그의 팀이 그날 저녁에 시연한 것은 차세대 자전거 공유 시스템이었다. 이 시스템은 컴퓨터 및 전자 장치를 스테이션이 아니라 직접 자전거에 장착했다. 이 방식은 소셜 바이시클의 프로토타입 시스템으로 더 이상 부피가 크고 값비싼 스테이션이 필요하지 않았다. 자전거는 더 이상 스테이션 A와 스테이션 B 사이의 경로만으로 국한되지 않고 어디든지 갈 수 있게 되었다. 또한 무선 통신, GPS 추적 및 자전거에 부착된 컴퓨터화된 잠금장치를 통합함으로써 가격 책정, 실시간 경로 추적, 다른 라이더가 필요로 하는 곳에 자전거를 재배치하는 라이더에 대한 인센티브 제공 등의 장점을 최대한 활용할 수 있었다.

도시 계획, 온라인 플랫폼 및 실시간 경제에 관한 개인적인 경험을 감안할 때 자전거 공유 세계에 혁명을 일으킬 잠재성이 있음을 알았다. 나는 그것이 숨이 멎을 정도로 멋지다고 느꼈고 꼭 관여해야겠다고 생각했다.

나는 회의가 끝나고 발코니에 있다가 라이언을 보고 그를 만나러 내려왔다. 나는 그 자리에서 그 회사에 투자하고, 다음 번 자금 조달을 이끌어내고, 내가 어떻게 도움이 될 수 있는지 알고 싶다고 말했다. 그는 조금 당황스러워 보였지만 나의 인내와 제안에 동의하여 투자자이자 이사회의 의장으로 받아들일 것에 동의했다. 그리고 나는 회사를 뉴욕 엔젤스에 소개했다. 동료 회원들도 투자를 했고, 라이언이 엄청난 경험을 지닌 전문 투자자인 브래드 히긴스(Brad Higgins)가 이끄는 SOS 벤처와 같은 초기 투자 펀드를 투자받을 수 있도록 도움을 주었다.

소셜 바이시클은 라이언이 설립한 최초의 회사이자 그가 일한 최초의 회사이기도 했다. 자전거 공유 시스템에 대한 그의 경험은, 졸업 후 뉴욕시 교통국(New York City Department of Transportation)에서 근무한 데서 비롯되었다. 실제로 그의 비전과 기술이 인상적임에도 불구하고 라이언의 기업가적 경험이나 비즈니스 경험이 부족한 점은 다른 잠재적 투자 펀드가 두려워할 만한 것이었다. 그러나 브래드와 나는 라이언에게서 진정한 기업가정신을 보았으며 비즈니스 및 전략적 경험에 대한 열정과 전문 지식을 보완할 수 있다고 생각했다.

그리고 그 점은 명백하게 밝혀졌다. 소규모 이사회는 정기적으로 내 사무실에서 열린다. 라이언은 매주 우리와 긴밀한 연락을 유지하고 있으며, 브래드와 나는 우리의 업계 관계자들을 이용하여 라이언 회사의 계약 및 채용뿐만 아니라 라이언이 회사 전략을 만들고 회사의 다음 단계를 계획하고 협상하는 것을 도왔다. 회사가 처음으로 외부 자금을 지원받은 이래로 짧은 시간 내에 소셜 바이시클은 자전거 공유 세계에서 중요한 역할을 차지했다. 버팔로, 보이즈, 탬파, 피닉스, 올란도, 애틀랜타, 라스베이거스에 시스템을 설치하는 계약을 맺었으며 급성장하는 이 업계에서 선두 기업이 되어가는 여정에 있다.

개인적으로는 도시 교통을 재창조하기 위해 기술을 사용하는 회사에, 나의 사업, 기술, 전략 및 자금 조달 경험을 사용하였다. 하지만 하루가 끝나면 무거운 짐을 짊어지는 것은 라이언이었고, 브래드와 나는 그의 상담역 및 지원팀으로 일하는 즐거움을 얻었다.

소셜 바이시클에 대한 나의 개입은 사람들이 믿는 무언가(그리고 누군가)를 위해 신중하게 연마된 비즈니스 기술을 펼침으로써 얻을 수 있는 즐거움의 좋은 예이지만, 순전히 경제적인 관점으로 투자를 하는 것보다 더 많은 시간을 엔젤투자의 추구에 할애하는 비경제적인 이익을 묘사하는 예이다. 회사의 창업을 돕는 기회는 사회적으로 유익한 것이다.

엔젤투자의 관점에서 이 기회를 우리는 종종 임팩트 투자(impact investing)라 칭한다. 이 부분을 18장에서 직접 언급하겠지만, 이는 사회를 위해 좋은 일을 하고 동시에 자신을 위해서도 유용할 수 있다.

기부의 기쁨

수년 동안 나는 많은 자선단체에서 봉사했으며 많은 가치 있는 조직에서 활동했지만, 젊은 투자가를 위한 투자자, 고문, 멘토, 교사 및 트레이너로서의 활동은 나에게 더 많은 즐거움을 선사했다.

이는 눈앞에서 다음 세대의 재능을 보고 또 그들과 아주 작더라도 나누고, 그들의 발전에 기여함으로써 얻은 기쁨과 같다.

예를 들어, 마인즈 아이 이노베이션(Mind's Eye Innovation)을 생각해 보라. 애덤 포타시(Adam Potash)는 여름철에 대학에서 인턴으로 일하며 경영을 전공으로 공부했다. 그러나 2008년의 경기 후퇴 시기, 그가 찾을 수 있는 유일한 직업은 작은 교외 택시 회사의 택시 배차 담당자였다. 구식 기술과 수년간 지속된 교외의 택시 운영에 대한 좌절감으로 시간을 보낸 후에, 그는 기술이 산업 전반의 문제를 저렴한 비용으로 해결할 수 있을 정도로 발전했다는 사실을 알았다. 그래서 그는 제안서와 계획을 준비하였고, 그의 제안에 확신을 가진 나와 두 명의 동료 엔젤인 존(John)과 리처드 카츠먼(Richard Katzman)은 프로토타입을 제작하기에 충분한 현금을 투자하였다.

1년 만에 애덤은 택시미터기, GPS, 파견 시스템, 양방향 라디오, 신용카드 단말기 및 승객 환영 시스템을 결합한 일반 안드로이드 태블릿을 이용하는 사업을 구축했다. 이것은 택시 회사의 사장에게 전체 택시 75대에 부착할 기기를 주문하도록 하기에 충분했으며, 그 주문은 기기 제작과 배송을 위하여 필요한 자금을 모집하는 데 필요한 것이었다. 6개월 후, 4개의 다른 택시 회사에서 100대 이상의 차량에 장착한 애덤은 뉴욕 엔젤스(New York Angels)에서 자신의 사업을 설명하였고, 풀타임 영업직과 기술 인력을 고용할 수 있을 정도의 자금 지원에 관한 계약서를 받았다.

또 다른 예로 코믹솔로지(Comixology)가 있다. 2007년 데이비드 스타인버거(David Steinberger)는 NYU의 스턴 경영대(Stern School of Business)에

서 MBA를 마쳤다. 그는 부모님 집에서 많은 만화책 컬렉션을 가져왔고, 카탈로그를 만드는 방법이 필요했다. 몇 년 전 그는 마블 코믹스(Marvel Comics)에서 일했던 프로그래머 존 로버츠(John Roberts)를 만났다. 데이비드는 존의 연락처 정보를 동료 만화 애호가로 저장해놓고 존에게 전화를 걸어 간단한 만화책 프로그램을 개발할 수 있는지 물어보았다. 그들은 통계에 관심 있는 동료 MBA 학생이자 만화 팬인 피터 재프(Peter Jaffe)와 함께 NYU의 연례 비즈니스 플랜 대회에 참가하여 1등상을 수상했다. 대회의 심사위원 중 한 사람이었던 나는 코믹솔로지 팀에 감명을 받았으며 킷 맥퀴스턴(Kit McQuiston, 다른 심사위원)과 동료 뉴욕 엔젤 회원 그룹과 함께 이 회사의 첫 번째 자금 조달 라운드를 시작했고, 다른 벤처캐피털의 투자 없이 7년이라는 투자 여정을 시작했다.

2013년 말 기준, 코믹솔로지는 100명이 넘는 직원을 두고 있으며 만화책의 디지털 다운로드 수는 2억 건 이상이다. 업계의 시장 점유율은 90%로 마블(Marvel)과 디시(DC) 만화의 공식 모바일 서비스를 제공하고 있으며, 독자와 만화 작가 양쪽으로부터 사랑받고 있다. 그러나 나에게 더욱 중요했던 일은 창업팀이 성장하고, 변화하며, 운영에 따르는 갈등을 지켜보는 것이었다.

이렇게 직접 관찰하는 기회를 가지며, 차세대 록스타의 멘토링에 일부 참여한 것은 엔젤투자 경력에서 가장 감격스러운 경험 중 하나였다.

뉴욕 엔젤의 회장으로 나와 함께한, 브라이언 코헨(Brian Cohen)은 존 카도르(John Kador)와 함께 자신의 저서에서 창업가를 멘토링한 기쁨에 관하여 서술했다.

> 창업가와 엔젤은 관계의 시작 단계에서뿐만 아니라 지속적으로 밀접한 관계를 유지해야 합니다. 창립자가 원했던 멘토링과 멘토링 엔젤이 기꺼이 제공하려는 멘토십은 실제로 상호 이익이 되는 관계를 말합니다. 그것은 엔젤은 팀이 속해 있는 세계에 정말로 몸을 던져야 한다는 것을 의미합니다. 엔젤은 이러한 세계에 본능적으로 감사해야 합니다. 투자에 따른 재정적인 이득뿐만 아니라, 새로운 기회에 대한 감각을 키운다는 것에 대한 감사함입니다.

포트폴리오 CEO들의 일대일 멘토링만큼이나, 엔젤투자로 인해 우리가 받을 수 있었던 모든 좋은 것들을 선제적으로 지불함으로써 따뜻한 느낌을 얻을 수 있는 기회를 제공하는 다른 방법이 있다. 기업가정신은 현대 경제 발전의 기둥으로 빠르게 부상하고 있다. 도시, 주 및 국가는 미래에 새로운 사업을 창출하여 직업을 창출해내는 새로운 사람들에 달려 있다는 사실을 깨닫기 시작했다. 벤처 창업이 지닌 모든 과제를 해결하기 위해 예비 창업가들에게 멘토링과 자문을 시도하는 프로그램이 매일 생겨나고 있다.

이 모든 프로그램에서 엔젤투자자는 심사위원, 고문, 멘토, 리뷰어 및 기타 역할을 수행하기 위해 열심히 노력한다. 나는 뉴욕시에 새로 설립된 도시 데이터베이스를 활용하는 모바일 애플리케이션 개발을 장려하기 위해 뉴욕시에서 설립한 빅 앱스(Big Apps) 대회에 도움을 주거나 국제 기업가가 해당 도시에 본사를 설립하도록 초청하는 프로그램에서 연사로서 도움을 주어 이로 인해 발생되는 이익이 지역 사회로 환원되게 하기 위하여 최선을 다한다. 그리고 내가 더 많이 줄수록 더 많이 얻는다는 것을 알게 되었다.

엔젤투자의 사회적 측면

엔젤투자와 관련하여 언급하기 조심스러워 마지막으로 남겨둔 또 하나의 무형적인 측면이 있다. 바로 역사적으로 부유한 사람들이 엔젤이 되는 가장 큰 동기 유발 요인 중 하나였던 활동의 사회적 차원이다. 독자들이 이 부분에 집중하지 말았으면 하는 이유는 이 책의 핵심은 장기 계획이 있는 합리적이고 신중한 투자자로서 투자 과정에 접근하여 돈 버는 방법을 보여주는 것이기 때문이다. 사회적 지위를 높이는 방법의 한 가지로 엔젤투자를 고려해 보라는 제안은 부적절할 수도 있다.

그러나 오늘날의 엔젤투자는 멋진 일이다. 《4시간 근무제(*Workweek*)》의 저자인 내 친구 팀 페리스(Tim Ferriss)가 누군가 트위터에 대하여 대화하는 것을 들었다고 생각해 보자. 그는 엔젤투자 결과를 무심코 말할 수 있다. "그래요, 나는 초기 투자자 중 한 명이었습니다. 페이스북도 그렇고, 스텀블루폰(Stumbleupon)의 우버(Uber's)와 또..." 하지만 이는 엄청나게 얄팍한 행동이므로 팀이 그렇게 하지 않을 것이라고 확신한다.

사실 엔젤투자에서 최고의 사회적 측면은 대단한 사람처럼 보이는 데서 생기는 교만이 아니라 오히려 재미있는 사람들로 구성된 두 그룹과 어울릴 수 있는 기회라는 것이다.

한 그룹은 당신과 같은 다른 사람들로 구성되어 있으며, 성공한 사람일 뿐만 아니라(당신은 모두 공인 투자자이다), 기업가정신, 멘토십 및 신기술에도 관심이 있다. 10년이 넘는 엔젤투자를 통해 나는 지금까지 만난 적 없는 가장 똑똑하고 재미있는 사람들과 깊고 꾸준히 우정을 쌓았다. MIT 미디어랩의 전설적인 설립자인 니콜라스 네그로폰테(Nicholas Negroponte)는 내가 처음 만든 엔젤투자에 공동 투자한 사람이었다. 에스더 다이슨(Esther Dyson)과 나는 십여 가지 이상의 거래에 함께 투자했다. 스콧 커니트(Scott Kurnit), 기디언 가트너(Gideon Gartner), 앨런 패트리코프(Alan Patricof), 요시 바르디(Yossi Vardi), 데이브 맥클루어(Dave McClure), 미치 카퍼(Mitch Kapor), 데니스 크롤리(Dennis Crowley), 개리 바이너추크(Gary Vaynerchuck), 스티븐 메서(Stephen Messer), 제프 풀버(Jeff Pulver)와 나는 정기적으로 초기 단계 회사의 투자와 관련되어 마주쳤고, 자주 같은 기업에 함께 투자하였다.

이러한 유명인보다 더 재미있는 것은 뉴욕 엔젤을 통해 만난 다른 많은 개인 엔젤투자자이다. 뉴욕 엔젤은 10년 전에 설립한 단체로서 현재 미국에서 가장 활동적인 엔젤 조직이다. 이 엔젤들은 유명 인사 창업가 또는 비즈니스 록스타가 아니다. 그들은 금융 전문가, 변호사, 부동산 개발업자, 미술 수집가, 은퇴한 기업 임원 및 의사까지도 포함된다. 그러나 그들이 진지한 엔젤투자자가 되고자 시간, 인지도, 자본을 사용하기로 결정했다는 사실은 그들을 다르게 만들었다.

17장에서 엔젤 그룹을 좀 더 자세히 살펴볼 것이다. 그러나 일부 그룹의 경우, 친교와 유대감 형성은 그룹 역동성의 핵심적인 부분으로 간주되어 투자자들 간의 협력을 증진시키고, 사회봉사 기회를 늘리고, 재미를 더한다. 사실 전 세계 27개 지부를 둔 엔젤 네트워크인 키레스 포럼(Keiretsu Forum)은 "자선 활동뿐만 아니라 골프, 테니스, 골프 등의 수많은 재미있는 활동을 통해서도 친목을 도모할 수 있습니다. 하이킹, 교육 현장 견학 등도 포함합니다"라고 말한다.

엔젤투자자로서 당신과 관계를 맺게 될 다른 그룹은 내일의 고성장 회사를 만드는 창업가들이다. 창업 정신에 대한 연령 제한은 없지만(실제로 84세의 젊은 사업가가 가나에 새로운 쇼핑센터를 개발하기 위해 협상 중이다), 사실 오늘날의 기술 기반 스타트업 창업가는 20대와 30대가 대부분이다. 그들은 기하급수적으로 기술이 발전할 때 자랐고, 50대와 60대의 엔젤들과는 다른 관점에서 세상을 본다.

그들은 또한 전 세계에 걸쳐 발견될 가능성이 있다. 우리는 변화의 세계에서 살아가고 있기 때문에 스타트업과 협력한다는 것은 어느 누구와도 어디에서나 일할 수 있다는 의미이기도 하다. 기존에 한 개인이 혁신가가 되는 것, 기업가정신을 따르고 자금을 조달하던 것은 이제 팀 스포츠가 되었고, 팀은 하나의 그룹이 될 수 있다. 예를 들면 하버드 비즈니스 스쿨 졸업생 엔젤, 포르투갈 디아스포라의 미국인 엔젤, 싱귤래리티 엔젤(싱귤래리티 대학의 교수진, 친구 및 동료로 구성) 등이 있다. 공통 관심사, 배경 또는 소속감으로 묶여 있는 창업가와 투자자를 만나게 되면 신뢰와 의사소통이 향상되고 공동 작업 절차가 원활하게 이루어지며 다른 방법으로는 만나지 못할 기회와 파트너를 발견하는 데 도움이 된다.

나는 비즈니스 스쿨에서 가르치고, 스타트업 커뮤니티 행사에 참석하고, 젊은 창업가들의 소규모 모임을 주최해왔다. 컬럼비아의 그린하우스(Greenhouse), 예일의 기업가 연구소(Entrepreneurial Institute), 드림아이티 벤처(DreamIT Ventures) 및 설립자 연구소(Founders Institute)와 같은 액셀러레이터(accelerator)에서 멘토로 봉사하고 샌드박스 네트워크(Sandbox Network), 스타트업그라인드(StartupGrind), 아스티아(Astia) 및 싱귤래리티 대학(Singularity University)과 같은 그룹에서 주최한 이벤트의 연사/참가자로서 봉사했으며, 나의 가정에 대하여 질문받고 이로 인해 새로운 시각과 시선을 갖게 되어 아마도 심리적 나이는 현재 나이의 절반에 불과할 것이다. 나의 세계관은 과거 전문가들의 세계관보다 차세대 가장 현명한 사람과 점점 더 공통점을 가질 수 있게 되었다.

이것만으로도 엔젤로서 보내는 시간을 정당화할 수 있다.

제3장

엔젤투자의 포트폴리오 이론

20개 이상의 기업에 투자해야 하는 이유

3 엔젤투자의 포트폴리오 이론

20개 이상의 기업에 투자해야 하는 이유

사람들은 엔젤투자자가 얻는 25%의 연간 수익률에 대해 들었을 때, 어떠한 비밀이 있다고 생각한다. 이를테면 천재적인 창업가와 기술 혁신가를 이어 주는 연고를 바탕으로 하는 비밀 네트워크, 또는 천재적인 MIT 인재에 의해 개발되어 내일의 애플, 구글, 페이스북으로 보장받고 엔젤들이 발견하고 투자할 수 있도록 도와주는 수학적 알고리즘 같은 것들 말이다.

실제로는 스타트업을 비롯한 투자 세계에 대한 비밀은 거의 없다. 그러나 신중한 투자자나(엔젤투자자나 벤처캐피털리스트 모두) 창업가들 모두가 당연시하지만, 잘 알려져 있지 않은 몇 가지 진실이 있다. 이 진실들은 업계의 근본적인 특성을 다루고 있으며, 스타트업에 성공적으로 투자하려면 반드시 숙지하여 자신의 것으로 만들어야 한다.

진실 1 : 대부분의 스타트업은 실패한다.

다음은 대다수의 엔젤투자자나 벤처 투자가가 한 달에 수십 번 창업가가 되고자 하는 사람들에게 제공할 수 있는 메시지이며, 그들이 제공하는 메시지는 창업가들의 성공을 원하지 않아서도 아니고 친절한 사람이라는 평판을 망치기 위함도 아니다. 이러한 메시지는 바로 다음과 같다.

> 미안하지만 당신의 사업 아이디어는 이해가 되지 않습니다. 그 아이디어는 스타트업, 특히 시장, 그리고 기본적인 경제에 대한 이해력이 없어 보입니다. 귀하의 계획이 타당성이 있다고 하더라도, 귀하는 그 계획을 실행하는 능력이 전혀 없어 보입니다. 사실, 내가 당신을 위해 할 수 있는 가장 좋은 말은, 당신의 계획은 말이 안 되고, 쓸데없는 것이니 창업하겠다는 생각을 잊고 일자리를 구해야 한다는 것입니다.

이 말이 매우 냉혹하게 들릴 것임을 잘 알고 있다. 그래서 이 메시지가 이런 형식으로 전달되는 경우는 거의 없다.

미국 중소기업청(US Small Business Administration)에 따르면 벤처캐피털 펀드는 투자를 요청하는 400개 기업 중에 1개 이하로 투자한다. 그러나 그 점은 제쳐두고 대신에, 대형 벤처 펀드보다 개인적으로 기회가 적고, 덜 까다로우며, 다수의 투자를 하는 엔젤투자자들에 대하여 이야기해 보자. 거스트(Gust)의 데이터를 추적하면 엔젤이 살펴보는 회사의 약 40개 중 1개의 회사(약 2.5%)에 투자한다는 것을 알 수 있다. 그러면 다른 스타트업은 어떨까?

규모를 살펴보면, 상위 2.5%와 두 번째 2.5% 사이의 차이는 거의 없으며 상위 5%에서 누가 자금을 얻는지는 거의 무작위적이라는 것을 알 수 있다. 이제는 그 수를 두 배로 늘려보자. 실제로 자금이 필요한 기업과 투자자를 적절하게 연결시킬 수 있다면 상위 10%가 자금을 조달받는다.

거스트와 같은 플랫폼을 통해 수십만 명의 스타트업과 투자자들이 연결되는 세계화된 세상에 살고 있기 때문에 매우 특화된 취향, 관심사 및 조지 버나드 쇼(George Bernard Shaw)의 "모든 진보는 불합리한 사람에게 달려있다"라는 말을 상기하며, 엉뚱하고 미친 생각이 정말로 미래의 거물이 될지 모르기에 다음 5%에 투자를 한다.

그 모든 것을 종합하여 보면, 엔젤 산업 전체의 10배 이상, 벤처캐피털 산업의 100배 이상 너그럽게 투자를 한다고 해도 우리는 여전히 신생 벤처기업의 상위 25%만 투자했을 것이다. 사업의 세계가 "모든 스타트업이 평균 이상인 곳"인 개리슨 키일러(Garrison Keillor)의 와비건 호수(Lake Woebegon)[1]이 아니기 때문에 스타트업 중 적어도 75%는 어떤 상황에서도 자금 조달을 받아서는 안 된다는 것을 의미한다.

그리고 그것은 엔젤의 생계가 걸려 있는 용감하고 몽상적인 창업가들 앞에서 침을 뱉는 것이기 때문에 대부분의 엔젤투자자들이 말하지 않는 첫 번째 진리이다.

진실 2 : 어떤 스타트업이 실패하지 않을지 아무도 모른다.

진실 2는 엔젤투자자로서 나의 투자 접근법에서 수년 동안 겪은 가장 큰 변화이다. 이는 모든 신중한 엔젤투자자들이 결국에는 도달하는 사실이기도 하다. 나는 똑똑하고 경험이 많고 아무리 성공한 사람이라도 사업성과에 영향을 미치는 수많은 외인성 요인이 있다는 것을 받아들일 수 있었다.

1 특정 그룹의 모든 구성원의 평가 수치가 평균 이상이라고 생각하는 경향. 와비건 호수 효과

이제는 90개 이상의 스타트업에 대한 나의 엔젤투자는 크게 성공했다. 역설적으로, 나는 홈런과 실패 사이의 상관관계가 거의 없다는 것을 알았다(어느 것이 될 것인가 하는 개인적인 추측과 같다).

나의 초기 엔젤투자 중 하나는 디자인2론치(Design2Launch)라는 읽기 힘든 이름을 가진 회사였다. CEO인 앨리슨 몰로이(Alison Malloy)와 그녀의 동생이 설립한 이 회사는 소비자 패키지 상품 시장에서 마케팅, 창조 및 생산 전문가의 협업 요구에 맞는 디지털 워크플로우 솔루션을 개발했다. 우리 엔젤 그룹의 새로운 회원 중 한 명인 스테파니 뉴비(Stephanie Newby)가 뉴욕 엔젤 초창기에 앨리슨을 소개해 주었다. 스테파니는 골든 시즈(Golden Seeds) 엔젤 네트워크를 만들고, 엔젤 캐피털 협회(Angel Capital Association)에서 한스 세브렌즈 어워즈(Hans Severeins Award)를 수상했으며 지금은 엔젤투자 세계의 스타이다. 그 당시에 그녀와 나는 엔젤투자 세계에 막 발을 들인 초보자였다.

그 시점에서 앨리슨의 회사는, 사업을 시작한지 몇 년이 지났고, 유용하면서도 평범한 제품에서 수익을 창출하고 있었다. 그녀가 나를 만나기 직전에 회사는 다른 회사와의 합병 실패, 전직 직원과의 내부 갈등, 매출 감소 등의 힘든 시기를 겪고 있었다. 이 모든 것이 엔젤투자의 대상으로 적합하지 않은 상태였으나, 당시 뉴욕 엔젤투자자 약 50명 중 단지 4명만이 투자하기로 결정했다. 그러나 앨리슨은 똑똑하고 열정적이었으며 회사를 다시 본 궤도에 끌어올리기로 결심했다. 그녀와 그녀의 남동생은 강력한 팀을 만들었고 스테파니와 나는 몇몇 다른 엔젤과 함께 그녀에게 기꺼이 투자했다.

어려운 환경에서 우리의 투자가 없다면 폐업뿐이라는 사정을 고려하여, 우리는 회사의 가치를 백만 달러라는 비교적 낮은 가치로 상정하고 수십만 달러를 투자하였다. 이것은 페이스북이나 트위터에 대한 내기가 아닌, 힘든 상황에 빠져있는 가치 있는 창업가에 대한 믿음과 지지를 보여주는 투자였다. 그 해에 나의 포트폴리오에서 예상되는 성과에 대하여 질문한다면, 디자인2론치는 최고 순위보다 목록의 맨 아래에 더 근접한 순위라고 말할 수 있다.

그러나 품질은 그 자체로 말하는 법이다. 종종 훌륭한 창업가는 패배의 문턱에서 승리를 낚아챌 수 있다. 앨리슨도 그런 훌륭한 창업가였다. 우리 투자 및 지원에 힘입어 그녀는 신속하게 회사를 정상화하여 제품 라인을 확장하고, 일부 주요 업체와의 진지한 파트너십을 구축했다. 그들의 가장 큰 파트너인 코닥(Kodak)이 2008년 여름에 약 1,500만 달러에 회사를 인수하기 위하여 현금 제안을 했을 때 우리가 얼마나 기뻤을지 상상해 보라!

여기에 흥미로운 점이 생긴다. 기술 블로그에서 읽을 수 있는 유명한 회사의 경우 1,500만 달러의 인수는 비참한 실패와 같다. 실패하기 전에 1~2라운드의 벤처 파이낸싱을 통과한 회사의 경우 해당 금액으로의 인수는 연착륙 또는 합병으로 간주될 수 있다(합병인 경우, 매수하는 회사는 회사 가치에 앨리슨과 회사의 임원진을 포함한 가치를 반영한 것이다). 이러한 경우, 매입 가격은 초기 투자비용 중 일부를 갚을 수는 있지만 회사 창립자나 투자자에게 의미 있는 수익을 창출하기에는 충분하지 않을 수 있다.

이 경우 앨리슨의 운영 능력과 우리가 투자할 당시 보통 정도의 회사 가치 계산에 따라서 회사의 인수로 회사는 엔젤투자자에게 약 10배의 수익을 안겨주었다! 거의 1백만 달러의 이익금을 현금화했을 때(나의 엔젤의 투자로 받은 첫 번째 지불금) 나는 ① 엔젤투자에서 돈을 버는 것이 가능하다는 것과 ② 인상적이지 않았던 투자가 홈런으로 변모할 수 있다는 것을 깨달았다.

몇 년 후, 나는 CE 인터랙티브(CE Interactive)라는 회사에 투자했다. CE 인터랙티브는 가전 분야에서 폭넓은 경험을 가진 매우 성공적인 연쇄창업가의 아이디어였다. 그는 최근 그가 설립한 회사의 CEO로 물러났으며, 그 회사는 거의 모든 주요 가전제품 소매점을 포함하여 전 세계에서 가장 큰 온라인 전자부품 공급업체가 되었다. 그의 새로운 아이디어는 미래를 내다보는 훌륭한 아이디어였다. 모든 가전제품에 대한 자세한 정보가 담긴 데이터베이스를 만들고, 이를 사용하여 집에 비치된 다양한 전자 제품을 연결하는 방법에 대한 그림 설명서와 같은 다양한 제품을 생산하는 것이었다.

이 회사는 큰 비전, 훌륭한 경영진, 견고한 실적 및 소비자전자제품산업협회(CEC) 및 업계 최고의 시드 단계 벤처캐피털 회사를 비롯한 광범위한 지원을 받았다. 회사와 계약한 고객 중 한 곳은 서킷 시티(Circuit City)로, 그 당시 미국 최대의 전자 제품 소매 업체였다. 이 아이디어가 메가 히트가 될 것이라는 믿음에는 의심의 여지가 없었다.

그러나 "제안은 사람이 하지만, 처분은 하나님이 한다"라는 말이 있다. 몇 년간의 투자 기간 동안 ① 회사는 적응력 있고 확장성이 뛰어난 비즈니스 모델을 찾기 위해 노력했고, ② 데이터베이스 플랫폼을 유지보수하고 개선하는 것이 예상보다 더 많은 비용이 드는 것으로 판명되었다. ③ 회사의 가장 큰 고객인 서킷 시티가 폐업했다. ④ 2008년의 경제위기로 인해 회사는 추가적인 자본을 조성할 수 없었다. ⑤ 경기 침체로

소매 고객들의 부담이 가중되었고, 시범 프로그램을 취소하였다. 2011년 여름, CE 인터랙티브는 우리의 모든 투자와 함께 폐업하였다.

똑똑한 투자자는 승자만 뽑을 수 없다는 점을 알고 있으며, 이 점이 전문가와 아마추어를 구별한다. 뜨내기 엔젤들이 자신들이 딱 두 번 투자를 했는데 그 투자가 모두 홈런이었다고 떠벌릴 때 나는 조용히 웃음을 짓는다. 전문가가 오로지 성공기업을 선택할 수 있다고 생각할 때마다 최상위 벤처 펀드인 베서머 벤처 파트너스(Bessemer Venture Partners)의 웹사이트에서 반 포트폴리오 페이지를 방문해 보라. 애플, 이베이, 페덱스, 구글, 인텔, 인튜잇, 컴팩, 페이팔, 시스코 등과 같은 기업에 투자를 거부한 벤처 펀드의 목록을 볼 수 있다.

그런데 당신이 베서머(Bessemer) 사람들보다 더 뛰어난가? 다시 생각해 보라.

진실 3 : 스타트업에 대한 투자가 숫자 게임인가?

요약하면 다음과 같다. 대부분의 스타트업은 투자 가치가 없으며, 경험이나 전문성에 관계없이 어느 누구도 어떤 스타트업이 투자할 만한 가치가 있는지 판별하는 일은 불가능하다. 이러한 사실에도 불구하고 엔젤투자는 올바르게 완료되면 실제로 25~30% 범위의 일관된 IRR을 얻을 수 있다. 이를 달성하는 방법은 지능적으로 다수의 회사에 투자하는 것이고 여기에는 '대수의 법칙'이 적용된다.

몇몇의 연구 및 수학적 시뮬레이션 결과에 따르면 전문적이고 활동적인 엔젤투자자의 수익률이 20% 이상 도달하기까지 적어도 20~25개 기

그림 3-1 포트폴리오 규모에 따른 엔젤 수익률

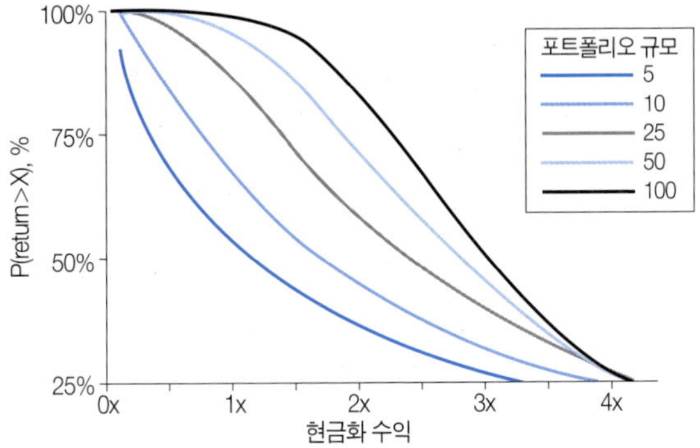

출처: 데이터 기반의 성공적인 엔젤투자(심 시메오노프 , Sim Simeonov)
www.alideshare.net/simeons/patterns-of-successful-investing-8306787

업에 동일한 금액을 일관되게 투자해야 한다는 사실이 입증되었다. 이것은 엔젤이 투자하는 회사가 많을수록 전반적으로 긍정적인 수익의 가능성이 커짐을 의미한다. 베테랑 소프트웨어 산업 창업가이자 엔젤투자자로 활동하는 심 시메오노프(Sim Simeonov)는 이에 대한 상세한 증거를 제시했다. **그림 3-1**을 보면, 그것은 엔젤투자의 성공 지향적인 성격 때문에 어떤 특정 회사가 성공하거나 실패할 확률이 비슷할지라도, 수익률이 한 방향으로 편향되는 성질은 많은 기업에 투자할수록 전체 포트폴리오가 더 높은 수익률을 창출할 가능성이 높아짐을 의미한다.

진실 4 : 일반적으로 처음에 내려가지만 결국 어떻게 되는가

엔젤투자(벤처캐피털과 마찬가지로)는 전형적인 J곡선을 따른다. 성공하

그림 3-2 ▶ **스타트업 투자 포트폴리오 J-커브**

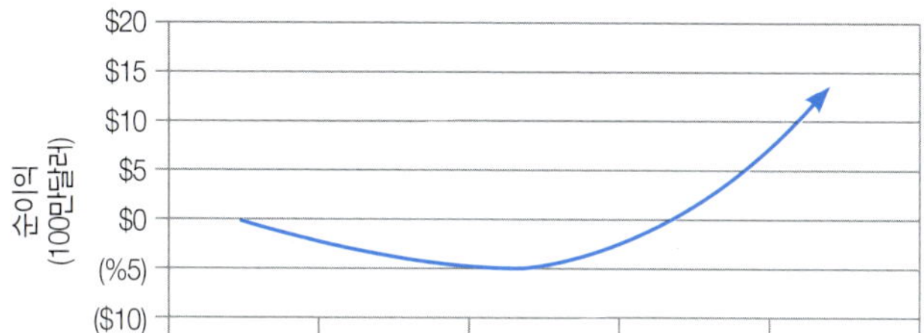

	시드	창업	초기 단계	확장 단계	후기 단계
➝ J-curve	0	−3	−5	1	15

출처: 데이비드 M. 다운센드, 로웰 W. 부세니츠(David M. Townsend, Lowell W. Busenitz, "기술 기반 기업의 자원 상호보완성, 교환, 자본 부족: 실증적 분석," Frontiers of Entrepreneurship Research 29,no.1, issue 5(2009), http://digitalknowledge.babson.edu/fer/vol29/iss1/5

지 못한 회사는 일찍 실패하는 경향이 있으며 성공한 회사로부터 투자금을 회수하는 일은 오랜 시간이 걸리는 경향이 있다. 타임라인에 그래프를 그릴 때 엔젤 포트폴리오의 전체 가치는 문자 "J"와 같은 모양을 만든다. 엔젤투자를 시작한 초기 몇 년간은 떨어지고, 어느 정도 시간이 지나야만 방향이 바뀌고 원래 투자보다 더 가치를 지니기 시작한다(그림 3-2 참조).

미국의 경우 엔젤투자의 평균 보유 기간이 9년이기 때문에, 5년 미만의 엔젤 포트폴리오의 가치는 여전히 낮게 평가될 가능성이 크다. 이례적이고, 아주 단기간 내의 회수, 블랙스완(Black Swan)과 같은 성공이 아닌 경우에는 그렇다. 초기 수익성이 매우 드물다는 사실은 개인적으로 좌절하거나 결혼 생활에 부담을 줄 수 있다. 결국엔 사랑스럽고 부모를 동경하는 세 살로 변한다는 것을 기억하며 미운 두 살 시기를 이겨낸 부모처럼, 차트의 오른쪽을 항상 명심하면, 초기 암흑기 동안 위안을 받을 수 있을 것이다.

또한 다수의 회사에 투자하는 것 외에도 장기간에 걸쳐 이러한 투자를 균등하게 분산하는 것이 좋다. 벤처캐피털 펀드는 일반적으로 5년-in/5년-out 철학으로 운영된다. 즉, 벤처캐피털(VC) 회사가 기금을 마련하면 처음 5년 동안 투자금을 투자한 다음, 회사로부터 투자금을 회수한다. 그들은 또한 그 시기에 다음 펀드를 모으기 시작하여 투자할 새로운 자금을 마련한다.

마찬가지로 잉여 현금 흐름의 10%와 같이 엔젤투자 기회에 매년 투자하는 액수를 결정하고 5~10년간 그 수준을 유지하도록 스스로 약속해야 한다. 그것은 J-Curve의 바닥을 지나 오른쪽으로 올라갈 수 있을 만큼 오랜 기간이어야 하며, 여기서 성공을 통해 미래 투자에 자금을 조달할 수 있다.

진실 5 : 모든 회사는 항상 더 많은 돈이 필요하다

기업은 항상 더 많은 돈이 필요하다. 창업가의 계획이 무엇인지, 얼마나 이른 시간에 좋은 수익성을 달성할지 믿는 것은 중요하지 않다. 그들은 항상 더 많은 돈이 필요할 것이다. 회사가 하룻밤 사이에 대성공을 거두어 밀려드는 고객 수요를 충족시키기 위해 예상했던 것보다 많은 자본이 필요한 드문 경우가 있지만, 이는 열 번 중 한 번 정도 일어나는 일이다. 대부분의 경우, 창업가가 너무 낙관적이었거나/또는 외생적 요소가 수익성에 부정적인 영향을 미칠 가능성이 있다. 그러나 두 경우 모두 초기 투자자들은 바로 자금을 추가로 투자하지는 않는다.

따라서 회사는 일반적으로 투자자가 이러한 후속 라운드에 참여할 수 있도록 인센티브를 제공할 것이다. 이러한 인센티브는 참여하지 않기로 결정한 초기 투자자들의 비용으로 마련된다. 벤처캐피털리스트들이 투자한 기업에 초기 투자한 금액과 같은 규모의 자금을 추가 투자 라운드에서도 투자할 수 있도록 비축해 놓는 이유이다. 신중한 엔젤투자자로서 후속 조치를 위해 일정량의 엔젤투자 자본을 비축하지 않는다면, 회사에 대한 당신의 이익은 시간이 지남에 따라 크게 감소할 것이다(지분희석 현상이라고 한다).

진실 6 : 진실 1~5를 이해하고 따른다면, 엔젤투자는 매우 유리할 수 있다

많은 시간과 노력, 그리고 장기간에 걸쳐 자본을 투자하겠다는 약속은 말할 것도 없고 위의 내용 중 상당 부분이 벅차게 들린다. 그러나 이 특정한 위기 끝에 희망이 있다.

- 당신이 공인 투자자인 경우
- 연간 50,000달러에서 100,000달러 이상의 자금을 투자금으로 준비하는 경우
- 후속 재원 조달을 위해 충분한 예비비 확보
- 훌륭한 기업과 빈틈없는 계약조건 개발
- 포트폴리오에 적어도 20개의 회사(이상적으로는 더 많은 회사)를 보유하고 일관되게 투자
- 실사 조사와 거래 기간 협상에서 전문가
- 적어도 10년 동안 비유동성 자산을 지니고 10년이라는 시간 동안

엔젤투자에 참여한다고 생각
- 돈 이상의 가치들을 포트폴리오 회사에 더하는 것에 일조
- 다음 장에서 내가 제안하는 조언을 명심

즉, 투자 기간 동안 1년에 25% 이상의 평균 IRR을 얻을 수 있는 성공적이고 전문적인 엔젤투자자의 세련된 모임에 가입할 수 있는 가능성이 커질 것이다.

제4장

스타트업의 자금조달

엔젤은 어느 단계에 투자하는가

4 스타트업의 자금조달

엔젤은 어느 단계에 투자하는가

스타트업의 세계는 거대하다. 얼마나 거대할까? 그것은 "스타트업"을 정의하는 방법에 달려있다. 애견 산책 서비스를 광고하는 대학생을 예로 들어 보자. 그녀는 자신을 스타트업으로 생각할 수도 있다. 마찬가지로, 2인으로 구성된 팀이 새로운 소셜 네트워크를 만들기 위한 기술 액셀러레이터로 받아들여진다. 벤처 자금을 지원받고, 10명으로 구성된 디지털미디어기업도 스타트업이다. 13명으로 구성된 수익이 없는 23개월 된 아이폰 앱 회사는 어떨까? 그들은 스타트업이기도 하다. 그러나 13명으로 구성되고, 수십억 달러에 인수된 인스타그램(Instagram)은 스타트업이라고 할 수 있을까?

미국에서는 매년 수백만 명의 사람들이 강아지 산책 서비스나 아이폰(iPhone) 앱과 같은 것을 내놓는다. 이 중 약 3백만 명이 실제로 기업을 창업한다. 그중 약 60만 명이 창업가 외에 최소한 한 명을 고용한다.

어떻게 이런 60만 개의 고용주 중 한 곳이 창업가의 눈에 비친 희미하고 보잘것없는 것에서 출발하여 10억 달러짜리 기업이 될까? 이는 기업가가 이해하고 습득해야 할 여러 단계로 이루어진 과정이다. 그러나 엔젤투자자가 지능적이고 생산적이며 효과적인 방법으로 그 과정에서 중요한 부분을 담당하기 때문에 잠재적인 엔젤투자자 역시 그 과정을 이해해야 한다. 스타트업이 아주 작은 아이디어에서 출발하여 의미 있는 부를 창출하고 세상을 변화시키는 살아 숨 쉬는 유기체로 성장하는 과정에 따라서 그 각 단계마다 발생하는 것이 무엇인지 조사해 보자.

스타트업의 재정 단계

1단계 : 창업가 자신의 자본이 사업의 기초가 되는 현금이다.

창업가들은 자기 주머니 속의 돈을 다 사용할 때까지 다른 사람들에게서 돈을 모으려고 생각하지 않아야 한다. 여기에는 두 가지 이유가 있다. 첫째, 투자자들이 더 이상 아이디어에 투자하지 않는다. 증가하는 기술과 비용 절감 시대에, 투자자는 창업가가 최소한의 거래 실적을 지니고 있는 기업을 제시할 것이라 기대한다. 투자자 앞에 창업가의 능력, 시장, 비즈니스 모델 및 잠재력 면에서 동등한 2개 팀이 주어지면, 실제로 운영하여 다른 위험을 줄이고 생존력을 증명해낸 기업에 투자하지만, 서류상으로만 존재하는 기업에는 투자를 하지 않는 이유이다.

두 번째 이유는 투자자는 창업가가 자신의 창업에 대하여 믿음이 있는지 알고 싶어 한다. 가장 좋은 증거는 창업가가 자신의 돈을 투자했음을 보여주는 것이다. 창업가가 투자한 현금은 창업가의 자기자본으로 기업에 남아있게 된다. 다른 투자자들이 성공적으로 투자금을 회수하는 경우에만 그 자본은 창업가에게 돌아올 것이다.

때때로 창업가들은 "투자자가 투자를 하기 전에 얼마의 돈을 투자해야 합니까?"라고 묻는다. 대답은 정해진 금액은 없다. 오히려 각 창업자의 자원과 관련이 있다. 십여 년간 신문 배달을 하여 5천 달러를 마련하고 창업을 위하여 4천 달러를 투자한 16세의 고등학생이 나에게 새로운 벤처를 제안한다면 나는 매우 만족할 것이다. 반면 엘론 머스크(Elon Musk)가 최신 스타트업을 위한 시드 자금 조달을 원한다면, 기쁘기는 하겠지만 우리는 그가 수백만 달러의 자금을 투자하기를 기대할 것이다. 투자자로서 우리는 창업가가 직접 게임에 참여하는 것을 원한다. 즉, 직접 투자자의 투자금 규모가 작지 않은 것이 바람직하지만, 그렇다고 창업자가 자기 자본 투자 후에 당장의 생활의 걱정으로 기업 활동이 방해받지 않아야 한다.

실제로는 신문 배달하는 소년과 같은 예외적인 상황을 제외하고, 기업에 들어가는 첫 번째 자본은 2만 5천 달러 또는 5만 달러까지 창업가로부터 직접 조달되는 것이 일반적이라 할 것이다.

2단계 : 첫 번째 외부 자본은 일반적으로 친구 및 가족으로부터 모금된다.

이 단계가 필수는 아니지만, 대부분의 스타트업은 제3자가 합법적으로 투자할 수 있는 단계로 회사를 이끌 수 있도록 주식 또는 대출 형태로 친구 및 가족에게서 돈을 모으고 있다. 여기에 모금된 금액은 가족 자원에 따라 크게 다를 수 있지만, 일반적으로 이 단계에서 투자액은 2만 5천 달러에서 15만 달러이다. 그러나 나는 창업가들과 그 가족들이 1백만 달러 이상으로 시작하는 경우를 많이 보았다.

중요한 것은 이러한 방식으로 투자된 자본은 다음 전문적 투자자가 참여하는 투자 라운드와 동일한 안전성을 가진 할인된 전환 가격으로 전환할 수 있는 전환사채(10장에서 자세히 설명될 투자 형태)로 직접 회사에 투입되어야 한다는 것이다. 그러나 개인 관계(그리고 가족 구성원이 공인 투자자인지 여부)에 따라, 돈은 실제로 창업가에게 개인 융자로 들어갈 수 있다. 대출된 돈은 창업가가 기업에 자본의 형태로 투자가 되지만, 기업이 실패하더라도 창업가가 상환해야 한다.

3단계 : 창업가가 모금 활동을 시작한다.

이 단계는 거시적 안목과 미시적 안목의 결합이 필요하다. 당신이 엔젤투자자로서 훌륭한 창업가를 찾기 위해 노력하는 것과 같은 방식으로, 벤처기업의 창업가 역시 모든 투자자를 살피기 위해 구석구석 들여다보고 있다. 현명한 창업가는 모든 사람들에게 초기 투자자를 찾는 대단한 벤처기업이 있다고 알리는 것으로 시작한다. 그리고 나는 그 '모든 사람'에 해당한다. 나는 이발사, 인턴, 사촌, 고등학생, 심지어 어머니에게서도 신생 스타트업에 대하여 소개를 받았다. 따라서 눈과 귀를 열어놓고 있으면, 기대하지 않은 곳에서도 흥미로운 투자 기회를 얻을 수 있다.

동시에 창업가는 어떤 특정 엔젤투자자에게 접근하는 것이 유리한지 조사하여야 한다. 어떤 엔젤은 고향에만 투자를 하고, 일부는 한 번에 5,000달러만 투자하고 다른 일부는 생명 공학 분야만 특정해서 투자한다. 전 세계의 모든 엔젤과 벤처캐피털에 맹목적으로 사업계획이나 파워포인트 자료를 보내도 아무런 효과가 없으며 그저 사람들을 괴롭히면서 시스템을 방해하는 행동에 불과할 수 있다. 현명한 창업가는 이를 잘 알고 그에 따라 행동한다.

4단계 : 창업가는 새로운 종류의 액셀러레이터 중 하나에 지원하는 것을 고려해야 한다.

상대적으로 최근에 설립된 이 조직은 일반적으로 창업 초기에 회사 창업자를 위한 작지만 의미 있는 급료와 함께 몇 개월간의 집중적인 멘토링을 제공하며, 이를 마친 회사를 여러 현지 엔젤에게 소개하기 위한 데모데이(Demo day)를 주최한다. 와이 컴비네이터(Y Combinator, 실리콘 밸리 기반)와 테크스타즈(TechStars, 전 세계의 여러 지역 및 계열사 포함)가 가장 잘 알려진 두 개의 액셀러레이터지만, 지역적, 국가적 및 국제적으로 다수의 액셀러레이터가 존재하며 특정 분야(패션, 음식, 금융, 게임 등)에도 존재한다. 이 책의 15장에서 액셀러레이터와 스타트업 창업가의 세계를 다룰 것이다.

액셀러레이터는 기금 모금, 평가 및 금액 인상과 연관된 일반적인 궤적과 비교하여 흥미롭게 한 발 물러서 있다. 액셀러레이터는 각 기업과 협상하고 각 기업의 운영 상황을 토대로 가치를 설정하기보다는 프로그램에 참여하는 참가자를 매우 까다롭게 선택하는 경향이 있다. 이러한 성향은 액셀러레이터의 우월적 위치에 기반한다. 몇 가지 다른 유형이 있지만 대부분의 액셀러레이터는 프로그램에 참가하는 회사의 약 3개월 비용에 해당하는 25,000~50,000달러의 투자를 제공하고 기업 전체 지분 중 6%를 받는다. 기업의 가치평가를 50만 달러로 상정한 경우, 특정 하이테크기업의 가치로는 낮은 책정이지만, 이들은 적어도 이론적으로는 멘토링, 교육 및 액셀러레이터의 각종 지원을 통해, 이론적으로는 그 낮은 가치 책정의 보상이 이루어진다.

5단계 : 엔젤투자 단계(한 개인 또는 그룹)

기업은 투자 자본이 15만 달러에서 150만 달러에 이르는 매우 넓은 범위로, 한 명의 부유하며 관대한 엔젤에게 행운을 빌어 엔젤 영역에 진입할 수도 있고(각각의 경우 1만~10만 달러), 또는 한 명 이상의 엔젤투자자 또는 조직된 엔젤 그룹이나 하나 이상의 마이크로 벤처캐피털(일명 "슈퍼엔젤"이라고 함)에 의해 이 영역에 진입할 수도 있다. 상황에 따라, 이처럼 다소 전문적이고 독립적인 투자자는 전환사채(가치평가 상한 포함) 또는 시리즈 시드(Series Seed) 또는 시리즈 A 전환우선주 주식 형태(Series A convertible preferred stock round)로 자금을 조달할 것이며, 벤처 자본가들이 사용하는 문서와 유사한 문서를 사용한다(이 용어는 10장에서 자세히 설명할 것이다).

엔젤 단계는 이 책의 핵심이며, 다음 장에서는 엔젤이 투자 소스를 찾고, 투자하는 방법과 투자기업 발굴, 기업 실사, 거래조건 협상, 가치평가, 투자 방식 등과 관련된 세부 사항을 자세하게 다루고 있다.

엔젤투자 단계 동안, 추후에 이어지는 추가 자본 모집을 할 때마다 창업가의 가장 중요한 목표는 주 투자자 또는 챔피언을 파악하는 것이다. 초보 엔젤의 경우 경험/기술이 제한적이고 경험이 풍부한 엔젤의 경우 필요 시간/자본이 제한되는 등 여러 가지 이유로 종종 어려움을 겪는다.

계약을 리드하는 엔젤투자자는 다른 투자자를 라운딩에 참여하게 하고, 주요 거래조건을 작성하고, 거래를 마무리하는 과정에서 중요한 역할을 한다. 그들은 창업가의 주요 챔피언이 되며 종종 스승이 되기도 한다. 리드 투자자는 창업가를 자신의 서클에 있는 다른 투자자 또는 온라인 자금 플랫폼을 통하여 엔질 투자를 하는 투자자에게 보증한다. 리드 투자자를 찾는 것은 창업가들에게 가장 어려운 도전 중 하나이지만, 분명 가장 중요한 일 중 하나이다.

엔젤 그룹은 새로운 엔젤투자자들이 투자에 참여하도록 이끄는 흥미롭고 유용한 방법이다. 미국과 전 세계에 걸쳐 수백 개의 그룹이 있으며, 대다수는 거스트(Gust)를 통해 창업가로부터 신청을 받는다(물론 개인적 연결은 항상 가치가 있지만). 엔젤 그룹의 예비 심사를 위해 초대장을 받으면 창업가는 숙련된 투자자에게 사업을 소개하고 사업계획에 대한 피치 경험과 탄탄한 피드백을 받을 수 있는 기회를 얻는다(엔젤투자자 회원의 관점에서 엔젤 그룹에 대한 논의는 17장에 있다).

6단계 : 벤처캐피털과 시리즈 A

엔젤들이 제공할 수 있는 자금이 투자된 후에(일반적으로 1백만 달러에서 2백만 달러 미만) 회사는 엔젤투자자들에게 장밋빛 예측을 실천하여야 한다. 친구나 가족으로부터 돈을 모으는 대다수 기업이 결코 엔젤 단계에 이르지 못하는 것처럼, 엔젤투자로부터 자금 조달을 받은 대다수의 기업, 90~95% 이상이 벤처 펀드의 자금 펀딩 단계에 이르지 못한다. 창업가가 큰 규모의 자금이 필요하기 시작할 때 대부분의 경우 투자금 유치에 어려움을 경험한다. 이와 같은 경우는 명확한 위기 상황이고, 자금을 구하는 일은 키질로 곡식을 골라내는 것과 같이 힘든 과정이다.

운이 좋은(자금 펀딩에 성공한) 사람들은 약 150만 달러(아마도 하나 또는 두 개의 시드 단계 펀드에 합류한 것)에서부터 약 500만 달러에서 1천만 달러까지(아마도 하나 또는 두 개의 전통적인 벤처 펀드로부터) 자금을 유치할 것이다. 두 경우 모두, 이 전문 투자가들은 거의 확실하게 전국 벤처캐피털 협회(National Venture Capital Association)의 모델 시리즈 A와 비슷한 계약서를 사용하여 전환우선주(10장에서 논의)의 형태로 투자할 것이다. 투자자들은 첫 번째 투자에서 그들이 준비한 자금의 반 정도를 투자할 것이고, 만약 투자기업이 사업 계획을 성공적으로 실행한다면 투자자들은 다음 또는 그다음에 이루어질 펀딩 단계에서 나머지 자금을 집행할 것이다.

7단계 : 그로스 캐피털과 시리즈 B 이상의 투자

마지막으로 자본금을 1천만 달러에서 2천만 달러로 모집한 기업은 후기 단계의 벤처캐피털 펀드에서 투자를 받게 될 것이고 이 단계에서 계약서 등의 서류 작업은 이전의 벤처 자본가들과 유사할 것이다. 그들은 일련의 전환우선주 투자(시리즈 B, 시리즈 C, 시리즈 D 등으로 알려짐)로 연속적으로 이어지는 투자 라운드에 더 많은 현금을 투입하겠지만 기업의 가치는 훨씬 높아질 것이므로 초기 투자자(지분율을 유지하기 위해 각 라운드에 계속 투자했을 가능성이 있는)보다 더 작은 지분으로 끝낼 수 있다.

이 시점에서 초기 엔젤투자자의 역할은 극적으로 바뀔 것이다. 기업의 초기에 엔젤투자자는 현금, 타당성 확인, 조언, 연결 및 기타 좋은 것들을 가져다주는 멋진 존재로 인식된다. 그들은 이사회의 자리를 차지할 수 있으며, 몇 달 또는 몇 주마다 기업 CEO와의 대화에 익숙해질 수 있다. 이 밀접한 관계는 벤처 펀드가 투자하기 시작할 때 약화되기 시작한다. 그 시점에서 엔젤은 아마 이사회에서 물러날 것이다. 후기 단계의 자금이 기업에 투자되는 시기에 엔젤은 대개 지나간 기억의 추억일 뿐이다. 그러나 대학 졸업 후 아이들이 둥지를 떠나는 것처럼 이는 훌륭하고 자연스러운 일로, 다음 스타트업과 관계를 맺도록 엔젤을 자유롭게 하며 회사는 빅 리그에서 뛸 수 있다. 초기 투자자의 지분이 이 시점까지 지나치게 희석되지 않았다면 이는 정상적인 것이며 저항해야 하는 것이 아니다.

8 단계 : IPO 또는 개인 투자금 회수

후반 단계 자금으로 기업이 가치를 창출하는 데 필요한 자금을 제공받으면, 그 투자로 인하여 투자의 관심이 기업의 미래 가치, 더욱 더 중요한 창업가들과 초기 투자자들의 투자금 회수 방식에 대한 주제로 옮겨 간다. 여기서 선택은 일반적으로 더 규모가 있는 기업에 의한 인수 또는 IPO를 통한 공개 주식 시장 진입이다. 전자가 후자보다 훨씬 일반적이지만, 두 경우 모두 회사의 투자자는 자신의 선견지명과 과감한 행동의 결실을 볼 수 있다. 대다수의 기업들이 시리즈 A 또는 시리즈 B 라운드 후에 인수 가격으로 3천만 달러에서 5천만 달러 범위에서 결정되지만, 원 투자에 대한 가격이 정확하게 책정된 경우 이러한 인수 가격은 기업의 초기 투자자에게 10~20배에 달하는 투자금 회수가 될 수 있다. IPO의 경우(대개 몇 번의 후기 투자 라운드 후에만 발생 가능) 수익률은 100배 이상일 수 있다.

앞에서 설명한 단계들은 스타트업의 초기 자금 조달의 일반적인 과정을 포함하지만, 이 모든 과정을 거치는 기업의 수는 매우 적다는 것을 명심하길 바란다. 미국에서 시작된 대다수의 기업은 창업가인 자신의 돈으로 시작하고 끝나는 첫 번째 단계로 끝난다. 외부 자금을 조달할 수 있는 회사의 수는 그 과정이 진행됨에 따라 점차 줄어들기 시작한다. 백분율로 따졌을 때 스타트업의 25%가 친구와 가족의 돈을 모을 것이다. 2.5%는 엔젤의 돈을 얻을 것이다. 0.25%는 초기 벤처캐피털 자금을 얻을 것이다. 아마도 0.025%가 투자 자금을 후기 단계의 벤처캐피털 펀드로 만들 것이고, (창업을 시작한 60만 개 기업 중) 10개 내외의 벤처기업만이 IPO에 도달할 것이다.

그러나 엔젤투자에 접근하는 전문적인 방식의 큰 장점은 투자한 기업이 살아남으면 앞에서 설명한 어느 단계에서든 투자금을 회수하여 실제로 돈을 벌 수 있다는 것이다. 그 방법은 이 책의 다음 부분에서 논의할 것이다.

한국 사례 국내 스타트업 투자 현황과 엔젤투자

국내에서는 엔젤투자, 벤처캐피털, 신기술창업투자회사, 금융회사, 기업CVC 등 스타트업을 투자대상으로 하는 주체가 다양화됨에 따라 단계별 및 분야별 투자규모를 정확하게 파악하기란 쉽지 않다. 또한 초기단계의 투자에 많은 투자주체들이 참여하고 있다. 한국벤처캐피털협회의 통계자료를 바탕으로 한국 스타트업 투자시장의 추이를 살펴보면 다음과 같다.

그림 4-1 신규투자

(단위: 개사, 억 원)

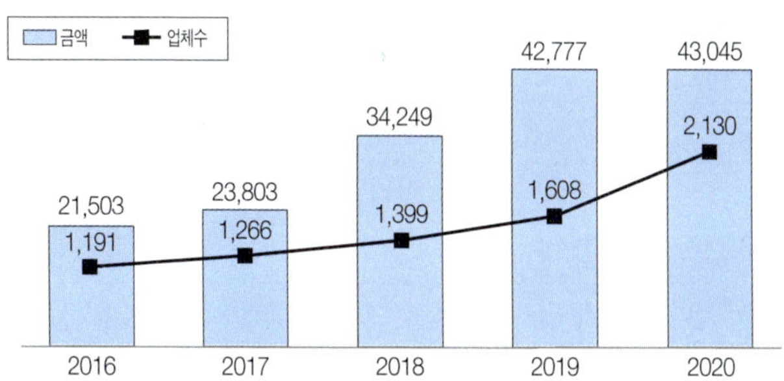

출처: 한국벤처캐피털협회

한국벤처캐피털협회의 통계에 따르면 매년 증가 중인 스타트업 신규투자 규모는 2020년 2,130개사에 4조 3,045억 원이 투자되어 역대 최고치를 기록하였다.

그림 4-2 업종별 신규투자 비중

(단위: %)

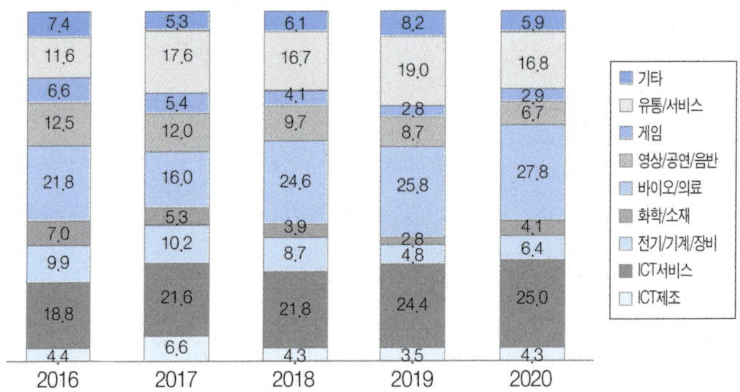

출처: 한국벤처캐피털협회

표 4-1 업종별 신규투자 금액

(단위: 억 원)

구분	2016년	2017년	2018년	2019년	2020년
ICT제조	959	1,566	1,489	1,493	1,870
ICT서비스	4,062	5,159	7,468	10,446	10,764
전기/기계/장비	2,125	2,407	2,990	2,036	2,738
화학/소재	1,502	1,270	1,351	1,211	1,765
바이오/의료	4,686	3,788	8,417	11,033	11,970
영상/공연/음반	2,678	2,874	3,321	3,703	2,902
게임	1,427	1,269	1,411	1,192	1,249
유통/서비스	2,494	4,187	5,729	8,145	7,242
기타	1,570	1,283	2,077	3,518	2,546
합계	21,503	23,803	34,249	42,777	43,045

출처: 한국벤처캐피털협회

2016년 이후 통계를 살펴보면 업종별로는 바이오/의료>ICT서비스>유통/서비스 분야의 투자가 가장 높은 비중을 차지한다.

엔젤투자는 투자자본의 규모와 성격상 대부분 매우 초기단계의 스타트업에게 투자를 하고 있으며, 현재 그 규모가 역대 최고치를 기록하고 있지만 선진국의 사례를 바탕으로 비교해 보면 여전히 성장할 수 있는 여지가 충분하다. 미국의 엔젤투자 규모가 GDP 대비 0.11% 수준인 것을 감안하면 국내는 아직 0.03% 수준으로 성장의 여지가 매우 높다고 평가되며, 국내 엔젤투자는 VC 투자의 16.2% 수준으로 미국의 엔젤투자가 VC 투자의 34% 수준임을 감안하면 여전히 성장의 여지가 높다고 할 수 있다.

ANGEL INVESTING

PART 2

엔젤투자 방법론

제5장

나만의 투자방법 찾기

성공가능성이 큰 투자기회 발굴

5 나만의 투자방법 찾기

성공가능성이 큰 투자기회 발굴

3장에서는 엔젤투자를 숫자 게임으로 이야기했다. 대수의 법칙을 활용하여 당신에게 유리한 상황을 만들기 위해서는 많은 스타트업에 투자해야 한다. 그러나 중요한 것은 당신이 투자하는 스타트업이 성공을 위한 충분한 기회가 있어야 한다는 것이다. 대부분의 스타트업은 성공하지 못하기 때문에, 엔젤투자의 성공을 위해 필요한 마법 같은 방법은 대수의 법칙이다.

세계에서 가장 훌륭한 대학이 가장 훌륭하고 성공적인 졸업생을 배출하는 방법은 가장 성공적이고 훌륭한 지원자를 모집하는 것부터 시작된다. 예일, 하버드, 스탠포드 등은 수많은 최고 학생에게 입학 신청을 받기 위해 최선을 다한다. 그들은 주요 고등학교에 입학 안내자를 보내고 최고 득점자를 모집하기 위해 SAT 메일링 리스트를 사용한다. 어떤 지역의 우수한 학생들을 모집하기 위해, 널리 퍼져있는 학교 동문들에게 그 지역에서 학교 소개 모임을 주최하도록 한다. 2013년에는 이 세 학교에 만 7만 5천 명의 지원자가 몰렸다. 그 모든 신청서를 받은 다음, 학교는 전체 신청자 중에서 6~7%의 학생을 선별하여 입학을 허가한다.

엔젤투자자로서 당신도 입학생을 선별하는 것과 같은 일을 해야 한다. 그러나 아이비리그의 그들보다 더 냉혹해야 한다. 올해 내가 투자한 모든 투자와 관련하여, 투자 1건당 40명 이상의 진지하고 열정적인 기업가와 접촉하였지만, 그중 한 명에게만 투자를 했다. 즉, 결정 과정에서 예일, 하버드, 스탠포드보다 3배 더 까다롭게 투자기업을 선택한 것이다. 또한, 이는 내가 배팅을 할 수 있는 광범위하고 성공 가능성이 가장 높은 기회를 개발해야 한다는 의미이다.

최근 검색 프로세스의 본질을 바꾼 온라인 플랫폼(매월 수천 명의 스타트업이 거스트[Gust]에 투자자 중심의 프로필을 게시함)으로 인하여, 그 어느 때보다 혁신적이고 흥미진진한 기회를 찾는 것이 용이해졌다.

최고의 성공을 거둔 엔젤투자자들은 숨은 보석 같은 스타트업을 적극적으로 찾는 데 많은 시간을 소비한다. 기회를 일구는 유용한 몇 가지 방법을 소개하자면 다음과 같다.

개인 네트워크 활용

기회를 넓히고, 그들이 보고 있는 기업이 찾고 있던 기업인지 확인하기 위하여 많은 엔젤투자자들은 지인들이 언급한 기회를 선호한다. 그들이 엘리트주의자여서가 아니라 주로 알려진 신뢰기관이 예비 심사를 한 벤처기업을 선호하기 때문이다.

이는 생각보다 쉽다. 오늘날처럼 복잡하게 연결되어 있는 세계에서는 포트폴리오와 완벽하게 어울리는 창업가를 아는 사람을 모르는 것은 사실상 불가능하다. 필자의 경우 비즈니스 네트워킹 웹사이트인 링크드인(LinkedIn)에서 1, 2, 3단계 연결을 통해 나에게 접근할 수 있는 사람이 1,600만 명이 넘는다. 산술적으로, 당신의 숫자도 비슷하다는 것을 알게 될 것이다. 개인 간 네트워크는 거스트(Gust)와 같은 온라인 자금 조달 플랫폼에서 중요하다. 이런 플랫폼에서는 당신이 찾던 유일한 기회가 당신이 아는 누군가가 알고 있는 기회임을 알 수 있다.

초기 단계의 투자자가 우연히 흥미로운 기업의 사이트를 접하고, 향후 10년 동안의 큰 성공 스토리를 쓰는 기회를 발견할 수도 있겠지만, 그런 놀라운 경우는 매우 드물다. 많은 투자자들은 대다수의 투자 기회가 커리어 과정에서 쌓은 개인 네트워크에서 비롯되었다고 말한다. 여기에는 투자자가 이미 투자한 기업의 CEO가 추천한 기업도 포함된다. 또한 다른 투자 라운드에 같이 투자했던 투자자들, 그의 경력에서 다른 경우에 함께 일을 했던 동료 등도 포함된다.

개인 간 네트워크는 또한 개인의 관심사, 재능, 배경 및 기타, 비재무적인 자원과 일치하는 기업을 찾는 좋은 방법이다. 현실 세계에서 자본은 대체 가능하기 때문에, 성공 가능성이 똑같은 두 가지 잠재적 투자 중 하나를 선택해야 한다면, 투자는 인맥, 지혜, 성실성, 대인 관계 및 기타 무형 자산과 같은 외부 요인에 의하여 결정된다.

이러한 이유로, 엔젤투자자들은 흥미로운 거래를 가진 창업가가 왜 자신을 투자자로 원하는지 설명할 수 있다면 고맙게 생각한다. 누군가 돈 때문에 당신과 결혼하기를 원하는가? 아니면 당신이 훌륭한 인생의 동반자가 될 것이라고 느끼기 때문에 당신과 데이트하고 있다는 말을 듣고 싶은가?

개인적인 인맥 외에, 중요한 기회의 소스(특히 초기 자금 조달을 찾는 초기 단계 및 시드 거래의 경우)는 투자자를 보거나 듣거나 읽고, 그 투자자가 창업 팀에 큰 도움이 된다는 믿음을 가진 창업가가 투자자에게 직접 접촉하는 것이다. 이것이 최고의 엔젤투자자 중 일부가 최고의 거래 방식을 가지고 있는 이유이다. 그들은 블로그 작성, 회의 발표, 흥미로운 업계 관련 항목 트윗을 통해 커뮤니티에 기여하기 위하여 길을 나서는 것이다. 엔젤투자의 생태계에 공헌하여 잠재적인 거래의 큰 흐름으로부터 이익을 얻는 방식에 관해서는 15장에서 더 이야기할 것이다.

엔젤클럽

만약 당신이 초보 엔젤투자자이고, 아직 개인적으로 스타트업에 대한 연결 포인트가 많지 않다면, 엔젤투자자들로 구성된 지역 엔젤 그룹에 가입하는 것도 훌륭한 전략이다. 그러한 지역 엔젤 그룹은 당신처럼 투자를 계획하고 있는 수준의 엔젤투자자들을 환영할 것이다. 17장에서 엔젤 그룹에 대해 자세히 이야기할 것이다. 그곳에서는 엔젤투자자들이 함께 모이고, 매달 접수되는 수십 개의 기업을 환영하겠지만, 그들은 여러 단계를 거쳐 투자 기회들을 살펴볼 것이다.

밋업(Meetups)

2001년 닷컴버블 직후 뉴욕의 창업가인 스캇 하이퍼만(Scott Heiferman)과 맷 미커(Matt Meeker)는 사람들에게 컴퓨터를 끄고 오프라인에서 만나도록 설득하는 특이한 웹사이트를 만들었다. 밋업닷컴(Meetup.com)은 15만 개 이상의 그룹에 속한 1,500만 이상의 사람들이 사용하며, 매달 거의 50만 개에 달하는 지역적이고 직접 만나는 모임을 조직하고 있다. 수천 개의 이러한 만남은 새로운 벤처기업, 벤처창업가 및 혁신적인 기업과 직접 관련이 있다. 대부분의 경우, 만남을 위한 프로그램에는 시드 자금을 모집하려는 스타트업의 제품 또는 서비스에 대한 시연이 포함된다.

뉴욕의 지역 스타트업 그룹은 던 바버(Dawn Barber)와 함께 스캇 자신이 설립한 NY테크 밋업(NY Tech Meetup)이다. NY테크 밋업은 밋업 플랫폼에서 가장 큰 단일 그룹으로 38,000명의 회원을 보유하고 있다. 물론 동시에 모든 회원을 한 강의실에 수용할 수 없기 때문에, 매달 저렴한 800장의 티켓을 구하려는 경쟁이 치열하다. 2시간에 걸친 회의에서 12개 회사가 새 제품을 시연한다. 이 이벤트 중 하나에서 내가 처음 소셜 바이시클(Social Bicycles)을 보았고 CEO에게 투자를 허락해달라고 쫓아다녔다.

시연하는 회사 전부가 당신의 마음을 잡지 못하더라도 다른 참가자들은 흥미로운 기업을 발견할 수도 있다. 정기적으로 하나 이상의 지역 기술/스타트업 모임에 참석하는 것은 새로운 거래 흐름을 발견하고 현지 창업 생태계의 구조에 자신을 통합할 수 있는 좋은 방법이다. www.meetup.com에서 모든 지역 모임 일정을 찾을 수 있다.

사업계획 발표 경연 대회

기업가정신이 주류가 됨에 따라 대부분의 비즈니스 스쿨과 많은 대학들이 사업계획 대회를 학업 프로그램 및 과외 활동에 통합하였다. 예전에는 학생들이 새로운 비즈니스에 대한 이론적 계획을 제시하는 이벤트였다. 그러나 지난 몇 년 동안 사업계획 대회는 이미 영업 활동을 하고, 이익을 창출해내고 있는 실제 회사의 피치 이벤트로 진화했다. 학생, 교수 및 졸업생도 참가할 수 있으며, 소개되는 기업들은 엔젤이 투자할 수 있는 완벽한 단계에 있다. NYU 사업계획 대회에서 핀터레스트, 코믹솔로지, 코스호스, 소셜밤 및 기타 흥미로운 벤처 회사들이 등장했다.

스타트업 컨퍼런스 및 시연 행사

사업계획 대회는 새로운 기업이 투자자, 언론 및 잠재적인 기업 파트너에게 자신을 알리기 위해 참여하는 중요한 산업 행사이다. 이러한 이벤트 중 일부는 특히 스타트업 소개에 중점을 두고 있으며 청중은 모든 프레젠테이션을 본다. 다른 이벤트들은 예정된 프로그램의 한 부분으로 스타트업 경쟁 또는 제품 출시 세그먼트를 포함하는 일반적인 산업 회의이다. 연간 개최하는 이벤트 중에서 새로운 스타트업을 위한 제품 출시 경쟁을 하는 행사에는 다음과 같은 것들이 있다.

DEMO

1991년 나의 첫 기술 회사인 엑스 마키나(Ex Machina)와 20년 후 거스트(Gust)를 소개한 론칭 컨퍼런스의 중 가장 대표적인 이벤트이다. 컴퓨터 산업 미디어인 IDG에서 제작한 DEMO는 높은 생산 가치를 지니고 있으며 동시에 50~75개 기업이 참여하는 것을 볼 수 있다. 발표자에게 요구되는 주요 사항은 행사에서 새로운 제품이나 기업을 출범시키는 것이다. 청중은 기업, 투자자, 언론으로 구성되는 경향이 있으며, 새로운 벤처기업과 주요 기업의 신제품이 함께 출시된다.

TechCrunch Disrupt

디스럽트(Disrupt)는 '테크크런치40(TechCrunch40)'이라는 이름으로 2008년에 처음 열렸을 때, 데모(DEMO)와 맞대결을 벌인 대담한 신인이었다. AOL이 테크크런치(TechCrunch) 웹사이트 및 컨퍼런스를 인수한 이래로 디스럽트는 규모가 커지면서 여러 도시로 확산되어, 많은 스타트업이 거쳐 가고 싶어 하는 정거장과 같은 역할을 하였다. 디스럽트 스타트업 앨리(Disrupt's Startup Alley)에서 기업들은 자신들의 제품이나 아이디어를 전시, 시연하고 디스럽트 배틀필드(Disrupt Battlefield)에서 경쟁하는 것으로 이 컨퍼런스는 투자자의 관심을 끌기 위해 경쟁하는 200개 이상의 스타트업을 선보일 수 있다.

South by Southwest

SXSW는 일반적으로 알려진 것처럼 텍사스 오스틴에서 봄 뮤직 페스티벌로 시작하였다. 곧 음악 행사 전에 영화제가 추가된 다음 더 많은 프로그램(기술 및 미디어 기업의 인터랙티브 컨퍼런스, 쇼케이스 시연, 강의, 전시 등)이 추가되었다. 인터랙티브 페스티벌에는 액셀러레이터(나는 심사위원으로 수차례 참여하였다), 수백 개의 강의, 패널, 출시 및 기타 활동이 한 주 동안 오스틴 전역에 걸쳐 개최된다. SXSW는 스타트업 업계에서 가장 빠르게 성장하는 이벤트이다.

CES

매년 1월 라스베이거스에서 열리는 국제 소비자 전자쇼(International Consumer Electronics Show)는 기술 투자 과제를 하기에 좋은 장소이다. 일주일 동안 벌어지는 이 거창한 쇼에 참석하는 투자자에게는 가전제품 기술의 현 상황에 대한 전체적이고도 최신 흐름을 얻을 수 있다. 소규모 회사(쇼스토퍼[ShowStoppers] 또는 CES 스타트업 파빌리온[CES Startup Pavilion]과 같은 더 작은 CES 기반 출시 장소를 제외하고)가 효과적으로 제품을 출시하기에는 너무 소란스럽고 혼잡하지만, 기술이 발전하는 속도를 따라잡고 싶다면 CES는 매우 좋은 경험이 될 수 있다.

새롭고 흥미진진한 스타트업을 소개하는 다른 컨퍼런스 및 이벤트로 샌프란시스코에서 열리는 출시 행사로는 제이슨 칼라카니스(Jason Clalacanis)가 만든 바토르 스플래시(VatorSplash)가 있다. 그리고 SIIA(software and information association)는 매년 많은 행사를 주최한다. 금융 서비스에서부터 청정 기술(clean technology), 출판에서 의류, 교육에서 기업 소프트웨어까지 모든 부문과 연관된 전문적인 컨퍼런스들도 있다.

이러한 컨퍼런스에서 스타트업은 대중에게 최초로 그들의 제품 또는 서비스를 무대에서 시연하고, 부스에서 전시하고, 보도 자료를 공개하고, 일반 대중에게 제품을 공개한다. 일반적으로 제품 또는 사이트에 대한 간략한 데모를 보고 회사 창립자와 직접 대화할 수도 있다.

액셀러레이터 데모데이(Accelerator Demo Days)

최근 몇 년 동안 스타트업 인큐베이터와 시드 액셀러레이터 프로그램이 폭발적으로 생겨났고, 대부분 폴 그레이엄(Paul Graham)이 설립한 실리콘 밸리(Silicon Valley)의 성공적인 와이 컴비네이터(Y Combinator) 액셀러레이터를 모델로 삼는다. 테크스타즈, 웨이라, 드림잇 같은 이러한 프로그램과 벤처, 론치패드, 아스티아, 설립자 연구소 및 기타 업체는 기업 창업의 수준을 높이는 놀라운 일을 한다. 15장에서 액셀러레이터의 역할에 대해 논의하겠지만, 각각의 프로그램은 적어도 3개월 동안 진행되며, 지역 엔젤투자자와 벤처캐피털리스트를 초대하는 데모데이로 끝나게 된다. 데모데이는 아름다운 여성이 사교계에 처음으로 등장하는 파티 같은 것이다. 무대에서 펼쳐지는 발표는, 발표에 참여한 15~20개에 이르는 모든 기업에 당장 투자하고 싶게 만드는 매우 정교한 작품 같은 것이다.

온라인 거래 소스

마지막으로, 급격히 증가하는 기회의 소스는 공인된 투자자를 위한 온라인 주식 자금 조달 플랫폼이다. 거스트(Gust)는 이 플랫폼 중 가장 큰 플랫폼이지만, 이미 작고 많은 플랫폼이 있으며 매달 더 많이 생겨나고 있다.

이들 웹사이트 중 상당수는 자금 조달을 원하는 제한된 숫자의 기업을 온라인상에 나열한 다음 개인 투자자들의 소액 투자를 유도하며, 이렇게 소액을 투자하는 투자자들을 모아서 자금이 필요한 기업에 투자한다. 약 300개로 추산되는 온라인 펀딩 플랫폼과 2012년 JOBS 법안이 통과된 이후의 작업에서는, 잠재적 투자자가 특정 기업을 살펴보기 전에 플랫폼에 대하여 실사를 하는 것이 중요하다. 이미 운영 중인 평판 좋은 온라인 자금 제공 사이트에는 시더스(Seedrs), 세컨드마켓(SecondMarket) 및 엔젤리스트(AngelList)가 있다. 이전에 언급했듯이 영화 기금(Slated), 소비자 브랜드(Circle Up), 부동산(Realty Mogul), 액셀러레이터 프로그램 이수자(Funders Club) 및 기타 산업을 다루는 전문 사이트도 있다.

거래 중개인

투자자를 찾기 위해 급료를 받는 고문을 사용하는 신생회사가 귀하에게 다가오면 어떻게 할 것인가? 이 사람은 브로커, 파인더 또는 중개자라 칭하기도 하지만 때로는 자칭 투자 은행가로 행세할 수도 있다. 대부분의 엔젤투자자와 모든 조직된 엔젤 그룹은 브로커가 개입된 자금 조달 라운드에 참여하기 꺼리는 경향이 있다.

여기에는 많은 이유가 있지만, 본질적인 이유는 초기 단계 투자자들은 모든 자금이 직접 회사에 투자되기를 원하지 다른 곳으로 빠져나가는 것을 원치 않는다. 또한, 거래 소싱을 위하여 보유한 개인 네트워크는 투자자를 수동적으로 반응하는 투자자보다는 적극적인 투자자로 만든다. 마지막으로, 주식 매매 또는 구매에 대한 대가로 돈을 받는 사람은 증권거래위원회(Securities Exchange Commission)의 규칙에 따라 중개인/딜러로 등록해야 한다. 내 경험에 비추어 볼 때, 회사 자금 조달에 관해 내게 접근한 중개자의 대다수는 중개인/딜러가 아니므로 SEC 규정을 따르지 않으며, 이는 결코 좋은 일이 아니다.

그러나 여러 가지 상황이 있다. 사모 펀드 또는 투자 금액이 적은 상황에서 중개인의 역할은 당연한 표준 같은 것이고 예외적인 일이 아닐 수도 있다. 가족 사무실이나 임의로 엔젤투자를 하는 사람들과 같이 엔젤투자 자체보다는 투자 중개에서 기회를 찾는 사람들이 있다.

창립자를 만날 때 기대할 수 있는 것

창업가 수(수백만 명)와 스타트업을 찾아다니는 진지한 투자자의 수(수천 명) 사이에는 엄청난 불균형이 있다. 당신이 진지한 투자자인 경우, 창업자들은 당신에게 적극적으로 관심을 보일 것이다. 수많은 스타트업들의 투자 요청이 쇄도할 때 당신은 인내, 규율, 관용 그리고 예의 바르지만 단호하게 거절하는 방법 등을 연마해야 한다. 많은 제안들이 당신의 개인적 성향과 목표를 충족하기에는 부족하고 적당하지 않은 것들일 것이다.

나는 많은 시간을 창업가들에게 조언하며 보냈다. 그 조언은 창업가가 투자자들과 상호작용하는 방법에 대해서였고 이는 상호 의존적인 두 상대방의 대화를 흥미롭고 생산적인 것으로 만들기 위함이었다. 나는 창업자들에게 투자자의 제한된 시간과 에너지를 존중할 것을 요구한다. 즉, 다른 무엇보다도 창업가가 발표할 준비가 될 때까지 만남을 미룬다. 그리고 "준비가 되어 있다"라는 의미는 시장에 제품을 출시하고(최소 프로토타입 완성), 팀 구성(또는 핵심 인물), 잘 만들어진 재무계획 및 명확하고 상세한 투자 요청 발표를 준비한 것을 의미한다. 여기에는 거스트(Gust)에 기업의 연혁을 기재하는 등 보충 설명 자료의 정리까지 포함된다.

결론적으로 준비가 되지 않은 스타트업을 면밀히 조사하는 일에 시간을 낭비하지 말아야 한다. 그러나 가능한 투자 아이디어가 넘쳐흐른다면 다음 과제는 시간, 관심, 에너지 및 궁극적으로 자본에 가치가 있는 기회를 식별하는 것이다. 어느 기업이 당신의 심층 조사를 받을 자격이 있는가? 그 질문은 다음 장에서 다루겠다.

제6장

말이 아닌 기수에게 걸어라

창업가를 평가하고 선택하기

6 말이 아닌 기수에게 걸어라

창업가를 평가하고 선택하기

투자의 영역에서 잠재력을 지닌 회사를 평가하는 기술은 그레이엄(Graham)과 도드(Dodd, 고전적 투자 분석 서적 저자)에서 워런 버핏(Warren Buffett)에 이르기까지 비즈니스 세계에서 가장 훌륭한 사람들에 의해 연구되고 실행되었다. 여전히 투자 분석은 과학보다는 예술이며, 미래의 슈퍼스타를 식별해낼 수 있는 단서를 발견하는 일이 어려운 스타트업 투자 분야에서는 더욱 그러하다.

스타트업 투자를 할 때 가장 주목해야 할 점은 창업가의 자질이다. 이 점과 관련하여 나를 비롯한 전문적 엔젤투자자 대다수가 다음과 같은 오래된 격언을 지키고 있다. "말이 아닌 기수에게 베팅하라." 이러한 격언을 증명하듯 자질이 훌륭한 창업가가 평범한 아이디어로 뛰어난 성공을 거둔 수많은 사례가 있다. 반대로 다소 자질이 떨어지는 창업가가 탁월한 아이디어로 큰 성공을 이뤄낸 경우는 거의 없다. 훌륭한 창업가, 특히 탁월한 팀이 뒷받침하는 창업가는 필요에 따라 비즈니스 아이디어를 개선 및 재조정할 수 있지만 평범한 창업가는 훌륭한 비즈니스 개념을 망칠 가능성이 있다.

훌륭한 비즈니스 아이디어와 훌륭한 창업가 중 하나를 선택해야 한다면 나는 매번 훌륭한 사업가 쪽을 택할 것이다. 일부 초기 단계 투자자는 기술을 모든 웹 기반 비즈니스의 핵심으로 간주하고 설립자의 기술력을 최우선으로 생각했다. 다른 투자자들, 특히 소매 중심의 스타트업을 전문으로 투자하는 투자자들은 설립자의 영업 기술을 가장 중요한 요소로 간주하였다. 그러나 나는 조금 달리 생각한다.

기업가정신은, 창업기업이 기술 기반이든 다른 것을 기반으로 하든 기업 설립의 핵심이다. 코딩, 판매 또는 비즈니스 운영과 연관된 기능적 기술과 혼동해서는 안 된다. 오히려 기업가정신은 성격, 기술, 지식, 경험의 조합으로 구성되고, 이러한 요소를 모아 경제에서 가치를 창출해내는 역할을 하는 기업의 탄생을 위하여 기꺼이 위험을 받아들이는 정신이다. 기업가적 기능은 기술 전문가(빌 게이츠), 세일즈맨(리처드 브랜슨), 사용자 경험 마스터(스티브 잡스) 또는 재무 마법사(마이크 블룸버그)와 같은 사람들을 한 패키지로 결합할 수 있다. 그러나 어떠한 기술을 보유하고 있다는 것보다 스타트업기업에서 가장 중요한 사람은 창업가이다.

훌륭한 창업가가 되려면

청렴

필수불가결한 것이다. 이것은 내가 어떤 회사 설립자를 만나든 가장 처음으로 보는 요소이다. 그리고 나는 창업자가 완전히 정직하다는 생각이 들지 않으면, 기업의 잠재력이 아무리 크더라도 그 이상 일을 진행하지 않는다.

열정

창업가의 생활은 힘들고 비즈니스를 시작하는 것은 정신적 노동인 동시에 감정적 노동이다. 창업가는 밤을 지새우며 자신을 몰아세우고, 기업의 도약을 위하여 고뇌하는 나날을 보낸다. 열정은 요란함, 내면화, 말, 행동과 같은 여러 요소로 나타난다. 그 열정이 제임스 얼 존스(James Earl Jones)와 같은 조용한 열정인지 또는 짐 크레이머(Jim Cramer)와 같은 시끄럽고 요란한 열정인지는 중요하지 않다. 열정을 지니고 있다는 그 자체가 중요하다. 열정만으로는 성공적인 사업가가 되지 못한다. 그러나 그것 없이는 세계의 모든 재능, 정보 및 경험을 가지고도 인상적인 결과를 내놓을 수는 없다.

스타트업 경험

"나는 당신이 다른 사람의 수염으로 면도하는 방법을 배웠길 바란다[1]"라는 옛말은 스타트업에 반드시 적용된다. 이는 매우 중요하므로 전체 섹션을 통해 다룰 것이다.

해당 분야 전문기술

나는 자신이 비즈니스를 하려는 분야에서 기본 경험도 없이 사업을 시

1 "I'd prefer that you learned how to shave on someone else's whiskers."

작하려는 사람들의 투자 유치 요청을 자주 듣고 놀란다. 초보자가 때로는 값진 외부의 시각을 한 업계에 가져다줄 수도 있지만, 내 경험에 비추어 볼 때 정말 중요한 것은 진입하고자 하는 시장을 이해하는 것이다. 만약 한 창업가가 온라인 지불 관련 벤처기업으로 나에게 접근하였는데, 창업가가 은행, 금융, 직불 카드, 청구서 작성, 회계 또는 관련 분야에 대한 배경 지식이 없다면 나는 그 제안서의 다른 요소는 검토하지 않고 바로 거절할 것이다.

운영 기술

창업에는 큰 기업과 동일한 여러 직무가 필요하다. 유일한 차이점은 창업가는 여러 가지 일들을 직접 처리할 경우가 많다는 것이다. 따라서 창업가의 자질 중에 제품 개발, 영업 및 마케팅, 재무, 운영, 사업 개발, 기금 모금 등의 기술이 포함되어 있다면 기업 운영에 도움이 된다. 설립자가 앞서 언급한 기술을 많이 가지고 있을수록 기업이 성공 가능성도 높아진다.

리더십 능력

창업가가 기획에서 재무까지 통달한 마법사가 아니라면, 그 역할을 채우기 위해 다른 사람들을 모집해야 한다. 적은 예산의 위험한 스타트업이 최상급 플레이어를 찾아내고 성과를 내도록 격려하는 것은 매우 어려운 일이다. 벤처기업의 성공 또는 실패의 상당 부분이 CEO의 리더십 자질과 연계된다. 나는 서류(이 사람은 무엇인가를 리드한 적이 있는가?)와 만남

(나는 그녀와 이야기하면서 어떤 느낌을 받았는가? 나는 우리의 공통된 목표를 추구하는 과정에서 발생하는 위험을 감수하면 그녀를 따를 것인가? 그녀가 전에 팀을 이끌어 보았는가? 그녀가 재능을 찾고 관리할 수 있을까?)을 통해 이러한 자질을 찾으려 한다.

스타트업에 대한 헌신

햄과 달걀을 곁들인 아침 식사에 "닭은 흥미롭지만, 돼지는 희생이다[2]"라는 옛말이 있다. 이 말은 엔젤투자자와 창업가들 모두에게 해당한다. 나는 모든 포트폴리오 회사에 관심이 있지만, 하루가 끝나면 집에 가서 편히 잠든다. 그러나 투자 회사의 CEO는 그런 호사를 누릴 수 없다. 그들이 나의 돈을 투자받는 순간, 그들은 내가 철저히 조사하여 인정할 때까지 벤처기업에 머무르며 헌신할 것을 약속해야 한다. 어려움을 겪을 때 바로 도망쳐버리는 창업가를 바라지는 않는다.

장기적인 비전

스타트업 투자가 결과지향적인 특성을 지닌 만큼 나는 터널 끝에서 빛을 보고 싶다. 창업가는 세상을 바꿀 잠재력이 있는 중요하고 의미 있는 것을 만들어 내겠다는 비전을 나에게 확신시켜야 한다. 골프 또는 야구에서 정확한 지점을 겨냥하고 타격하여 수백 야드를 보내는 훌륭한 선수처럼, 창립자는 일상 업무를 수행하면서 성공(비전)을 겨냥할 수 있어야

2 "the chicken is interested but the pig is committed." (닭이 달걀을 낳는 것은 닭의 손해 없이 얻을 수 있지만, 햄은 돼지의 희생으로 얻는 것이다.)

한다.

현실주의와 실용주의

현실을 모르는 순진한 몽상가가 성공 가능한 회사를 만들 수는 없다. 나는 스타트업의 실적 수치, 고객, 채널, 예상 매출, 생산 비용 등의 총체적인 전략에 대하여 냉철하게 생각하는 창업가를 필요로 한다. 특성으로서 낙관주의 그 자체는 아무런 문제가 없지만 일이 어떻게 진행되는지에 대한 현실적인 이해를 바탕으로 이런 낙관적 자세를 가져야 한다. "우리는 시장의 10%를 점유할 것입니다" 같은 모호한 장밋빛 약속을 듣고 싶은 것이 아니다. 대신 첫 고객이 누구인지 알고 싶다. 두 번째 고객, 세 번째 고객이 어느 채널을 통해 모집되며, 얼마만큼의 비용이 들고, 재주문을 할지 등등 모든 것들을 알고 싶다.

적응성

나는 어려움 없이 진행되는 스타트업이 있었다는 이야기를 들어보지 못했다. 모든 경우에 무엇인가는 계획대로 진행되지 않을 것이며, 기업가는 문제를 해결하는 데 필요하다면 적응하고 다른 관점으로 보고 그 문제를 기회로 바꿀 수 있는 능력이 있어야 한다. 그것이 토트(Tote)가 블록버스터 핀터레스트(Pinterest)로 변했고, 만화책 카탈로그 사이트 및 블로그 아이콘놀로지가 디지털 만화의 슈퍼 스토어인 코믹솔로지(Comixology)로 변한 이유이다.

신경질적인 괴팍함

이 마지막 사항은 나의 지극히 개인적인 생각이고, 다른 투자자들은 보편적으로 인정하지 않는 것이라 미리 밝힌다. 그러나 나는, 인생은 신경질적으로 괴팍한 창업가들과 요란하게 소리 높여 언쟁하며 허비하기에는 너무 짧은 것이라고 생각한다. 커다란 경제적인 이익을 잃을 수 있는 위험이 있더라도, 나는 전문적이고 서로 존중할 수 있는 관계가 가능한 창업가에게 투자한다. 나는 당신과 마찬가지로 다른 사람들에게 책임을 지우는 신탁자가 아니라, 나 자신의 돈으로 투자하고 있으므로 위험을 감수할 수 있는 선택권이 있다.

스타트업은 젊은 사람들의 게임인가?

많은 사람들은 모든 창업가가 젊다고 가정한다. 특히 첨단 기술 분야에서 그렇다. 실제로 그렇기는 하지만 종종 예외가 있다. 그리고 창업가의 자질은 나이와 관련이 없다. 나는 15세의 세계적 수준의 창업가와 90세의 사업가를 알고 있다. 조숙한 젊은 사업가에게는 14살짜리에게 투자할 생각이라면 무엇을 고려할 것인지 질문을 받은 적이 있다. 이에 나는 4가지 주의사항을 지키면 문제가 없을 것이라고 대답했다.

1. 거래가 타당해야 한다. 그 말은 14살짜리 창업가를 35세의 창업가와 같은 방식으로 면밀히 검토하고 판단하는 것을 의미한다. 만약 젊은이들이 빅리그에서 뛰고 싶다면, 나이를 핑계로 여유를 부리거

나 태만해서는 안 된다는 것이다.

2. 미성년자는 법적 구속력이 있는 계약서에 서명할 수 없다. 즉, 젊은 사업가를 대신하여 책임 있는 성인이 서류를 작성하고 서명해야 한다. 즉, 계약을 집행할 수 있어야 한다.
3. 일반적으로 창업가에게 자금을 지원할 때, 우리는 그가 24시간 일주일 내내 일을 하고 피, 땀, 눈물이 담긴 노력을 기울여 회사가 성공하기를 바란다. 젊은 창업가들은 부모님의 힘을 빌려서라도 나에게 어떻게 성공하는 데 필요한 시간과 에너지를 투입할 수 있는지를 보여 주어야 한다.
4. 학업을 마쳐야 한다. 동료인 피터 티엘(Peter Thiel)은 어린 창업가에게 학업을 그만두라고 하지만, 나는 생각이 다르다. 젊은 창업가가 회사의 성공과 관계없이 고등학교와 대학교를 마칠 계획(서면상의 약정)을 요구한다.

위의 모든 주의 사항을 고려하여, 나는 아주 어린 사업가에 투자한다는 생각에 개방적이다. 나는 중학교에 재학 중인 창업가들에게 아직 투자하지는 않았지만 대학에 재학 중인 젊은 사업가에게 투자를 했다. 내 포트폴리오 회사 중 한 기업(최상위 벤처캐피털에서 시리즈 A 라운드를 받은)에는 두 명의 공동 설립자가 있다. 그들 중 비즈니스 파트너(및 CEO)는 기업에서 풀타임으로 일하지만, 기술 파트너(CTO)는 MIT에서 박사 과정을 마치는 동안 파트타임으로 일한다.

여름 방학 기간에 회사를 설립한 학생들(각각 펜실베이니아대와 예일대에 있음)을 알고 있는데, 그들은 학위를 마치면서 회사를 계속 유지할 수 있는 제한된 금액의 엔젤 자금을 받았다. 예일대와 컬럼비아대를 포함한 일부 학교는 실제로 학업을 유지하는 조건으로, 학교 학생이 설립한 기업에 급료나 투자를 제공하는 공식 프로그램을 운영한다. 기업의 초기 단계에 투자하는 벤처캐피털 중 선도 벤처캐피털 펀드인 퍼스트 라운드 캐피털은 대학생들의 창업기업을 발굴하고 투자하기 위하여 학생들이 운영하는 특별한 시드 기금을 만들었다(network of Dorm Room Funds).

문제는 풀타임, 전념, 승부의 책임(skin-in-the-game), 벤처기업의 생사를 건 헌신(창립자의 주된 관심사가 다른 곳에 있는 경우 발현되기 매우 어려운 것들), 그리고 대학 교육이 좋은 것이라는 주요 투자자들의 강한 믿음(만장일치는 아니지만)과 창업가들에게 교육을 통하여 얻는 가치를 이해하는 성숙함을 보이면 결국 창업가(따라서 기업도)도 더 나아진다는 믿음 사이의 절충이다.

나는 나이보다는 투자자 개인의 기질에 초점을 맞추고 싶다. 만약 25세와 55세를 대상으로 투자를 고려한다면 다음 질문에 대한 그들의 답변을 알고 싶다.

- 창업가는 얼마나 많은 에너지를 가지고 있는가?
- 창업가는 얼마나 최신의 기술을 가지고 있는가?
- CEO가 기대하는 하루 24시간 연중무휴 근무를 할 수 있는가?
- 의미 있는 자기 자본 투자가 얼마나 많이 이루어졌는가?
- 초기 기간 동안 창업가가 기대하는 급여는 얼마인가?
- 창업가가 자문을 얼마나 기꺼이 받아들일 것인가?
- 얼마만큼의 낙관주의와 열정을 보여줄 수 있는가?

- 이전의 삶/직업/창업 경험에서 무엇을 보여주는가?
- 개인 평판을 확인할 때 내가 무엇을 알 수 있는가?

나는 일주일에 60시간 미만으로 일하는 창업가를 본 적이 없다. 그리고 많은 사람들이 훨씬 더 오랜 시간 일한다. 기업가정신은 올인 스포츠이다. 이는 실제 창립자가 일주일에 168시간(예: 24시간 365일) 동안 벤처기업 일에 매진하고 있거나 늘 생각하고 있다는 의미이다. 이것은 정상적인 직장처럼 일과 생활의 균형을 유지하는 데 도움이 되지 않는다. 이것이 바로 성공적인 기업의 또 다른 중요한 요소로 배우자의 지원이 꼽히는 이유이다.

경험 있는 창업가 vs. 초보 창업가

회사를 시작하는 것은 쉬운 일이 아니며, 불행히도 직접 해보는 것 말고는 배울 수 있는 방법도 없다. 책, 학교, 멘토링 또는 수습생 경험이 실제 경험을 대체할 수 없다. 현장에서 진료하기 전에 의사들은 약 2년의 예과 과정, 의과대학 4년, 인턴십 1년, 레지던트 2년을 보내고 있다는 것을 고려하며, 투자자들이 수십만 달러를 경험 없는 창업팀에 투자할 때 어떤 느낌일지 생각해 보라. 환자를 치료하는 것처럼 성장 가능성이 있는 기업을 만드는 것도 어려운 일이다.

몇몇 연구는 창업가의 과거와 미래의 성공 사이에 긍정적인 상관관계가 존재한다고 보여주었지만, 동시에 다른 연구는 창업가의 과거 실패와 미래의 성공 사이에는 상관관계가 없음을 보여주었다. 따라서 투자자들이 경험 많은 창업가를 향해 기울어지는 것은 논리적으로 타당하다. 자신이 선호하는 결과가 나올 확률이 높아지기 때문이다.

또한 실용적인 관점에서, 투자자와 창업가 양측이 관계를 맺기 위해서는 처음 창업하는 창업가에게 암묵적인 거래인 많은 지원, 멘토링 및 동반자적 관계 등이 필요하다. 이것은 시간이 걸리며, 시간은 성공한 사람들에게 가장 희소가치가 있는 자원이다.

위의 모든 점을 고려할 때, 왜 우리는 처음 창업하는 창업가에 투자해야 할까? 대답은 성공을 경험한 창업가는 모두 처음 창업하는 창업가였다는 것이다. 투자자들이 첫 창업을 하는 이들에게 기회를 주지 않았다면 스티브 잡스, 빌 게이츠, 마크 주커버그와 같은 창업가들을 놓쳤을 것이다.

기술에 정통하다는 것은 무엇인가

요즘에는 '창업가'라고 하면 차고에서 컴퓨터 코드를 쓰며 학창시절을 보낸 컴퓨터 괴짜일 것이라는 고정관념이 있다. 물론 21세기에는 하이테크 사업으로 보이지 않는 비즈니스조차도 중요한 부분을 기술적 도구에 의존한다. 이것이 "기술에 정통하다"가 성공적인 창업가의 중요한 기질 목록에 포함되어야 한다는 것을 의미할까?

그것은 "기술에 정통하다"라는 말을 정의하는 방식에 달려 있다. 예를 들어 오늘날 미국 전역을 운전하기 위해 "자동차에 정통한" 사람이어야 하는지 물어보자. "자동차를 운전하고 주유소에서 기름 주유에 불편함이 없고, 스포츠카, SUV, 패널 밴 및 세미 트레일러의 차이점을 이해해야 하는가?"라고 묻는다면, 대답은 무조건 "예"이다.

같은 방식으로 다른 질문이 "기화기를 분해하고, 타이밍 벨트를 교체하고, 실린더를 보어링할 수 있어야 하는가?"라면 이에 대한 대답은 "아니오"이다.

기술을 창업가에 대비하여 정의한다면, "창업가가 파이썬으로 코드를 작성하고 Postgres와 MySQL 간의 기술적 차이를 이해하며 고속 거래 시스템을 설계할 수 있어야 하는가?"라는 질문에는 "아니오"라고 답해야 할 것이다.

그러나 "창업가는 클라우드 컴퓨팅, API 및 검색 엔진 최적화 등의 개념을 이해하고 구글에서 기본 쿼리를 작성하고 링크드인, 페이스북, 야후 및 쿼라 간의 주요 차이점을 파악할 수 있어야 하는가?"라는 질문에는 "예"라고 답해야 할 것이다.

교육은 무엇인가

현재와 같이 기술이 급변하는 시기에 전통적인 MBA의 가치를 낮게 보는 것은 일반적인 생각이 되었다. 어떤 사람들은 학사 학위조차도 기업가가 될 사람들에게는 유용하지 않다고 생각하며, 학위 무용론에 동조하는 열렬한 지지자들은 야심 있는 젊은이들이 대학을 그만두고 자신의 사업을 시작하도록 장려하고 있다.

그러나 나는 이에 동의할 수 없다. 개인적인 규칙으로, 나는 대학 중퇴자에 투자하지 않는다. 놀라울 정도로 성공적인 중퇴자가 있기도 하지만, 학부 과정을 마치기 전에 학생을 중퇴시키는 것은 큰 실수이며, 학생과 학생의 고용주에게 장기적으로 나쁜 영향을 미칠 수 있다고 생각한다.

대학은 4년간의 약속으로, 스타트업에 투입이 예상되는 기간과 거의 같은 시간이다. 창업가 자신이 시작한 것을 끝내기 위한 자기 절제력이 없으며, 새로운 비즈니스를 하는 만족감을 졸업할 때까지 참지 못한다는 것을 행동으로 보여준다면, 나는 그 창업가가 창업을 하더라도 중간에 그만둘 수 있다는 신호로 받아들인다. 그 창업가는 내가 투자한 신생기업을 마무리하지 않고 다른 기회를 찾아 떠날 것이고, 이는 내가 가장 바라지 않는 일이다.

마찬가지로 학생의 경우, 삶에 대한 장기적인 시각을 갖는 것은 성숙도에 대한 신호이다. 학업에 열중하지 않고 학업 중단을 성급하게 결정하는 것은 그 창업가의 미성숙함을 나타내는 신호이다.

마지막으로, 학생들이 학부모, 학교 고문 또는 다른 멘토와 이 결정을 논의했다면, 그들은 학생들이 학교에 남아서 학위를 취득할 것을 강력히 권고했을 확률이 높다. 그렇다면 창업가들은 자신들이 알고 신뢰하고, 지원해 주는 성숙하고 경험 많은 사람들의 합리적 조언을 거부했다는 것이며, 나아가 나의 조언도 듣지 않을 거라고 생각할 것이다. 나는 내가 그들에게 제공하는 돈보다 나의 조언이 더 도움이 되는 큰 투자라고 생각한다.

돈의 시간 가치와 같은 중요한 개념을 내재화하든, 신속한 변화를 위한 프로젝트 관리의 핵심 가치를 이해하든 상관없이 다른 많은 요인들과 더불어 훌륭한 MBA 학위까지 갖고 있다면 이는 잠재적으로 비즈니스팀에 긍정적으로 기여할 수 있는 사람을 나타낸다.

투자하지 말아야 할 창업가의 경고 징후

하루를 마칠 때 위대한 창업가를 나타내는 행동이 있듯 나는 창업가에 대한 경고 징후를 습득했다. 신생사업이 유망해 보여도 설립자가 다음과 같은 특징 중 한 가지 이상을 보인다면 다시 생각해 볼 것이다.

- 정직성의 부재(즉시 자격 상실)
- 시장 규모에 대한 비현실적인 평가
- 경쟁 제품에 대한 비현실적인 평가
- 경쟁 우위에 대한 비현실적인 평가
- 실행상의 비현실적인 평가
- 실행 비용의 비현실적인 평가
- 타이밍의 비현실적인 평가
- 비현실적인 재무 예측
- 비현실적인 가치평가
- 비현실적인 선언문
- 비현실적인 기본 비즈니스 아이디어
- 실행 기록 부족
- 영역에 대한 부족
- 전문기술지식 부족
- 장기 비전 부족
- 시장에 대한 역사 지식 부족
- 리더십 역량 부족

- 의사소통 기술 부족
- 경영팀에서 필요한 운영 기술 부족
- 회사와 함께 성장할 수 있는 능력 부족
- 조언이나 멘토링을 받아들이는 것에 대한 인식 부족
- 고려해야 할 시장 진출 전략 부족

성공한 창업가와 패배자를 구별하는 특징을 인지하는 법을 배우는 데는 시간이 걸린다. 그렇기 때문에 잠재적인 거래 방식의 흐름을 창출하는 방법을 찾는 것이 중요하다. 회사 창업가를 만났거나 대화하고 평가하는 경험이 많을수록 잠재적인 챔피언을 발견하기가 더 수월해질 것이다.

제7장

사업계획 발표에 주목하라

이 기업은 나의 포트폴리오에 맞는가?

7 사업계획 발표에 주목하라

이 기업은 나의 포트폴리오에 맞는가?

잠재적인 기회를 찾았다면, 이제는 기본적인 것을 확인하고 기업을 만나야 할 때이다. 당신의 첫 번째 목표는 투자하고자 하는 창업가가 6장에 서술된 특성을 지니고 있는지 판단하는 것이다. 또한 기본적인 점검표를 통하여 그 투자 기회를 무시해야 하는 경고 신호가 있는지 확인해야 한다.

여기서 중요한 것은 투자 결정을 내리지 않는 것이다. 투자를 막을 수 있는 문제가 있는지 확인하기 위해 부정적인 부분을 보는 것이다. 이것은 일련 과정의 시작으로, 특정 기업에 대한 투자를 거부한다거나(대부분의 경우에 해당) 투자를 단행하여 다른 새로운 스타트업 회사의 부분 주주가 되는 것으로 결론난다.

첫 만남에서, 투자자는 창업가가 기업을 소개하는 시간으로 약 1시간 정도 할애해야 한다. 창업가가 기업을 소개하는 방식에는 여러 가지가 있다. 제품 또는 서비스를 바로 시연하거나 단순히 대화를 나누는 방법도 있다. 그러나 가장 일반적인 접근 방식은 창업가가 컴퓨터로 마이크로소프트(Microsoft)의 파워포인트 프로그램으로 만든 슬라이드 프레젠테이션으로 15~20분 동안 기업에 대한 포괄적인 개요를 제공하는 것이다. 기업가/엔젤의 주변에서 슬라이드 데크, 피치 데크 또는 파워포인트라 불리는 이 프레젠테이션을 들을 수 있다.

99%의 사례에서 창업가/CEO는 투자금 마련을 위한 제안을 할 것이다. 당신은 창업가에 투자하는 것이므로 어떤 이유로든 기업이 다른 사람을 통해 소개하고 싶어 하면 창업가/CEO가 참여 가능한 시간으로 회의 일정을 변경하도록 요청하는 것이 좋다.

기업 소개 발표가 끝난 후에는 비판적으로 보아야 할 진술이 많다는 것을 알게 될 것이다. 몇 가지 예를 들면 다음과 같다.

- 100배가 될 거라고 보장한다.
- 재정은 보수적이다.
- 경쟁자가 없다.
- 사회적/모바일/지역이라는 점에서 독특하다.
- 내 아이디어를 도용하기 위해 호시탐탐 노리는 투자자가 있다.
- 새로운 세대를 위한 페이스북이다.
- 필요한 것은 2%의 시장 점유율이다.
- 유명 벤처캐피털은 정말로 우리에게 관심이 있다.
- 시드 라운드 후 6개월 만에 시리즈 A를 받을 것이다.
- 경쟁 우위는 시장에 첫 선을 보인 것이다.
- 다음 주 이후에는 투자가 필요 없으며, 당신을 참여시키고 싶다.
- 당신은 Z에 투자하지 않는다는 것을 알고 있지만, 우리는 예외이다.
- 투자를 거절한 투자자들은 잘 몰라서 그렇다.

- 스콧 커니트(Scott Kurnit)는 그의 스타트업 가치로 아무런 거래 내역 없이 1억 달러로 평가받았으니, 당연히 우리도 그 정도의 가치로 평가받아야 한다.

나는 발표하는 동안 절대 웃지 않았지만, 몇몇 경우에는 당황한 기색을 보이지 않으려 노력 했다. 순조롭게 진행된다는 생각이 들면, 객관적인 분석을 통해 그들이 말한 기회가 얼마나 멋지고 그럴듯하게 들리는지는 잠시 잊고, 비즈니스의 기본을 면밀히 살펴보아야 한다.

비즈니스가 실패할 수 있는 길은 여러 가지가 있지만 성공하려면 모든 것을 정확하게 이행해야 한다. 이것이 성공적인 엔젤투자자들이 가능한 한 많은 요소를 객관적으로 살펴보고, 모든 것을 확인할 수 있는 기업에 돈을 투자하는 이유다. 각각의 상황은 다르지만, 전체 그룹에 소개할 기업을 선발하기 위해 초기 발표를 경청할 때 염두에 두는 것을 알려주겠다. 분석을 구조화하기 위하여 우리는 미국의 많은 다른 엔젤 그룹에서 사용하는 것과 유사한 스크리닝 및 평가 워크시트를 사용한다. 부록 A에 전체 규정을 포함시켰지만 다음에 서술하는 것이 주요 요점이다.

경영진의 장점

창립자의 비즈니스 경험, 분야별 경험, 기술

창업가/창립자가 거의 모든 새로운 벤처기업에서 차지하는 비중은 거의 전부라고 말할 수 있다.

창립자의 융통성

이것은 필요한 경우 방향을 수정하려는 의지가 아니라 창업가의 협업 용이성과 관련된 개인적인 특성이다. 한 가지 핵심 쟁점은 창업가가 CEO 역할에서 물러나는 것이 기업에 가장 필요한지 여부가 분명해지면 이를 위해 물러날 것인가를 결정하는 것이다.

경영진의 완전성

CEO가 슈퍼우먼이고 모든 분야에서 모든 것을 할 수 있다면 다른 경영진의 능력은 간과해도 무방하다. 그러나 기업의 구성원이 어떤 기술을 가지고 있으며, 어떤 구성원이 필요한지 좋은 아이디어를 얻는 것은 매우 중요한 일이다. 산업계와 비즈니스 모델에 따라서 조직 구성원의 서로 다른 역할은 기업의 중요한 성공요소이다. 빅데이터 회사의 경우 CTO(Chief Technology Officer)가 중요할 수 있지만 전자상거래 플랫폼의 경우 재능 있고 지식이 풍부한 CRO(Chief Revenue Officer)가 없다면 법적으로 주의해야 할 것이다.

기회의 크기

회사 제품 또는 서비스의 시장 규모

이것은 전체 산업 시장의 범위에 대한 감각을 제공하기 위한 것이다. 당신이 제공하고자 하는 제품의 대체재를 고객들이 사용하는 데 드는 구체적인 비용을 생각해 보아야 한다. 오늘날 전 세계적으로 비슷한 제품이나 서비스에 고객들이 사용하는 총 금액이 2~3천만 달러 정도라면, 창업자가 자신의 기업이 아주 크게 성장할 것이라 말하기는 어려울 것이다. 현명한 투자자는 잠재 고객이 증가하고, 사람들이 이미 수억 달러에서 이상적으로는 수십억 달러까지 지출하고 있는 시장 분야를 찾는다.

5년 이내에 수익을 낼 잠재성

원자력 발전소 건설의 예와 같은 장기간의 벤처 투자에는 본질적으로 잘못된 것이 없다. 그러나 엔젤투자자는(벤처캐피털이나 사모 펀드와는 달리) 대개 대규모의 자본이 없다. 이익을 창출하기 위해 10년 또는 그 이상 걸릴 대규모 자본 집약적인 벤처기업은 일반적인 엔젤투자처로 적절하지 않다. 문제점은 기업이 얼마나 빨리 수익을 창출하고 늘릴 수 있는지, 예상 가능한 합리적인 기간(5년 이상의 기간이 흐르면 누구도 예상할 수 없다) 내에 있는지이다. 당신은 두 가지 질문에 대한 답을 찾고 있다.

1. 예상 수익이 투자의 흥미로움과 수익성을 만들어 낼 수 있는가? (힌트: 5년 후 예상 판매액이 100만 달러에 이르지 못한다.)
2. 창업가는 세상이 돌아가는 이치를 현실적으로 알고 있는가? (힌트: 첫해 예상 수익이 1억 달러에 이르지 못한다.)

경쟁의 강점

여기서 당신은 골디락스의 해답을 찾고 있다. 너무 많지는 않지만 너무 적지는 않고 적당한 정도 말이다. 이상적인 세상에서 기업은 이미 확고한 입지를 다지고 있고 재정적으로 건실한 다수의 경쟁자들이 없는 시장으로 진출할 것이다. 다른 한편으로는 경쟁자가 없다면 그것은 정통한 엔젤투자자에게 경고 신호가 되어야 한다. 경쟁사가 없는 이유는 무엇일까? 그것은 기업이 진출한 시장의 수익성이 없다고 생각한다는 것을 의미한다.

제품 또는 서비스

제품/시장 정의

제품이나 서비스가 모든 사람들이 원하는 포괄적인 제품, 즉 모든 필요성을 다 만족하는 제품이라면 기업은 실패할 수 있다. 당신은 제품과 서비스의 필요성에 대한 명확한 정의와 소비자가 과연 누구인지 알아야 한다.

제품/시장 적합성

이 특정 제품이 시장 요구에 얼마나 잘 부합할까? 그 이유는? 투자자로서 우리는 영양제(현존하는 해결책보다 더 좋고, 빠르고, 저렴한)보다 진통제(현재의 문제를 해결하는)에 투자하는 것을 훨씬 더 선호한다.

제품 수용 경로

사람들은 그것이 무엇인지, 왜 가치가 있는지, 그리고 오늘날 어떻게 사용할 수 있는지를 바로 알 수 있을까? 나의 첫 번째 주요 기술 제품 중 하나인 에어미디어 라이브 인터넷 브로드캐스트 네트워크(AirMedia Live Internet Broadcast Network)를 통해 우리는 특허권을 가지고 있고, 수상 경력이 있는 뛰어난 솔루션 기술을 보유하게 되었다. 유감스럽게도 당시 인터넷에 대한 생각이 개방적이었던 사람들은 거의 없었다. 디지털 방송 정보 스트리밍의 개념을 이해하는 사람은 거의 없었으며 판매하려는 회사 또는 실제 제품에 대해 들어본 사람이 아무도 없었다. 불행히도 결과는 좋지 않았다. 벤저민 프랭클린(Benjamin Franklin)의 말처럼 "경험은 역경과 같지만, 누군가는 다른 사람이 배우지 못한 것을 배운다.[1]"

진입 장벽

이 제품이나 서비스를 모방하기가 얼마나 어렵고 누가 따라할 능력을 갖출 것인가? 물론 구글이나 애플은 쉽게 그 벽을 무너뜨릴 수 있겠지만, 이 제품과 서비스가 가까운 시간 내에 치열한 경쟁에 빠져들 가능성이 있는지의 문제이다. 그렇다면 이 회사는 어떻게 승자로 부상할 수 있을까?

1 "Experience is a hard school, but some will learn through no other."

다른 이슈들

판매 채널

제품이 실제로 고객의 손에 들어가려면 어떻게 해야 할까? 제품 판매, 마케팅 및 판촉 방법을 테스트 및 실행해 보았는가? 아니면 이론적으로만 존재하는가?

사업의 단계

그저 생각에 불과한가? 행복하게 돈을 쓰고, 반복 구매하는 고객들로 인기몰이를 할까? 아니면 중간에 있는 그 무엇인가?

투자 라운드 규모

투자에 요구되는 투자 횟수와 규모, 기업이 제안한 최소 투자 수준을 감당할 수 있는가? 결국에 기업이 인수될 경우 투자 대비 상당한 비율에 해당하는 이익을 얻게 될까?

미래 융자의 필요

현재의 시드 투자 자금으로 회사를 운영할 수 있는 기간은 어느 정도인가?(1년 정도라면 누구나 희망적인 낙관주의자가 될 것이다.) 기업이 후속 투자를 받을 수 없다면 어떻게 될까? 사업을 그만 둘 것인가? 아니면 비용을 줄이고 후일을 도모할까?

비즈니스 계획 및 프레젠테이션 품질

계획 및 프레젠테이션의 질과 비즈니스 전망과의 상관관계는 완벽하게 일치하지는 않지만, 대부분의 창업가가 생각하는 것보다는 정확하다. 창업가가 명확하고 포괄적인 비즈니스 계획을 갖고, 일관되고 설득력 있는 방식으로 제안한다면 사업이 성공할 가능성은 평균 이상일 것이다. 반대로 정신없고 매력적이지 않은 방식으로 제시된 이해하기 어려운 계획은 실패할 가능성이 그만큼 커질 것이다.

위치

많은 엔젤들이 집 가까이에 투자하는 것을 선호하기 때문에 이것은 중요한 필터가 될 수 있다. 지리적으로 가까운 비즈니스는 보다 쉽게 모니터하고 지원할 수 있다.

산업의 유형

산업이 급속도로 진보하고 비용 효율적인 정보 기술을 기반으로 한다면, 이는 작은 엔젤투자로도 큰 효과를 거둘 수 있기 때문에 강점이라 할 수 있다. 기업 간의 거래를 하는 벤처기업부터 확장성이 뛰어난(즉, 쉽고 빠르게 성장할 수 있는) 소비자 대면의 벤처기업이 이러한 유형의 스타트업이다. 많은 현금을 필요로 하지만 투자자에게 많은 레버리지를 제공하지 않는 전통적인 비즈니스는 문제가 될 수 있다.

돈은 어디로 가고 있는가

발표에서 창업가는 일반적으로 사업 성장에 도움이 되는 투자 자금의 사용계획에 관하여 논의할 것이다. 이 계획이 얼마나 상세하고 구체적이어야 하는가? 그것은 준비된 자본의 크기와 전망의 내용에 달려 있다. 조달하는 자금이 적을수록 자금 사용계획은 구체적이고 세부적이어야 하며, 짧게 발표하려면 계획이 더 일반적이어야 한다.

예를 들어, 한 회사가 5만 달러만 모금하고 있다면, 자금을 수천 달러의 용도까지 알 수 있어야 하지만 그 회사가 500만 달러를 모으고 있다면, 운영계획은 수십만 달러까지 그 용도를 알 수 있어야 한다.

비슷하게 5분간의 엘리베이터 피치 또는 15분의 엔젤/벤처 피치와 관련하여, 자금 사용계획은 5~10개의 항목으로 나누어질 것이다. 그러나 정해진 비즈니스 계획의 내용에서 투자자는 카테고리별 세부 계획을 기대해야 한다.

발표에는 비즈니스와 창업가의 계획에 대한 가장 기본적인 질문에 대한 명확하고 구체적인 답변이 있어야 한다.

- 고객모집과 수익을 내는 방법은 무엇인가?('광고'는 답이 아니다.)
- 누가 첫 번째 고객인가? 두 번째 고객은? 세 번째 고객은?
- 시드 자금이 고갈되어 더 이상 모금할 수 없을 경우를 대비한 비상 계획은 무엇인가?

- 당신의 인터페이스/플랫폼/파트너십 전략은 무엇인가?
- 6년 이내에 회사를 누구에게 판매할 것인가?

투자계약서에 서명하고 자금을 투자하기 전에 이 질문에 대한 답변이 만족스러워야 하며, 답변을 듣고 흥분된다면 더욱 더 좋다. 그 답변은 또한 정량적인 데이터를 포함한 특정 정보가 뒷받침되어야 한다. 당신은 투자자로서 운전석에 있다는 것을 기억하라. 이 기회로 힘들게 벌어들인 자금의 일부가 가장 효율적으로 쓰인다는 믿음이 가지 않는다면, 자금을 투자하는 일은 없어야 한다.

피치 과정에서 살펴보아야 하는 자료

대부분의 국가에서 엔젤투자가 인증 투자자만으로 제한되기 때문에, 이러한 투자는 상장 주식에 대한 등록 요건에서 면제된다. 그들은 비공인 투자자로부터 기금을 모으는 경우에 필요한 투자모집계획서(Private Placement Memorandum)라고 하는 상세한 정보자료를 제공하지 않아도 된다. 결과적으로 기업이 당신에게 제공해야 하는 사항을 결정하는 법적인 규정은 없다. 동시에 의무적으로 투자할 필요도 없다. 예를 들어, 내년 예산에 대한 질문과 관련하여 기업이 답변을 거부하면 투자하지 않아도 된다.

초기 투자의 위험성 때문에 기업은 투자자가 요구하는 모든 것을 제공하는 것이 일반적이다. 내가 원하는 정보(예: 자본총액표, 고객목록, 예상재무제표 등)를 제출하기 거부하는 창업가에게는 투자할 수 없다고 확신한다.

잠재적인 엔젤투자자로서 기업을 실사할 때 투자자가 합법적으로 요구할 수 있는 정보의 양은 거의 무한하지만, 다음과 같은 자료는 창업가에게 반드시 제공받아야 한다. 이는 참여하는 피치의 형식과 장소에 따라 다를 수 있다.

문서

- 한 페이지 개요/티저
- 2~3페이지 분량의 요약서
- 특별히 나눠 주도록 설계된 슬라이드 데크
- 포괄적인 비즈니스 계획(전통적인 10~20쪽 분량의 서면계획) 또는 신중하게 준비한 주석이 달린 비즈니스 모델 캔버스
- 완성된 (또는 프로토타입) 마케팅 책자

라이브 프레젠테이션

- 5분간의 짧은 피치
- 15~20분 엔젤/벤처캐피털 파워포인트/주안점 피치
- 15분 이내의 제품/사이트 데모

온라인

- 회사의 공개 웹사이트
- 짧은 비디오 피치
- 피치 전용, 접근 통제, 투자자 관계 웹사이트

요약 재무

엔젤로서 우리는 기업의 과거부터 현재에 이르는 재무 정보를 보고 싶어 한다. 그리고 자금 조달 후 3~4년 동안의 계획을 보고 싶다. 5년까지 예상하기에는 무리가 있지만 4년까지는 예상이 가능하다. 그러나 여기에서의 아이디어는 기업의 규모가 어느 정도 커질지, 적어도 창업가가 생각하고 있는 기업의 성장 규모에 대한 생각을 알아보기 위한 것이다. 투자자는 투자하기 전에 회사의 특정 재정 상태를 알아야 한다. 그들이 비즈니스의 부분 소유주가 될 것이기 때문이다. 얼마나 많은 돈이 들어있는지도 모르면서, 다른 사람의 계좌를 인수하는 데 얼마를 지불할 생각인가?

따라서 투자자가 기업의 현 상황을 알려주는 재무 정보를 요구하는 것은 일반적인 관행이다. 또한 예상재무제표는 투자자에게 창업가가 달성할 목표에 대한 정보뿐 아니라 투자 후 그 목표를 달성하기 위하여 지불해야 하는 비용에 대한 정보도 제공한다.

이러한 재무 예측(운영예산뿐만 아니라 예상수익 및 자본 확충 포함)은 다음과 같은 중요한 질문에 답하는 데 도움이 된다.

- 수지에 맞는 투자인가? (4년간 투자 지원을 받고 기업이 1~2백만 달러의 수입을 낸다면, 좋은 사업은 맞지만 수입의 규모가 충분하지 않다.)
- 창업가의 운영계획이 현실적인가? (우리는 경험을 토대로 비용에 대한 합리적이고 보수적인 전망을 찾는다. 창업가가 경영팀 1인당 평균 1년에 25만 달러의 비용을 지불하고 예상 고객 확보에는 10센트만 쓴다면, 그 창업가는 무엇인가를 숨기고 있는 것이다.)
- 창업가의 수익 비전이 현실적인가? (창업가가 4년 만에 2억 달러의 수익을 내고 있다면 그의 판단에 심각한 우려를 표할 것이다. 실제로는 그런 스타트업도 있다.)
- 기업은 얼마나 많은 자본을 투자받아야 손익분기점에 도달하는가? (훌륭한 비즈니스는 성공을 위해 더 큰 자본이 필요할 수 있다. 창업가가 25만 달러의 투자를 요구하고 사업이 손익분기점에 도달하기 전에 또 다른 800만 달러가 더 필요하다면 그는 벤처캐피털을 찾는 데 모든 것을 걸고 있을 것이다. 물론 그럴 가능성은 희박하다.)
- 마진은 어떻게 되는가? (창업가가 2천만 달러의 매출을 올렸지만 그 수익을 얻으려고 사용된 비용이 1천 9백만 달러라면 아주 사소한 악재에도 기업의 수익성이 바뀔 수 있기 때문에 엔젤투자가 적합한 창업가가 아니다.)
- 이 예산은 산업 표준과 어떻게 비교되는가? (기업인수 비용, 평생고객가치, 직원당 수익, 이윤, 성장률 등과 같은 영역에 관해서 창업가가 무엇을 말하고 있는지 알 수 있기를 바란다.)

물론, 기업의 비용도 발생하지 않고 수입이나 투자를 받지 않고 자산이 없는 아주 새로운 벤처기업이라면 재무제표는 매우 간단하다. 다른 한편으로, 기업의 가치에 대한 의문이 생길 수 있다.

이 시점에서 주어진 재무 수치는 간혹 급격히 변하기도 하지만 일반적으로 시간의 흐름에 따라 변한다는 것을 알 수 있다. 시행 전 사업계획에서 사업계획 수치와 매출 전망은 실제 시행 후 수치와 비교하여 어떤가?

나의 포트폴리오에는 90개 이상의 투자가 있었지만(최종적으로 5~12배의 수익을 창출한 여러 포트폴리오 포함), 원래 예상을 뛰어 넘지 않았다.

비판적 시선으로 창업가로부터 받은 재무적 예측을 평가해 보라. 인상적인 미래 수익 및 수익 차트는 그 정확성에 의문을 가질 수 있다. 그러나 그러한 차트조차 만들려고 하지 않는 벤처기업(또는 투자자와 의견 공유를 거부하는 기업)은 엔젤이 자금 투자를 고려해야 하는 기업이 아니다.

제8장

리드엔젤의 역할

보이지 않는 부분까지 확인하고,
협상을 주도하라

8 리드엔젤의 역할

보이지 않는 부분까지 확인하고, 협상을 주도하라

일단 스타트업이 당신이 투자할 때 중요시하는 자질(훌륭한 창업가, 고객을 끌어 올 수 있는 실행 가능한 계획, 이익 창출)을 모두 지니고 있다고 판단되면, 외적으로 보이는 것과 실제 모습이 동일하다는 것을 입증해야 한다. 이는 비즈니스 세계에서 실사로 행해진다. 이 용어는 1933년 「증권법(Securities Act of 1933)」에서 파생된 것으로 브로커(딜러)가 자신이 판매하는 주식의 기업을 심혈을 기울여 주의 깊게 실사할 때, 그들이 발견하지 못한 비공개 정보에 대해서는 책임지지 않는다. 오늘날 "실사"는 회사가 주장한 내용을 주의 깊게 확인하는 관행을 말한다.

실사가 간단한 문제는 아니다. 공인 투자자로 구성된 투자 라운드에서는 창업가가 투자 설명서 또는 특정 공개 목록을 제공해야 한다는 법적 요구사항이 없으므로 엔젤 라운드에 제공되는 경우가 거의 없다.

실사 요구나 투자자의 점검 사항에 나타나는 일정과 목록은 투자자 협의회에서 투자 거래의 마지막으로 기업에 요구한다. 라운드 규모와 투자자의 규모와 전문성(그리고 변호사 예산)에 따라 요청한 정보는 비즈니스 계획 및 슬라이드 데크(비공식 시드 라운드의 경우)에서 최상위 벤처캐피털 펀드 및 상위 단계의 벤처 라운드를 위한 방대한 자료에 이르기까지 다양하다.

거래 종결 서류에는 일반적으로 진술보증조항이 포함되며, 창업가는 이전에 당신과 다른 투자자에게 말한 모든 내용이 진실이며 성경(심각한 경제적 형벌로 뒷받침되는)에 손을 얹고 선서하듯이 "우리는 모든 규칙을 따르고 있습니다", "우리는 완벽하게 합법적으로 운영되고 있습니다"라고 말하는 것이다.

실사가 변호사에게 맡겨야 할 은밀하고 기술적인 일이라고 생각한다면, 윌러메트 대학의 로버트 윌트뱅크(Robert Wiltbank) 교수가 2009년에 실시한 연구를 추천한다. 로버트의 분석에 따르면 투자에 앞서 20시간 이상 실사를 수행한 엔젤투자는 프로세스 소요 시간이 그보다 짧은 투자보다 성공 가능성이 두 배 더 높았다고 한다.

그렇다면 실사하는 동안 무엇을 찾아야 하는가? 세 가지 주요 범주가 있다.

시장 조사

기업이 산업 분야와 관련하여 진출하고자 하는 시장에 대하여 독자적인 조사를 진행하는 것이다. 투자 대상기업의 예정된 제품과 서비스 계획에 영향을 줄 수 있는 시장의 규모, 시장의 경쟁자, 산업 동향에 대한 검증을 해야 한다. 온라인에서 자료를 찾고 현장 지식이 풍부한 사람들(엔젤 그룹을 유용하게 사용할 수 있다)과 대화하며, 분석 보고서를 검토하는 것으로 실사를 할 수 있다.

비즈니스 실사

기업의 운영 체계에 관한 독특한 주장을 조사한다. 여기에는 고객(실제 고객이며 만족하는지 확인 전화 필요), 수익 및 비용(회계자료 열람) 및 창업가의 배경이 포함된다. 마지막 요소는 생략하기도 하지만, 고용하려는 사람에 관하여 조사하듯 투자하려는 개인에 대해서도 철저히 조사해야 한다. 일부 엔젤 그룹은 투자 거래를 마무리하기 전에 온라인으로 모든 창업자에 대한 배경 조사를 준비한다. 부록 B에는 뉴욕 엔젤이 사용하는 비즈니스 실사 점검 목록이 포함되어 있다. 우리는 투자를 계획하고 있는 기업에게 목록에 있는 전체 질문에 대한 대답을 요구하지는 않지만, 투자자가 무엇을 질문해야 하는지 상기시켜 주는 척도로 사용한다.

법적인 노력은 기업의 구조, 계약서 등의 문서 및 이력에 초점을 맞추고, 기업의 주장과 일치하는지 확인한다. 당신이 투자 계약 후에 발견하는 가장 나쁜 상황은 투자기업의 사업이 다른 사람의 소유인 경우이다. 투자기업의 사업권이 실제로는 제3자의 소유이기 때문이다. 법적인 실사는 사실에 기반을 두며 문서로 뒷받침되기 때문에 변호사가 많은 도움을 줄 수 있는 영역 중 하나이다.

다음은 우리(변호사 포함)가 확인하고자 하는 일반적인 영역이다.

- 기업의 구조, 소유권, 의결권 계약, 과거 이사회 회의록 등의 예전 기록
- 회사의 표준고용계약, 급여 기록, 복리후생 계획, 신입 직원을 위한 핸드북, 컨설팅 또는 경영규약을 위한 계약

- 지방정부, 주정부, 연방정부 또는 해외 정부기관과 관련 있는 규제 문제
- 기업 소유, 임대 또는 사용하는 모든 부동산 및 모든 개발한 지식재산권의 목록(등록 및 미등록 포함)
- 대출, 보조금, 이전 엔젤 및 벤처 금융 및 은행 계좌와 관련하여 작성된 모든 서류를 포함하는 중요한 문서와 금융 관련 계약서
- 모든 라이선스 계약, 계약서, 홍보 자료 및 광고의 서명된 사본을 포함하여 마케팅, 영업 및 운영의 기본이 되는 자료
- 수년간의 세부 재무제표, 향후 10년간의 예산 및 향후 계획, 회사의 모든 보험증권 및 이전 보험 청구를 포함한 회계 재무 보험 문제
- 기업 상표 및 특허에 대한 모든 소송(소송 여지가 있는 것 포함)을 포함한 법적 절차
- 판단에 따라 회사 업무와 관련될 수 있는 기업의 모든 중요한 자료 및 문서

딜 리딩하기

엔젤투자의 즐거움 중 하나는 비즈니스 세계에서 가장 똑똑한 사람들(다른 엔젤투자자)과 접촉하고 배우는 기회를 갖는다는 것이다. 이 엔젤투자 세계에서, 특정 비즈니스의 리드 투자자는 특별한 역할을 한다. 창업기업과 관련하여 창업가가 리더라면, 리드 투자자는 퍼스트 추종자이며, 자금 조달 과정에서 가장 힘들고 중요한 역할을 한다. 자본이 준비되어 있고 다수의 자금원이 존재하더라도, 리드 투자자의 역할은 매우

중요하다.

당신이 스타트업의 리드 투자자일 경우, 이 일에만 집중해야 한다는 것을 알게 될 것이다. 혹은 리드 포지션을 가진 다른 투자자에게 도움을 주며 효율적으로 일하게 된다. 어떠한 방식으로 투자에 참여하더라도, 이것이 왜 중요한 역할인지 이해하는 것이 유용하다.

본질적으로 수석 투자자는 큐레이터, 자금 조달자, 검증자, 협상가, 안내자, 치어리더, 중재자 및 커뮤니케이터 역할을 한다. 개별적으로는 스스로 불을 만들어 내지 못하지만, 각자 불을 연소시키는 산소 같은 역할을 한다.

큐레이션

매년 스타트업 자금을 모색하는 수십만 개의 기업이 있기 때문에, 어느 한 투자자가 시장을 완전히 인식하거나 개인적으로 가능성 있는 기회에 접근하는 방법을 발견하기란 거의 불가능하다. 리드 투자자는 (다른 투자자들과 비교하여) 조사 가치가 있는 기업들을 전체 기업군에서 부분 집합처럼 식별해내는 것을 그 목적으로 한다. 거스트(Gust) 플랫폼에 나타나는 큐레이션의 가치에 대한 지표는 조회수로 나타난다. 컬렉션에 나열된 회사(액셀러레이터 데모데이 또는 사업계획 경연 대회)는 큐레이터되지 않은 유사 회사보다 37배 많은 조회수를 기록한다는 것이다.

자금

리드 투자자가 되려면 먼저 투자자가 되어야 하며 이는 수표 발행을 의미한다. 일반적으로 리드 투자자는 라운드에서 제일 큰 수표를 쓴다. 필요하고 타당한 경우 향후 더 많은 자금을 사용할 수 있음을 분명히 해야 한다. 직접 투자 없이 거래를 이끌 수 있는 방법은 없다. 엔젤 거래는 컨설턴트, 중개인, 중개기관 또는 보호자가 이끌 수 없다. 이러한 리드는 진지하고 이상적으로는 잘 알려진 투자자가 해야 한다.

타당성

다른 엔젤들(벤처캐피털 포함)은 내가 거래를 선도하고 투자를 하면 시장 기회, 창업가의 법적 정당성, 고객 평판 등 기본적인 것들을 확인하기 위해 일정 수준의 실사 조사를 할 것이라고 기대한다. 한 라운드에 여러 명의 투자자가 있는 경우, 모든 사람이 직접 다 확인하지는 않으며 (공식적으로 또는 비공식적으로) 다른 누군가가 조사해서 이 거래가 훌륭한 기회라고 확인해 주기를 바란다. 투자 받은 기업이 사업을 중단하더라도 리드 투자자는 다른 투자자들에게 법적인 책임에서 벗어날 수 있지만, '도덕적 해이' 문제가 발생할 수 있다. 다른 투자자들이 리드 투자자인 당신이 문제라고 생각한다면, 당신의 명성과 인간관계가 위험해졌다는 것을 알아야 한다.

협상

지금껏 모든 초기 단계 투자는 단발성 거래였으며, 120쪽 분량의 문서를 이해 당사자와 변호사가 협상하였다. 이는 12장에서 논의할 표본 문서의 가용성에 따라 변하고 있지만, 각 투자는 적어도 투자 금액과 기업

가치평가액에 대한 합의가 필요하다. 이를 수행하고 창업가와 함께 모임에 오는 것은 리드 투자자의 책임이다. 그 결과는 기회를 수용하거나 거부함으로써 다른 투자자에게 제공된다.

셰르파

대개 야심찬 창업가는 추가 투자자를 찾는 데 필요한 모든 도움을 필요로 한다. 추가 투자가 몰리는 경우도 있지만, 최상의 경우라도 어떤 잠재적 투자자에게 접근하는지 결정하는 일은 어려울 수 있다. 이론상으로 엔젤투자자는 투자의 세계에 있기 때문에, 자본을 찾는 여행 중에 어떠한 바위를 들춰야 투자자를 찾을 수 있는지 창업가보다 더 잘 알고 있다. 투자 자금 규모에 맞추어 투자자들을 식별해내는 일은 리드 투자자의 중요한 일이다.

치어리더

집중력이 다소 떨어진 투자자들은 흥미를 북돋아 주어야 한다. 창업가는 일과 시간에는 사업의 성공을 위해 헌신하여야 하고, 잠재적 투자자와 관계를 유지(파티를 즐기며 수표를 쓰도록)하는 것은 리딩 투자자의 일이다. 거래조항을 조율하고, 각각의 투자자들이 투자 거래의 어느 단계에 있는지 관리하는 일은 거스트(Gust)와 같은 도구를 이용하면 쉬워지지만, 여전히 많은 작업을 필요로 한다.

중재

투자 과정 중이나 그 이후에는 항상 잠재적 투자자들 사이에 토론, 반대, 요청 및 제안이 있을 것이다. 이러한 과정은 투자자와 기업 사이도 마찬가지다. 거래 과정에서 복잡한 이해관계 때문에 생기는 의문점으로부터 창업가를 보호해 주고 다른 투자자에게 잘 설명하여 중재해 주는 것이 리드 투자자의 역할이다. 이는 "공정하고 중립적인 당사자"라는 의미이기도 하다. 즉, 다른 투자자에게 "아니요, 4배 우선순위는 효과적인 거래 구조가 아닙니다"라고 알려주는 동시에, "모든 우선 거래는 가중평균 희석 방지 조항에 포함됩니다"라고 회사에 알리는 것을 의미한다.

의사소통

일단 거래가 완료되면, 리드 투자자는 투자기업을 상대할 때 다른 투자자들을 대표하는 책임을 지며, 투자자 그룹 내부에서 벌어지는 상황에 따라 기업에 최신 정보를 전달하는 최우선 또는 부차적인 매개체가 되어야 한다. 리드 투자자는 다른 투자자와 기밀 정보를 공유하지 못하는 경우가 있더라도, 기업에서 벌어지는 상황을 좀 더 깊게 알 수 있는 이사회 구성원이 되기도 한다.

이 모든 과정은 힘들고 시간이 걸리며 노력과 기술을 요구하기 때문에 어느 한 엔젤투자자(또는 벤처캐피털)가 많은 거래를 정기적으로 이끄는 것은 어렵다. 최근 뉴욕 엔젤클럽은 이 나라에서 가장 활동적인 엔젤 그룹에 선정되었다. 그 그룹이 해당 연도에 성사시킨 21건의 거래 중, 우리는 6건을 핵심 그룹의 역할을 하며 이끌었다. 그리고 그 6건 중 나는 개인적으로 4건의 라운드를 리드했다.

엄청난 노력이 필요하지만, 결과는 보람을 줄 수 있다. 나는 고액 수표를 쓴 거물급 투자자가 아니다. 그러나 창업가 리더들에게 첫 번째 추종 투자자 역할을 잘 수행했기에 큰 규모의 투자 자금을 모으는 라운드에 작은 투자금을 가지고도 그 라운드를 리드할 수 있는 독특한 위치에 있곤 했다. 투자 라운드를 주도하는 것은 로켓 과학에 비유하자면 로켓을 타고 달에 가는 수준의 노력과 체력을 요한다.

이러한 것이 즐거워 보인다면, 당신이 매력적이라 생각하는 투자 기회에서 리드 투자자가 되기 위한 기회를 찾아보아야 한다. 한편, 리더가 아닌 추종자의 보다 일반적인 역할은 리드 투자자가 제공하는 노력을 이해하고 그들을 조금이라도 도와주는 것이다. 그러면 당신과 당신의 동료 투자자 및 기업 모두 이익을 얻을 것이다.

제9장

기업 가치평가와 기대치

9 기업 가치평가와 기대치

알려지지 않은 엔젤투자 경제학

지금까지 새로운 기회를 찾고 성공한 창업가를 발견하는 일에서부터 스타트업의 잠재력을 분석하고 스타트업이 제공하는 정보를 검증하는 일까지 기술하였다. 이러한 일들은 단 한 가지, 당신의 투자로부터 돈을 만드는 것이 목적이다. 당연하게 들리겠지만, 벤처 투자에서 경제적인 생산성을 맞추는 일은 가장 어려운 일이고, 그 과정에서 길을 잃을 수도 있다.

알고리즘, 단기 매매거래를 다루는 높은 수준의 책과는 달리 샤프 비율, 통계적 평균 회귀 테스트 및 블랙 숄즈 방정식 같은 불가사의한 주제를 다루지는 않을 것이다. 그 대신 5학년 때 배운 수학에 곱셈, 나눗셈, 누승(exponentiation)과 같은 내용을 다뤄 보도록 하겠다.

간단한 4가지 숫자: 투자 수학의 기초

엔젤투자자로서 돈을 버는 핵심은 기업이 아직 신생기업이고, 증명되지 않았을 때 저렴한 가격으로 소유지분을 매입한 뒤 기업이 목표한 비전을 효과적으로 달성하여 기업의 가치가 상승하였을 때 해당 주식을 판매하는 것이다. 예를 들어, 100달러를 투자하고 회사의 10% 소유지분을 받는 경우, 투자 이후 전체 회사는 1,000달러의 가치가 있다는 계산이 나온다(100달러 ÷ 0.1 = 1,000달러). 1년 후 더 큰 회사가 와서 10,000달러에 회사를 구매하면 1,000달러를 받게 된다. 10,000달러의 10%를 받을 것이기 때문이다. 따라서 투자수익률(ROI)은 1,000달러 ÷ 100달러 또는 당신의 돈에 10배의 수익을 올렸다고 평가할 수 있다. 우리는 이를 10배의 수익이라 간략하게 표현한다.

돈을 투자한 후 정확히 1년 후에 이 수익을 얻었기 때문에 연간 투자수익률이 1,000%라고 말할 수 있다. 우리는 매년(비록 이 경우에도 1년이 있었음에도 불구하고) 1,000%를 당신의 내부수익률 또는 IRR이라고 한다.

두 가지 용어의 차이점은 ROI가 들어온 자본과 나간 자본 간의 비율을 다루는 반면, IRR은 자본의 비율에 시간이란 요소를 추가하여 다루는 것이다. 즉, 수익을 창출하는 데 몇 년이 걸렸는지에 따라 ROI와 IRR은 차이가 난다. 2년이 걸리더라도 이론상 매각 가격에 대한 ROI는 여전히 10배이지만 IRR은 추가 1년이 지났기 때문에 약 316%에 불과하다.

연간 316%의 수익을 올리면 100달러가 1년 뒤 316달러가 되고 2년이 끝나면 이 금액은 다시 998.56달러로 1,000달러에 조금 못 미치는 돈이 된다. 그러나 같은 +/−1,000달러를 얻는 데 3년이 걸렸을 경우 IRR은 215% 정도에 불과했을 것이다. 당신의 초기 100달러 투자는 1년차에 215.00달러, 2년차 말의 투자액은 462.25달러이다. 3년차 말에는 투자액이 993.84달러의 가치와 같다는 것을 알 수 있다.

이제 엔젤투자로 얼마나 큰 돈을 만들 수 있는지는, 네 가지 간단한 숫자로 결정된다는 것을 알 수 있다.

1. 당신이 투자할 때의 기업 가치
2. 당신이 매도할 때의 기업 가치
3. 투자와 매도 사이에 걸리는 연도 수에 따라 수익 결정
4. 수익률에 투자한 자금의 규모를 곱하면 궁극적인 엔젤투자 수익 결정

주의 사항

순수주의자들에게 고백하자면, 수익률을 결정하는 다른 요소들도 많다. 다른 투자자가 참여하면서 당신의 소유지분 비율이 어떻게 바뀌는지(자본 희석), 기업이 투자금을 현금화하여 투자자들에게 반환할 때 누가 우선권을 가지고 어떠한 순서로 얼마만큼의 자본을 반환하는지 등에 따라 수익률이 변한다. 그러나 네 개의 간단한 숫자를 이해한다면 나중에 나타나는 모든 결과물에 대한 탄탄한 기초를 갖게 된다.

얼마나 많은 돈을 투자해야 하는가

당신의 투자로 달성하는 ROI은 당신이 투자한 달러의 규모에 따라 급격하게 증가하기 때문에, 엔젤투자를 시작하는 첫걸음은 각각의 투자 기회에 대비하여 준비할 자금의 규모를 결정하는 것이다. 몇 가지 일반적인 가정에 따라 역으로 계산하면 금액을 알아낼 수 있다.

첫째, 전문 엔젤투자는 장기적인 활동임을 명심하라. 시간이 지나도

일관성을 유지하는 것이 중요하다. 5년(벤처캐피털 펀드의 전형적인 활성 투자 기간) 동안 투자한다고 가정해 보자. 매년 투자하는 금액은 전체 투자 포트폴리오 대비 비율, 연간 소득 대비 비율 또는 두 비율의 조합을 바탕으로 결정할 수 있다. 대부분의 전문가는 사모 투자의 위험과 변동성 때문에 투자 포트폴리오의 10%만 이 투자 자산 클래스에 투자해야 한다고 제안한다. 오하이오 테크 엔젤스(Ohio Tech Angels)의 설립자이자 엔젤 캐피털 연합(Angel Capital Association)의 전 회장인 존 휴스턴(John Huston)은 더 나아가 연간 엔젤투자 자금의 규모는 연간 잉여 현금 흐름(당신 주머니에 들어오는 금액)의 10%로 제한해야 한다고 제안하기도 했다.

다음으로, 우리가 대수의 법칙을 따르고 있기 때문에 여러 개의 다양한 벤처에 투자하는 것이 중요하다. 최소한 20~25개 기업의 포트폴리오를 목표로 한다면, 매년 최소 5개의 투자를 해야 한다. 모든 스타트업들은 항상 자금이 필요하기 때문에, 후속 투자 라운드에 참여하기 위해 추가 자금을 원할 것이다(13장 참조). 벤처 펀드는 일반적으로 초기 투자액과 동일한 금액을 다음 투자 라운드를 위해 비축해 놓는데, 이는 소수의 아주 큰 성공이 예상되는 기업에 집중하여 투자를 진행하기 때문이다. 이와는 다르게 엔젤들은 일반적으로 후속 투자 라운드에 대비하여 원래 투자금의 약 50%를 보유한다.

500만 달러의 투자 가능 자산이 있는 경우, 엔젤투자의 초기 투자금으로 합리적인 금액은 500만 달러 × 0.1 ÷ (25 × 1.5) = 13,333달러일 수 있다. 이 금액은 투자 계약당 약 15,000달러 정도이다. 이 방식으로 투자를 했다면, 거의 투자 가능 자산의 50% 정도를 투자했을 것이다. 그러나 위험성과 관련해서는 편안해졌을 것이고, 자산의 20%를 이 고위험/고수익

군에 투자할 준비가 된 것이다.

단일 투자에 대한 이 15,000달러라는 이론적 수치는 실제 엔젤 경험과 동일선상에 있다. 엔젤 캐피털 협회와 엔젤 리소스 연구소(Angel Resource Institute)의 여러 조사에 따르면, 엔젤 그룹의 엔젤 평균 투자 금액은 후속 라운드 참여를 포함하여 약 2만 5천 달러이다.

목표 수익률은 얼마인가

카우프만 재단(Kauffman Foundation)은 2007년 〈그룹에 속한 엔젤투자자의 이익률(*Returns to Angel Investors in Groups*)〉이라는 보고서를 발표했다. 윌러메트 대학의 로버트 윌트뱅크(Robert Wiltbank)와 워싱턴 대학의 워렌 보커(Warren Boeker)가 작성한 보고서는 그 당시까지 수집된 공인 엔젤투자자 539명(표본 집단 중 가장 진중한 투자자들)의 투자금 회수 정보를 포함한, 가장 큰 데이터 세트를 기반으로 한 것이다. 보고서에 따르면 투자자들은 그들의 20년이 넘는 벤처 투자에서 1,137건의 투자금 회수(기업의 인수 합병, 이익을 실현한 IPO, 투자 실패로 끝난 기업 청산까지 포함)를 경험하였으며, 2004년에서 2007년 사이에 가장 많은 투자금 회수가 이루어졌다. 이 보고서에 따르면, 엔젤투자의 평균 이익률은 3.5년에 2.6배를 기록하였고, IRR은 대략 27%였다.

2년 후에 영국 국립 과학기술 및 예술 기금(Women for Technology, Technology and Arts)의 의뢰로 작성된 윌트뱅크의 또 다른 연구는 158명의 영국계 엔젤과 1,080건의 투자를 분석한 결과 22%의 평균 IRR을 기록하였다는 것을 보여준다. 이러한 결과들을 고려했을 때, 투자 활동에서 체계적이고 실용적인 접근법을 따르는 신중한 엔젤투자자는 약 25%의 연간 IRR을 목표로 해야 한다. 이는 대부분의 다른 합법적 투자와 비교해도 월등한 결과이다.

투자 시 회사 가치는 무엇인가?

막대한 이익(어떤 이익이든)을 얻기 전에 이루어지는 스타트업의 가치 평가는 어려운 수학, 시장 역학, 투자자 수익 계산 및 창업가적 자부심 사이의 교차점에 있다. 결론을 말하자면, 앞서 살펴본 4개의 간단한 숫자 중 가장 중요한 것 하나는 엔젤투자 세계에서 가장 혼란스럽고 논쟁의 여지가 많은 변수이다.

창업가는 투자자에게 최대한의 미래 가치를 기반으로 한 기업 가치를 평가받고 싶어 한다. 그러나 투자자는 일반적인 현재 가치를 토대로 가치를 평가하려고 한다. 어떤 접근 방식도 객관적으로 옳거나 그르다고 할 수 없다. 대부분의 경우, 아직 초기 단계이지만 창업가와 투자자 모두가 성장할 것이라 생각하는 기업의 평가는 그 중간에 놓여진다.

궁극적으로 두 당사자 간 합의된 평가 가치는 현재 고객의 수, 총수익, 사용자 및 매출 성장곡선, 비즈니스 모델, 틈새시장, 지식재산 가치 및 기타 여러 요소를 반영한다. 협상을 수행하는 사람들의 상대적인 협상력도 반영된다. 일반적으로 투자 자금을 모색하는 기업의 수와 실제로 투자를 진행할 투자자의 수 사이의 불균형이 존재하기 때문에, 결국 기업이 받게 되는 평가는 투자자가 자진해서 지불하고자 하는 가치로 귀결된다.

스타트업에 대한 투자는 시장 거래이고, 양측이 포기하는 것에 대한 적절한 가치를 반영하고 있다는 믿음이 필요하다. 투자자가 X금액의 현금을 투자하고 기업의 지분 Y%를 얻고 있기 때문에, 결과적으로 어떠한 투자에 대해서든 투자를 진행하기 전에 기업의 현재 가치가 무엇인지 파악할 수 있는 수학 방정식을 만들어 낸다. 당신과 창업가가 그에 동의할 수 있다면, 당신은 거래를 할 것이다.

예를 들어 당신이 잠재적인 투자자로서 창업가에게 회사의 25%에 해당하는 소유권을 받고 1백만 달러의 투자를 제안받았다고 가정해 보자. 이것은 당시 창업가가 3백만 달러 상당의 가치가 있는 무언가를 만들어 냈다는 의미이다.

의문이 생길 것이다. "1백만 달러가 회사의 1/4이 된다면 그 회사는 4백만 달러 가치가 있다는 뜻이 아닌가? 그것은 샤크 탱크(Shark Tank)에서 하는 방식이다!"

TV에서 계산하는 방식일지도 모르지만 그 방식은 옳지 않다. 계산해 보면, 1백만 달러가 기업의 25%라면 전체 기업의 가치는 4백만 달러이다. 그러나 투자 이후의 가치이기 때문에, 투자 후 기업 가치라고 한다, 투자한 1백만 달러를 빼고 가치 측정을 해야 한다. 투자한 후 기업의 가치는 투자하기 바로 전날의 가치이기 때문이고 거기에 더해 당시의 1백만 달러는 기업의 은행 계좌에 들어가 있기 때문이다. 따라서 4백만 달러−1백만 달러=3백만 달러라는 금액은 당신이 투자하기 전에 행해진 투자 전 평가 또는 기업의 현재 가치이다.

투자자로서 당신은 사업이 얼마나 진척되었는지(사업계획 단계인지, 이미 수익이 발생했는지, 계획과 이익 실현 단계의 어디쯤인지), 얼마나 나아갈 수 있는지(10억 달러 규모의 사업이 될 가능성이 있을까? 아니면 2천만 달러 규모에서 정체될 가능성이 더 클까?) 등 다양한 요소를 고려하여 기업이 얼마나 가치가 있는지 결정할 것이다.

창업가에 대한 인센티브 문제로 이 계산은 더 복잡해진다. 창업가가 현재까지 이룬 것의 진정한 가치가 50만 달러이고 추가 가치를 더해 더 높은 가치평가로 더 많은 돈을 모을 수 있는 지점에 도달하기 위해서 450만 달러가 필요하다면, 계산에 따라 투자자는 기업의 90% 지분을 얻어야 한다. 그러나 후속 투자를 받은 후 창업가는 10%(혹은 그 이하)의 지분만 가지게 될 것이고, 이 지분율을 받아들이는 창업가는 거의 없을 것이다. 결국 창업가는 사업을 그만두고 다른 일을 찾을 것이다.

다양한 요소들이 제 역할을 하는데도 불구하고 이 모든 요인들이 가치평가 결정을 복잡하고 주관적으로 만든다. 따라서 협상의 시작점을 찾기 위해 사용할 수 있는 표준화된 모델을 개발하려는 시도가 다양하게 이루어졌다. 서로 다른 접근법에 대한 가장 좋은 분석은 세계 최고의 엔젤투자자 트레이너인 빌 페인(Bill Payne)이 작성한 것이다. 그의 책과 기사 및 웹사이트의 허가를 받아 다양한 평가 방법에 대한 개요를 소개한다.

스코어카드 평가 방법론(Scorecard Valuation Methodology)

이 방법은 기업의 투자 전 가치를 산정하기 위해, 대상기업을 전형적인 엔젤 펀드를 받은 벤처기업과 비교하여 그 지역에서 최근 투자받은 기업의 평균 가치를 조정한다. 이러한 비교는 동일한 단계에 있는 기업(수익을 창출해 내기 전)과 관련해서만 가능하다.

스코어카드 방법을 사용하는 첫 번째 단계는 대상기업과 지역 및 비즈니스 부문이 동일한 수익 창출 이전 기업의 투자 이전 평균 가치평가를 결정하는 것이다. 투자 전 가치평가는 지역 내 벤처기업에 대한 경제 및 경쟁 환경에 따라 다르다. 대부분의 지역에서 사전 자금평가는 비즈니스 부문마다 크게 다르지는 않다.

2014년 초 엔젤 리소스 연구소, CB 인사이트, 거스트, 빌 페인의 다양한 설문조사에서 수집한 데이터의 범위는 시드 단계, 수익을 내기 전 단계의 기업 가치평가 금액으로 50만 달러의 낮은 투자 전 가치평가에서 300만 달러의 높은 수준까지 다양했다. 우리 목적에 부합하기 위하여, 수익 창출 전 기업의 투자 전 가치평가는 1백만 달러에서 2백만 달러까지 다양하며 그러한 기업의 일반적인 투자 전 가치평가는 150만 달러라고 가정하자. (2013년의 CB 인사이트 시드 단계 평가 수치는 평균 190만 달러와 중간값 60만 달러였다.)

다음 단계는 7장에서 논의된 요소를 고려하여 대상기업을 해당 지역에서 이루어진 유사 거래에 대한 당신의 인식과 비교하는 것이다. 실제로 부록 A의 스크리닝 및 평가 워크시트는 빌이 원래 대상 목표기업의 상대적 강점을 판단하는 데 도움이 되도록 개발한 것이다.

워크시트의 사용 방법은 다음과 같다. 목표기업의 평균 제품 및 기술(표준의 100%), 평균보다 높은 경영진(표준의 125%) 및 평균 이상의 시장 기회(표준의 150%)라 가정한다. 기업은 단일 엔젤투자(표준의 100%)로 흑자인 현금 흐름을 얻을 수 있다. 시장에서 경쟁 부문의 강점을 살펴보면 목표기업은 약한 편이며(표준의 75%), 제품에 대한 고객의 초기 반응은 우수하다(기타 = 100%). 기업은 영업 채널 및 파트너십 구축(표준의 80%)에 대한 추가 작업이 필요하다. 이 데이터를 사용하여 다음 계산을 완료할 수 있다.

표 9-1 스코어카드 평가법

비교 인자	범위	목표 기업	인자값
창업가 및 팀의 강점	최대 30%	125%	0.3750
기회 크기	최대 25%	150%	0.3750
제품/기술	최대 15%	100%	0.1500
경쟁 환경	최대 10%	75%	0.0750
마케팅/영업/파트너	최대 10%	85%	0.0800
추가 투자 필요성	최대 5%	100%	0.0500
기타(좋은 고객 피드백)			0.0500
합계			1.0750

인수 합계(1.075)에 평균 투자 전 가치 150만 달러를 곱하면 대상기업의 투자 전 가치평가에 약 160만 달러(161만 달러에서 반올림)가 된다.

벤처캐피털(VC) 방법

하버드 비즈니스 스쿨의 빌 살먼(Bill Sahlman) 교수는 1987년 벤처캐피털 방법을 사례 연구에서 처음으로 설명하였다. 개념은 간단하다.

Since : 투자수익(ROI)=최종 가치 ÷ 투자 후 가치
Then : 투자 후 가치=최종 가치 ÷ 예상 ROI

각 용어에 대해 설명하고 계산 방법 및 사용 방법을 알아보겠다.

최종 가치

최종 가치는 어느 시기에 투자기업을 매각할 때 기업의 가격이다. 투자 후 5~8년이라 가정하자. 매각 가격은 매각이 발생하는 해당 연도에 수익에 대한 합리적인 기대치를 설정하고, 해당 수익을 기준으로 산업별 통계에서 판매 연도의 이익을 산정하여 추정할 수 있다. 예를 들어, 수확 연도에 2천만 달러의 매출을 올리는 소프트웨어 기업 세후소득이 15%, 즉 3백만 달러가 예상된다면, 사용 가능한 산업별 주가수익비율(prices-to-earnings)을 사용하여 최종 가치를 결정할 수 있다. 예로 들은 소프트웨어 기업의 15배 가격 대비 수익 비율은 4천 5백만 달러의 예상 최종 가치를 제공한다. 또 다른 접근법은 소프트웨어 기업은 종종 수익의 두 배의 가격에 매각되기 때문에 이 경우 최종 가치는 4천만 달러가 된다고 가정하는 것이다. 차이를 나누면 4,250만 달러의 최종 가치에 도달할 수 있다.

예상 ROI

모든 엔젤투자가 10배에서 30배까지 수익을 낼 수 있다는 것을 입증해야 하므로 이 예제의 목표 가치를 20배로 가정한다.

이제 이 정보를 사용하여 회사의 투자 전 가치평가를 계산할 수 있다. 즉, 우리가 투자하기 전의 기업 가치를 계산할 수 있다.

소프트웨어 창업가가 플러스의 현금 흐름을 얻기 위해 50만 달러를 필요로 한다고 가정하고 이후에 유기적으로 성장할 것이라는 가정하에 이 거래의 투자 전 가치평가를 계산하는 방법은 다음과 같다.

투자 전 평가액=최종 가치÷예상 ROI
=4,250만 달러÷20x
투자 후 평가액=212만 5천 달러
투자 전 평가액=사후 평가액−투자
=212만 5천 달러−50만 달러

따라서,

투자 전 평가액=162만 5천 달러

그러나 투자자가 후속 투자의 필요성을 예상한다면 어떻게 될까? 투자 전 가치를 조정하는 쉬운 방법은 후속 투자자로부터 발생하는 현재 투자자의 자본 희석을 추측하여 투자 전 가치를 줄이는 것이다. 이 라운드의 투자자의 자본이 결국 절반으로 희석될 것으로 예상하면 현재 라운드의 사전 자금 평가는 약 80만 달러가 될 것이다.

데이브 버커스 방법(Dave Berkus Method)

데이브 버커스(Dave Berkus)는 80개가 넘는 벤처기업에 투자한 남부 캘

리포니아의 테크 코스트 엔젤스(Technology Coast Angels)의 창립 회원이자 널리 존경받는 교육자이다. 데이브의 평가 모델은 1990년대 중반 하버드의 하워드 스티븐슨(Howard Stevenson)이 출판한 책에 처음 등장했으며 이후로 엔젤투자자들이 사용하고 있다. 다음은 2009년 데이브가 업데이트한 버전이다.

투자 전 가치평가를 0으로 시작한 후 다음 특성을 고려하여 대상 회사의 자질을 평가하는 것이다.

표 9-2 데이브 버커스 방법

특징	투자 전 기업 가치 가중 금액
운영 조직 우수성	0~0.5백만 달러
좋은 아이디어	0~0.5백만 달러
제작 시제품	0~0.5백만 달러
경영진 우수성	0~0.5백만 달러
제품 출시/영업	0~0.5백만 달러

숫자는 각 클래스의 최댓값이므로(절댓값 아님), 80만 달러만큼 쉽게 250만 달러(또는 그 이하)가 될 수 있다. 또한 데이브는 "그의 설립 방법은 창업가의 재무 예측에 의존하지 않고 출발점을 찾는 방법으로 가장 초기 단계 투자를 위해 특별히 마련된 것"이라고 주장하였다.

카이엔 평가 계산기(Cayenne Valuation Calculator)

첨단 기술 스타트업의 가치평가 측정량은 카이엔 컨설팅(Cayenne Consulting)이 개발한 온라인 도구(www.caycon.com/valuation.php)를 사용한다. 새로운 벤처의 진척 상황을 평가하고 투자 목적을 위하여 투자 전 가치평가를 계산하기 위해 25개의 질문을 사용한다. 대부분의 경우, 이 25문항에 답한 결과는 기업이 투자의 정당성을 확보하기 위해 필요한 개발과정에서 충분히 전진하지 못했다는 것을 나타낸다. 그러나 평가범위가 주어지면 48만~58만 달러 또는 3,600~4,400만 달러에 달할 수 있으며 이 도구는 수익 창출 전 기업에서의 사용에만 국한되지는 않는다.

카이엔 계산기 사용자는 가능한 한 벤처기업의 최소 가치평가를 결정하기 위해 25가지 질문에 가능한 간결하게 모두 답해야 한다. 낙관적인 이용자는 벤처기업에 대한 비이성적인 투자 전 가치평가에 쉽게 도달할 수 있다. 이용자는 이 도구를 사용하여 결과를 도출해 내는 데 가장 민감한 질문을 사용하도록 권장받는다. 가장 비관적인 응답으로 시작하여 기본 평가를 계산하라. 그런 다음 합리적인 가치평가에 도달하기 위해 점점 더 낙관적인 반응을 보이면서 반복적으로 평가를 수정하여 합리적인 가치에 도달한다. 이 가치는 다른 평가 방법론의 결과로 얻은 가치와 동일선상에 있다.

위험 요소 요약 방법(The Risk-Factor Summation Method)

이 접근법은 수익 창출 전 기업의 투자 전 가치평가를 결정할 때 훨씬 더 광범위한 요인을 고려한다. 그것을 개발한 오하이오 테크 엔젤스(Ohio Tech Angels)는 이 방법을 다음과 같이 설명한다.

위험요소가 많을수록 전반적인 위험도가 높다는 전제를 반영하여, 이 방법은 투자자가 수익성이 높게 투자금을 회수하기 위해 특정 벤처가 관리해야 하는 다양한 위험성에 대해 심사숙고하게 한다. 물론 가장 큰 위험은 항상 "경영 리스크"라는 점을 숙고해야 하며, 투자자가 대부분의 벤처 투자에서 느끼는 가장 큰 리스크이다. 이 방법은 관리 위험 수준을 고려하기 위한 것이지만, 사용자가 다른 위험 유형 평가에도 사용할 수 있다.

이 방법을 사용할 때 고려해야 할 위험 유형은 다음과 같다.

- 경영 위험
- 사업 단계의 위험
- 입법/정치적 위험
- 제조 위험
- 판매 및 마케팅 위험
- 자금 조달/자본 확충 위험
- 경쟁 위험
- 기술 위험
- 소송 위험
- 국제 위험
- 평판 위험
- 잠재 수익성이 있는 엑싯

각 위험에는 다음과 같은 점수를 지정한다.

+ 2 : 회사 성장과 훌륭한 엑싯에 매우 긍정적
+ 1 : 긍정적
+ 0 : 중립
− 1 : 회사 성장과 훌륭한 엑싯에 부정적
− 2 : 매우 부정적

당신 지역에 있는 수익 창출 전 기업의 평균 사전자금 평가는 +1점(+2에 50만 달러)마다 25만 달러 긍정적, −1점마다 25만 달러(−2에 50만 달러) 부정적으로 조정된다.

좋은 실행 방법의 예로 적절한 사전자금 평가를 산정하기 위해 최소한 세 가지 방법을 사용하는 것이 좋다. 세 가지 방법의 결과 수치가 거의 같다면 간단히 세 가지의 평균값을 구하면 된다. 하나의 방법이 이상치(다른 두 가지보다 훨씬 높거나 훨씬 낮음)인 것으로 보이는 경우 다른 두 가지 평균을 사용한다. 대안으로, 하나의 방법이 이상값이라면, 세 가지 방법의 결과가 비슷한 범위에 있는 방법을 찾기 위한 시도로 네 번째 방법을 사용하여 투자 전 가치평가를 계산한다. 세 가지 방법이 서로 상이하게 다르다면 공정한 평가를 위하여 하나 또는 두 가지 추가 방법을 사용한다.

빌 페인과 나는 스코어카드 방식이 가치평가의 기준점을 설정하는 가장 유용한 방법이라고 생각한다. 위험요소 합산 방법은 항상 투자자 고려사항에 포함되지 않는 요인을 고려하기 때문에 보조 방법으로 유용하다. 다른 세 가지 방법도 가치가 있지만 스코어카드 방법과 함께 사용해야 한다.

초기 평가가 엔젤의 최종 IRR에 미치는 영향은 무엇인가

지금까지 우리는 각 기업을 분리하여 가치평가를 살펴보았다. 이는 주식 시장에서 각 기업의 주식을 평가하는 방식과 같다. 주식(주식 시장에서 거래가 되는)의 경우 사용 가능한 정보가 훨씬 많고, 기업의 실적에 대한 더 많은 정보가 있으며, 투자 바로 직후 폐업하는 일도 없다. 그러나 그 스타트업의 경우는 다르다. 사실 스타트업의 대다수는 실패하고, 극소수만이 성공하게 된다. 결과적으로 계산 연습으로 돌아가서 엔젤투자의 전체 포트폴리오와 우리의 기대 및 과거 시장 경험의 맥락에서 평가와 수익을 분석하여 가치평가에 대한 논의를 결론지어야 한다.

23개월 만에 0달러에서 10억 달러의 가치가 된 인스타그램(Instagram) 같은 아주 드문 예를 제외하면, 부실기업이 몰락하는 데 걸리는 시간보다 기업이 성공이라는 결실에 도달하는 데 더 많은 시간이 걸리는 것으로 나타났다. 실제로 엔젤 캐피털 협회(Angel Capital Association)의 최근 연구에 따르면 협회 구성원들이 긍정적인 결과를 얻을 때까지 투자를 유지하는 평균 기간은 9년에 이르지만, 낙관적으로 생각하고 평균 보유 기간을 6년으로 가정한다. 목표 IRR은 1년에 25%로 잡아 6년이면 1.25 × 6, 즉 약 3.8이다. 이는 결국 투자를 해서 수익을 얻고 손실을 감가상각하여, 결국 6년 후에 투자한 자본의 총 투자수익(ROI)이 3.8배가 된다는 것을 의미한다.

그리 어렵지는 않은 것 같다. 그래도 숫자에 대해 좀 더 자세히 살펴보고 일부 업계 표준을 적용해 보자. 초기 단계에서 엔젤은 10건 투자해서 5건은 실패할 것이며, 2건은 결국 투자된 자본을 반환할 것이다. 나머지 3건 중 2건은 투자한 원금의 2~3배를 반환하는 승자가 될 것이다. 각 기업은 포트폴리오의 가치 중 1/10만을 차지하기 때문에 각각의 포트폴리오기업이 전체 결과에 어떤 영향을 미치는지 확인하기 위해 각 결과를 10으로 나누어야 한다. 즉, 6년 후에 다음과 같은 결과를 얻게 된다.

5=0x [1/10×5×0]=총 엔젤투자액의 0.0
2=1x [1/10×2×1]=총 엔젤투자액의 0.2
2=3x [1/10×2×3]=총 엔젤투자액의 0.6

이제 처음 9개 기업의 모든 수익을 합산하여 목표 ROI에서 총액을 뺀다.

3.8−(0.0+0.2+0.6)=3.0

따라서 전체 기업에 대한 초기 투자 가치를 10개 회사 전체의 3배로 되돌릴 수 있는 마지막 기업이 필요하다는 의미이다. 그러나 투자기업 자체가 전체 투자의 1/10밖에 받지 못했기 때문에 단순히 계산하면 25% IRR 목표를 달성하기 위해 그 하나의 마지막 기업이 30배의 ROI를 달성해야 한다는 결론에 도달한다. 그리고 어떤 기업이 그 하나의 기업이 되는지 미리 알 수 없으므로 포트폴리오를 구성하는 10개의 기업 모두 적어도 이론적으로 30배 수익을 창출할 수 있어야 한다는 생각으로 초기 투자를 해야 한다.

기초 수학으로 돌아가 말하자면 회사가 그 수준의 수익을 달성할 수 있는 두 가지 방법이 있음을 알 수 있다. 그중 하나는 예를 들어 1천만 달러의 가치로, 투자 후 가치(post-money-value), 초기 투자를 하는 것이다. 이 경우 기업의 주식을 상장하거나 6년 내에 3억 달러 이상의 가치로 매각하여야 한다. 나는 페이스북, 구글, 인텔, 아마존 같은 기업들에서 수익률이 매우 큰 투자 회수를 경험했음에도 불구하고 한 번도 3억 달러 이상으로 종결된 경험은 없었음을 고백하는 바이다.

수학은 냉정하므로 30배 목표를 이룰 수 있는 유일한 방법은 더 낮은 가치에 투자하는 것이다. 따라서 투자한 기업과 합의한 초기 평가액이 150만 달러라면, 30배 목표는 결국 최종 가격 4,500만 달러의 가치로 매각하는 것을 의미한다. 그 결과 기업 인수의 대부분이 3~5천만 달러에서 이루어지는 것으로 나타났다.

이러한 수학 계산은 엔젤투자자를 위한 명확하고 결정적인 교훈으로 이어진다. 합리적인 초기 가치평가(매우 낮은 가치, 백만 달러 이하)의 창업기업을 조사하여 투자하는 것은 전체 엔젤 포트폴리오에 커다란 수익을 가져올 기회를 늘리는 좋은 방법이다. 반대로, 당신이 1,000번에 1번 나올 확률이 있는 메가 히트를 치지 않는 한, 아무리 매력적이더라도 높은 평가액을 가지고 있는 기업에 투자하는 것은 파멸의 길이다. 확률이 당신에게 유리하지 않기 때문에, 합리적인 평가는 전문적인 초기 단계 투자의 비밀 열쇠 중 하나이다.

라운드 중 평가 변경

해당 투자 라운드에서 기업과 리드 투자자 사이에 가치평가가 합의되면, 기업 가치는 일반적으로 해당 투자 라운드 기간에는 확정된 것으로 간주한다. 라운드 중 기업 가치 변경은 흔하지는 않지만, 드물지도 않다. 기업 가치의 변화가 있을 때, 초기 투자자들은 일반적으로 자신들이 제안한(그리고 창업가가 받아들인) 최초 가치평가보다 더 높아진 기업의 가치평가로 이익을 얻으며, 최종 투자 라운드에서 추후에 투자에 참여한 투자자들이 합의한 기업의 가치와는 관계가 없다.

때로는 창업가가 독자적으로 기업 가치평가를 해서 초기에 친구 및 가족 투자자에게 투자금 일부를 받고, 전문 투자자는 창업가에 비해 기업의 가치를 낮게 보는 경향이 있다는 것을 발견한다. 모두 같은 투자 라운드의 투자자로 거래를 마무리한 경우, 친구 및 가족 투자자(들)가 예정 할인율을 갖는 전환사채의 조건으로 투자하였다면, 전문가와 동일하거나 낮은 가격으로 투자를 마치게 된다.

전문 투자자가 제시받은 기업 가치(조사가 필요한 가치)로 구속력 없는 계약을 제안하는 경우도 있다. 그러나 실사 기간 동안 여러 가지가 밝혀지고(예: 지식재산권 문제, 갱신하지 않는 거물 고객, 예상치 못한 시장 변화 등) 이러한 것들이 평가에 영향을 미친다. 그러한 경우, 투자자는 합의된 평가 가치에 거래를 중단하지는 않을 것이라고 기업에 통보하더라도, 더 낮은 평가 가격으로 투자 거래를 종결할 준비를 할 것이다. 이런 경우 기업은 새로운 조건을 수락할지 여부에 대한 선택권을 갖는다(현실적으로 이 경우 기업은 다른 옵션이 많지 않다).

이례적인 사례이지만 서부 해안 거래지역에서 투자금을 모으는 방법의 일환으로 등장하기 시작한 전환계약(rolling close)은 별도 가격이 책정된 전환채권의 방식으로 투자를 하는 것이다(전환사채에 대해서는 10장에서 다룬다). 이 시나리오에서 다른 투자자는 그들이 투자하는 순서(초기 가격이 더 좋은 가격) 또는 그들이 생각하는 기업의 가치에 따라 다른 가격으로 같은 라운드에 참여한다.

그러나 어떤 경우든 기업 가치의 재평가 또는 희석 방지 조항에 관하여 계약서에 명시적 합의가 없으면 거래가 종결되고 투자 자본이 흘러들어간 후에는 투자 라운드에 투입된 자본의 가치는 확정되어 재협상이 불가능하다.

제10장

엔젤투자의 시작과 투자방식

어떤 방식으로 투자할 것인가?

10 엔젤투자의 시작과 투자방식

어떤 방식으로 투자할 것인가?

투자자의 계좌에서 스타트업의 계좌로 투자를 받는 여러 가지 방법을 이해하는 것은 새로운 스타트업에서 투자자의 자본의 역할을 이해하는 데 도움이 된다. 새로운 비즈니스가 성장하는 과정을 다시 생각해 보자.

우리의 이야기는 스타트업 창업가가 사업을 성장시키려면 더 많은 돈이 필요하다는 것을 깨닫는 것에서부터 시작한다. 이 돈을 모으기 위해 그들은 특정한 회사에서 투자 라운드를 구성한다. 이 투자 라운드는 한두 번 이상 특정 기업에 대한 투자로 이루어지며, 한두 명 이상의 투자자들이 기본적으로 유사한 조건을 가지고 동시에 투자를 한다.

투자 라운드에는 다양한 형태가 있다. 만약 창업가의 형제가 창업기업의 창업을 위하여 2만 5천 달러의 자금을 대여해 주고, 그 자금이 후에 기업의 지분율로 전환된다는 것을 이해한다면, 이 대여금은 한 번의 투자 라운드가 되는 것이다. 그리고 1년 정도 후에, 전문 엔젤투자자 그룹이 모여서 각자 기업의 부분 지분을 매입하기 위해 5만 달러를 투입하면, 이것 또한 하나의 라운드가 될 것이다. 그리고 기업의 지표가 훌륭하고, 또 1년이 지난 후에 벤처캐피털 펀드가 우선주에 2백만 달러를 투자하는 것 또한 또 다른 라운드를 형성하는 것이다.

비즈니스 용어로는, 첫 번째 라운드는 친구 및 가족 라운드, 두 번째는 시드 또는 엔젤 라운드, 세 번째는 시리즈 A 라운드라고 한다. '시리즈(Series)'라는 용어는 우선주로 분류된 연속적인 분할 차입에서 생겨난 것으로, 그 이유는 각 투자 라운드는 다른 투자 라운드에 대하여 특정 권리와 우선권을 가지기 때문이다.

이 투자 라운드는 어떻게 될까? 이상적인 세계에서는 창업가가 스타트업을 스스로 창업하고, 시장에 진입하고, 주목받는다. 현명한 투자자가 기업에 전화해서 "당신이 대단한 사업을 하고 있다고 생각합니다. 보통주 10%의 가격으로 1만 달러를 투자하고 싶습니다"라고 말하며 창업가는 동의한다. 이때 변호사들은 신속하게 서류를 작성하고, 투자자는 수표를 보낸다. 이로써 거래가 성사된다. 그러나 이러한 일들은 거의 발생하지 않는다.

보통은 어떤 일이 일어날까? 기업이 창업하여 시장에 진입한 다음 가능한 많은 투자자와 이야기를 시작한다. 이상적인 경우는 서로의 지인들이 소개하는 것이다. 이것을 라운드 시작이라 한다.

어떤 경우든 기본적인 요구 사항은 얼마나 많은 금액이 어떠한 조건으로 투자될 것인지 합의하는 것이다. 이 항목들은 거래조건(term sheet)에 포함되어 있다(어떤 거래조건으로 결론이 내려졌는지와 그 거래동의서에 기업과 투자자가 도달하는 과정에 대해서는 12장에서 상세하게 서술한다). 창업가가 운이 좋다면 적어도 한 투자자가 거래조건을 보여주며, 투자를 제안할 것이다. 만약 투자자가 기업이 필요로 하는 자본 전체의 투자를 제안하고, 거래조건이 받아들일 만하다면(어느 정도 협상을 거친 후), 계약서에 서명하고, 자본을 이체하고, 투자 라운드는 종결된다.

그러나 양측이 계약조건에 동의하지만 투자자가 필요한 자본의 전부가 아닌 일부만 투자 한다면, 기업은 리드 투자자를 정하여 진행 중인 투자 라운드(a round in progress)를 가지게 된다. 이 시점에서 기업(경우에 따라 리드 투자자의 도움을 받음)은 리드 투자자에게 받은 거래조건을 가지고 투자 라운드를 마무리하고 필요 자금을 채우기 위해 다른 투자자들과 접촉한다. 다른 투자자들은(같은 라운드의 일부로) 리드 투자자가 제시한 동일한 조건으로 자본을 투자하도록 초대받는다.

경우에 따라, 다른 투자자의 참여 여부와 관계없이 거래조건 계약서상에 기일을 정하여 라운드가 종료(즉, 새로운 투자의 중단 및 투자자의 자금 이전)하도록 규정하기도 한다. 일반적으로, 거래조건 계약서는 리드 투자자를 포함한 모든 사람이 실제로 자금을 이체하기 이전에 최소 약정 투자 금액을 명시한다. 특정 금액 이상으로는 추가 투자자를 모집할 수 없도록 최대 금액을 정하기도 한다.

두 경우 모두 라운드의 조건이 이미 기업과 리드 투자자를 통해 합의되었기 때문에 투자자는 서명된 거래조건을 바탕으로 거래를 받아들일지, 거절할지만 결정하면 된다.

창업가가 당면한 어려움은 리드 투자자를 얻는 것이며 이는 스타트업 세계에서 가장 힘든 일이다. 누군가가 첫발을 내딛어 길을 만들어 주어야 한다는 의미이다. 그만큼 리드 투자자를 확보하기가 어렵기 때문에 기업은 필사적으로 빠른 지름길을 찾기 위해 노력한다.

이러한 지름길 중의 하나는 기업 스스로 기업 가치를 결정하고, 목표 투자 모금액을 정하여 거래조건을 작성하는 것이다. 그런 다음, 리드 투자자처럼 잠재적 투자자에게 거래조건을 제안하면 거래조건의 가부가 빠르게 결정되며, 리드 투자자의 힘든 결정 과정이 생략된다.

그러나 이런 방식은 잘 통용되지 않는다. 창업가 스스로 작성하여 만든 거래조건 계약서는 결국 창업가가 자신과 협상하는 것일 뿐 현명하고 냉정한 리드 투자자가 협상에 참여할 정도의 거래조건 계약서가 아니기 때문이다. 또한 유사 거래조건 계약서는 그다지 투자자에게 유리하지 않기 때문에, 어느 투자자도 유사 거래조건을 기반으로 투자 라운드에 투자하여 투자금을 제공하지 않으므로 결과적으로 쉽게 거부하는 것으로 결정된다. 대부분의 스타트업은 리드 투자자의 추진력을 바탕으로 전통적인 투자 라운드 과정을 따른다.

이제 다양한 자금 조달 라운드가 작동하는 방식을 살펴보고 몇 가지 정의로 시작해 보겠다.

시드 라운드

처음으로 씨를 심는 것과 같이 이 특정 라운드가 창업가가 아닌 다른 사람이 회사에 투자한 첫 번째 투자라는 것을 의미한다.

자본 라운드

창업가가 자신의 사업 소유권의 일부분을 투자자에게 매각하고 따라서 투자자와 비례하여 이익과 손실을 같이 한다.

부채

자본을 대출받는 것으로, 언젠가는 갚아야 하는 돈이다. 창업가는 일정 기간 동안 자본을 대출하고, 대출 기간 동안 자본에 대한 이자를 지불할 것을 약속한다.

전환사채(Convertible debt)

대출조건에 따라 기업이 대출받은 금액이 투자자에 의해 특정 가격에 기업의 주식 지분으로 전환될 수 있는(조건에 따라 반드시 전환해야 하는) 채무를 의미한다.

엔젤 라운드

전통적으로 창업가 자신의 돈과 창업가의 친구 및 가족의 돈이 창립한 이후 처음으로 투자한 돈이다.

시리즈 A 라운드

일반적으로 기업의 소유권 교환을 위하여 투자되는 첫 번째 전문적인 외부 자금이며, 규모는 일반적으로 1천만 달러 이하이다. 일단 기업이 성장 잠재력을 보여주면(기업이 개발하는 결과물에 사람들이 돈을 지출한다는 것을 보여주면 증거가 된다), 전문 투자자들은 호감을 보이기 시작한다. 벤처캐피털(VC) 기업은 그 이전에 투자된 자본보다 많은 자본을 투자한다

(그 자본은 이전에 벤처캐피털의 제한된 파트너[기관이나 매우 부유한 개인]에 의해 벤처캐피털에 투자된 자본이다).

회사가 시리즈 A 자금을 성공적으로 사용하여 성장하고 가치를 높일 경우, 원래의 벤처캐피털 투자자 또는 신규 투자자는 기꺼이 더 높은 기업 가치평가 금액에도 불구하고 더 많은 자금을 투자할 것이다. 다음 라운드는 일반적으로 시리즈 B 우선주 발행으로 이루어지며, 기업이 매각될 때 시리즈 A 투자금보다 먼저 지급된다(시리즈 A 투자금은 엔젤투자 자금보다 먼저 지급). 기업이 빠르게 성장하고 있지만, 성장을 더 촉진시키기 위해 자본이 필요한 경우 시리즈 A, B, C 등 추가 라운드가 있을 수 있다.

엔젤의 자금은 일반적으로 창업가, 친구, 가족이 회사에 투자한 후에 투입되지만, 벤처캐피털 회사가 참여하기 전에 먼저 투자된다. 투자자가 자금을 기업에 투입하여 기업의 소유권 일부를 매입(equity)하고, 투자자가 기업에 자금을 빌려주는 것(debt), 이 두 가지 방식에는 차이점이 있다. 주식과 부채 두 가지 모두 가능한 투자 선택이다. 지금부터 두 방식을 설명하고 각각의 장단점을 알아보도록 하겠다.

지분 투자의 작동 방식

법인이 설립되면 소유권은 균등하게 분할된다. 이들을 보통주 주식이라고 한다. 그것은 창업가가 가지고 있기 때문에 창업가 주식으로도 알려져 있다.

기업은 곧 개발 및 성장을 위한 자금이 필요하고, 엔젤과 같은 투자자들이 주식을 현금으로 지불하여 회사 지분의 일부를 매입한다. 그러나 투자자가 매입하는 주식은 창업가가 가지고 있는 보통주 주식(고용인들이 옵션을 가지는 보통주)이 아니다. 대신 회사는 우선주라고 하는 다른 종류의 주식을 만들고 발행시킨다. 이 명칭에서 보편적으로 주식보다 선호되는 것처럼 보일 수 있지만 '우선'이라는 것은 본질적으로 더 좋은 것이 아니라 '다른' 것을 의미한다.

기업의 가치가 현금으로 전환될 때(투자금 회수), 전환된 현금은 처음 투자할 때 기업과 투자자들이 합의한 기업의 평가 가치보다 높거나 낮을 수 있다. 이것이 두 가지 주식 유형의 차이가 중요한 부분이다.

우선주는 보통주가 지급되기 전에 우선 지급되지만, 지급된 금액만큼만 반환된다(이자와 비슷한 배당금이 추가될 수 있다). 대조적으로, 보통주는 모든 우선권이 충족된 후에만 지급되지만, 나머지 모든 가치의 지분에 비례한 만큼 지급된다.

예를 들어, 투자자가 우선주로 200달러를 투자했다고 가정하고 모든 보통주의 가치가 800 달러라고 합의했다. 다음날 누가 와서 1,000달러를 기업에 투자하면, 우선주 투자자는 200달러를 받고 보통주 소유자는 800달러를 얻는다. 이 경우 투자한 모든 투자자들의 기업 가치에 대한 가정은 옳은 것이다.

그러나 회사가 500달러에 팔리면 어떻게 될까? 이 경우 우선주가 200달러를 먼저 받으면 보통주가 나머지를 분할하여 가져간다. 이 경우 300달러는 투자된 800달러 가치보다 훨씬 적다. 다른 한편, 회사가 다음날 2,000달러에 팔리면 어떻게 될까? 우선주 투자자들은 여전히 원래 200달러를 되찾지만, 남은 1,800달러(새로 생성된 모든 가치 포함)는 보통주 소유자들에게 비율에 따라 지불된다.

이를 바탕으로 기업 가치가 하락하는 상황에서는 우선주 주주가 되는 것이 훨씬 유리하고, 반대로 기업 가치가 상승하는 상황에서는 보통주 주주가 되는 것이 유리하다.

그런데 투자자가 기업 가치가 극적으로 높아질 것이라 믿으며 회사에 투자한다면, 방금 설명한 대로 왜 우선주를 사겠는가? 의문이 생길 것이다. 답하자면, 그들은 그렇게 하지 않는다.

투자자가 구매하는 신생기업의 주식은 실제로 '전환우선주'라고 하는 하이브리드 유형의 주식이다. 전환우선주의 주된 특징은 "기업 가치 상승" 시나리오에서는 보통주로 전환되어, 모든 투자자들이 웃을 수 있다는 것이다.

그러나 "가치 하락" 시나리오가 발생하면 다른 방식으로 작동한다. 첫 지불액(투자금 반환을 위한)은 투자자가 투자한 자본을 지불하는 것이다(위의 예에서는 200달러). 남아있는 매각 대금은(이 경우 300달러)은 보통주 소지자에게 돌아간다. 이것의 효과는 설립자의 기여라고 할당된 명목 가치를 소급하여 조정하는 것이다.

그래서 스타트업에는 다양한 소유권 분류가 있다. 기본적으로 소유권을 다르게 분류하는 목적은 창업가와 서로 다른 시간대 및 계약조건으로 투자한 투자자들 사이의 위험과 보상을 적절하게 조화시키기 위함이다. 전환우선주로 투자하는 것은 투자자에게 우선주와 보통주의 장점을 모두 제공한다.

기업이 어려운 시기에 접어들어 원래 가치보다 낮은 가격으로 매각되면, 우선주로 시작하여 투자자들은 투자 원금을 돌려받는다. 그러나 모두가 바라는 대로 좋은 일이 일어나면 우선주는 일대일로 보통주로 전환되므로 투자자는 다른 보통주와 함께 증가한 가치를 배분받을 수 있다.

투자자는 다른 방법으로도 이익을 얻을 수 있다. 보통주와 전환우선주는 별도의 주식 유형이므로 투자기업의 정관, 기타 증서는 다른 유형의 주식에 대해 다른 권리 및 특권을 부여하도록 수정될 수 있다.

할인 전환사채

지금까지 기업의 지분(주식) 투자의 복잡성에 초점을 맞추었지만, 벤처기업에 투자할 수 있는 또 다른 방법이 있다. 그것은 기업의 성장에 쓰이도록 자금을 빌려주는 것이다.

가장 큰 차이점은 기업의 성공과 관계없이 부채는 고정된 금액으로 투자금 회수가 이루어지지만, 주식 투자는(기업의 지분 매입) 0달러(기업 가치가 하락하는 경우)에서 잠재적으로 수십억 달러(기업의 가치가 상승하는 경우)에 이른다.

부채가 대출기관에게 유리하게 작용하는 것은 대출의 확실성 때문이다. 채무자는 기업의 성공 여부와 상관없이 특정 날짜에 갚아야 할 자금(이자 포함)을 빚지는 것이다. 그러나 창업 투자자들은 낮은 수익률의 일반 부채에는 관심이 없다. 대신 기업의 주식 지분(성장 잠재력에 따라 투자 회수 시 이익률도 높아짐)의 소유를 원하고, 부채 투자 방식보다 선호한다. 기업이 크게 성공하더라도, 부채는 액면가에 비교적 적은 이자를 더한 금액만을 돌려받기 때문이다.

이때 창업가의 관점에서 생기는 문제가 하나 있다. 규제 및 기타 이유로 주식 투자 라운드를 문서화하는 법적 비용은 수천 달러에 달할 수 있다. 큰 벤처 펀드가 수백만 달러를 투자하는 경우에는 문제가 되지 않지만, 수천 또는 수십만 달러의 작은 엔젤 라운드와 관련해서는 문제가 될 수 있다.

주식 지분 소유라는 긍정적인 상황에 참여하도록 투자자들을 유혹하면서 지분 투자 라운드의 문서화 작업 시 발생하는 복잡성과 비용을 피하기 위하여, 근래에는 '전환사채'로 알려진 하이브리드 투자 방법을 이용하는 것이 일반적인 현상이다.

전환사채는 투자 후 어떤 시점에, 엔젤이 대출한 금액을 동일한 가치로 환산하여 기업의 주식 매입을 위해 그 자금을 사용할 수 있다는 보장이 담겨 있다. 이는 투자자와 회사에 유용하고, 빠르며, 비용이 적게 들지만 여러 문제를 유발한다.

A 기업에 10만 달러를 부채 형태로 빌려주면, A 기업이 부채 만기까지 자본을 쓰고 지불해야 할 이자율에 대해서만 논의하면 된다. 반면에 자본의 형태로 투자한다면, 투자의 대가로 기업 소유권의 몇 %를 가질지 최종 결정할 필요가 있다. 이를 파악하기 위해 다음 수학 방정식을 사용한다.

[투자 금액]÷[회사 가치]=[소유권 비율]

나머지 2개를 알고 있으면 3가지 조건 중 하나를 계산할 수 있다. 투자 금액(10만 달러)을 이미 알고 있으므로, 투자 후 나의 소유 지분율을 알아내기 위해서는 투자를 진행하여 기업의 주식을 취득할 당시 기업 가치에 대한 합의가 필요하다. 앞서 9장에서 다룬 평가 방법을 바탕으로 회사와 나는 가치에 대해 협상을 할 것이다. 나는 그들에게 돈을 주고, 그들은 나에게 적절한 비율의 기업 주식을 줌으로써 거래가 성립된다.

그러나 이것은 전환사채에 투자할 때 발생하는 일이 아니다. 대신, 나는 기업 A에게 오늘 투자한 자금은 언젠가 투자금에 상응하는 주식으로 전환될 수 있다는 사실을 알리고 자금을 대출해 주고 있다.

그러나 그 전환은 미래의 어떤 시점에 일어나고 투자는 오늘 발생하기 때문에, 기업에 자금을 투자하기 전에 몇 가지를 확인해야 한다. 구체적으로, ① 미래에 부채가 자본으로 전환될 시점, ② 향후 그 미래의 시점에서 기업의 가치를 결정할 방법, 이 두 가지를 확인해야 한다.

두 가지 모두에 대한 답은 똑같은 것으로 밝혀졌다. 더 부유하고 경험이 풍부한 투자자가 기업의 지분을 사기로 동의할 때까지 기다리는 것이다. 그 시점에서 우리는 대출을 자본으로 변환(①)하고 다른 투자자가 사용하고 있는 방식이 무엇이든지, 그 방법으로 기업 가치를 평가(②)한다.

이것이 끝이 아니다. 사실 나는 다른 투자자가 투자하지 않았을 때 A사에 기꺼이 투자했고, 창업가는 기업을 더 발전시키기 위해 나의 투자를 사용해서 다른 투자자로부터 높은 평가를 받았을 수 있다. 그러나 초기 단계의 위험 부담을 감수했던 나와 나중에 투자한 투자자가 동일한 보상을 받는 것은 공정성에 문제가 있어 보인다.

다른 투자자가 기업 가치평가를 할 때마다 나는 할인을 받는 것에 동의함으로써 이 문제를 해결한다. 이것이 할인 전환사채라고 부르는 이유이다. 할인은 일반적으로 다음 라운드 가격의 10~30%로 설정된다.

이는 공평해 보이지만 실제로는 그렇지 않다. 신중한 투자자들은 그렇게 생각한다. 그 이유는 원 투자금을 사용하여 기업의 가치 상승에 따라 회사 A가 성공할수록 다음 투자자가 지불해야 기업의 가치가 높아지고, 곧 내가 할인받는 것이 결국에는 불공평해 보이기 때문이다. 예를 들어, 어느 한 투자자가 초창기의 A사를 100만 달러로 평가했지만, 현재는 500만 달러라는 가치에도 투자하려고 하는 성공한 회사가 되었다면, 이는 창업가가 나의 원 투자금을 사용하여 회사의 가치를 올릴 수 있었다는 것을 의미한다.

예를 들어, 나의 전환사채가 그 500만 달러에 대하여 20%의 할인율을 적용받는다고 하면(계산하면 4천만 달러), 매우 안 좋은 거래를 한 것처럼 보인다. 결국, 초기 투자 위험을 무릅쓰고 한 초기 단계의 100만 달러 대신 4백만 달러 가치평가를 기준으로 기업 A의 주식을 매입하는 것으로 결론이 나기 때문이다.

이 문제는 이렇게 해결한다. "좋아요. 나는 일찍 투자했으니 다음 사람의 평가에 무조건 20% 할인을 받겠습니다. 하지만 잘못되지 않도록, 다음 투자자가 회사에 제공할 가치평가가 어떻든, 내 전환사채의 가치가 1백만 달러보다 높아서는 안 됩니다." 이 수치는 내 부채를 주식으로 전환할 수 있는 가장 높은 가격을 책정하기 때문에 상한선으로 알려져 있다. 그래서 이 형태의 부채 투자를 상한선이 있는 할인 전환사채라고 부른다.

지난 20년 동안 시드/엔젤 거래의 전형적인 구조는 보통주(1990년대 중반)에서 전환사채(2000년 초반에서 1990년대 후반), 전체 시리즈 A 전환우선주(2000년대 중반), 상한이 있는 전환사채(2000년대 후반), 시리즈 시드 전환사채 또는 그 유사한 것(현재)으로 변화해왔다. 이러한 변화는 투자자와 창업가의 높아진 수준, 다양한 옵션의 장단점과 관련되어 증가한 경험과 정보, 다양한 선택을 위하여 사용 가능한 표본 문서와 온라인 거래 문서가 증가했다는 것을 보여준다.

최근에 선도적인 액셀러레이터 프로그램인 Y 컴비네이터(Y Combinator)는 SAFE라는 새로운 유형의 지분 투자 방법을 공개했다. SAFE는 'Simple Agreement for Future Equity'를 의미한다. SAFE는 전환사채의 좋은 특징도 몇 가지 갖고 있지만, 실제로는 부채 형태가 아니기 때문에, 일부 문제를 피할 수 있다. Y 컴비네이터는 문서를 오픈소스로 http://ycombinator.com/safe/에 게시했다. 산업계에서 이 방법을 채택할지, 만약 그렇다면 어떤 유형의 거래에 응용할지에 대해서는 여전히 논의 중이다. 추측해 보자면, 이 방식은 매우 초기 단계의 투자, 낮은 가치의 스타트업, 미래에 자신들의 투자 보호를 위해 다음 투자 라운드를 기다릴 용의가 있는 시드 투자자들에게 유용하다. SAFE는 투자자가 거래를 원하지만, 투자 라운드를 적극적으로 이끄는 엔젤 그룹이나 재정적으로 초점을 맞춘 엔젤에게는 채택되지 않을 가능성이 있는 일부 인기 있는 거래에서 사용될 수 있다.

할인된 전환사채에 대한 투자 포인트

전환사채를 발행하는 것이 바람직하다는 또 다른 요인은 그것이 주식이 아니라 부채라는 것이다. 이는 투자자에게 좋을 수도 나쁠 수도 있다. 가치 하락으로 종결된 투자 환수의 경우 창업가 또는 다른 지분 보유자보다 앞서서 투자금을 환수할 수 있다. 전환 전 가치 상승으로 인한 투자금 환수 시나리오에서는 조건이 신중하게 작성되지 않은 경우, 기업은 이자와 투자금만을 상환할 수 있고 투자자에게 기업 가치 상승분에 대해서는 지급하지 않을 수도 있다는 점에서 나쁘다.

사채는 일반적으로 투자자의 권리를 보호해 주지 못한다. 이때 권리란 자본 투자 라운드의 계약서 작성과 협상 비용의 원인이 되는 주요한 세부 사항들이다. 한 가지 더 큰 문제는, 기업은 주식 투자 라운드에서는 투자하는 모든 투자자들이 동일한 기업 가치평가를 바탕으로 동일한 조건으로 투자를 받는다, 그러나 전환사채 방식으로는 여러 다른 투자자들로부터 서로 다르게 합의한 기업평가 가치로 투자를 받을 수 있다.

시드 거래를 위해 전환사채(상한 가치의 여부와 상관없이)를 이용하는 투자자의 관점에서 중요한 잠재적인 문제는 차후의 시리즈 A 투자자가 시드 투자자를 2등급 투자자로 이용한다는 것이 아니다. 오히려 시리즈 A 투자자는 시드 투자자가 시리즈 A를 이용하는 것을 원하지 않는 경우에 문제가 될 수 있다. 이는 두 가지 경우 중 하나에서 발생할 수 있다. ① 시드 엔젤이 탐욕스럽고 시리즈에 대하여 협상한 할인율이 시리즈 A의 범위를 벗어날 정도로 매우 큰 경우 또는 ② 시드 투자와 시리즈 A 투자 사이에 이례적으로 높아진 기업 가치 상승으로 인하여 전환사채의 상한선이 의미가 없어지면서 시드 투자자의 이익이 시리즈 A의 투자자들보다 매우 커지고 그 권리는 동등할 때 발생한다.

그러나 위의 두 경우조차도, 시드 거래에 대한 협의된 조정안은 다른 어떤 것보다 순전히 재정적일 가능성이 높다. 다른 한편으로, 전환사채의 총 합계 금액이 시리즈 A의 새로운 투자금(예: 2~3백만 달러 시리즈 A의 일부로 변환되는 시드 변환 가액의 40만 달러)에 비해 적다고 가정한다면, 전문 벤처 투자자는 일반적으로 할인율에 만족하며 시드 투자자들의 참여를 반길 것이다.

어쨌든 대출이기 때문에 모든 전환사채는 만기가 있으며, 원금과 발생이자를 대여자에게 상환해야 한다. 그러나 전환사채는 결과적으로 투자보다 훨씬 가치가 있는 기업의 지분을 투자자들에게 부여하기 위해 고안되었기 때문에, 그 목적은 자본으로 전환되는 것이다. 결국 대출금에 대한 이자만 바란다면, 스타트업에 투자하는 것보다 안전한 투자처를 발견할 수 있을 것이다.

따라서 투자자가 다음 투자 라운드에서 자본으로 전환하지 않는 유일한 이유는 기업의 실적이 다음 투자 라운드를 받을 수 없을 정도로 나쁘기 때문이다. 전환사채의 가치 한도가 있다고 가정하면, 대부분의 현명한 투자자들은 한도(cap)를 지정한다. 투자 라운드에서 기업평가 가치가 높든 낮든 상관없이 전환사채는 투자자에게 이득이다.

반대로 기업의 실적이 너무 저조하여 다른 자금 조달을 할 수 없다면, 만기에 대여금을 갚을 현금을 보유할 가능성이 매우 낮다. 투자자가 상환을 요구할 경우 있지도 않은 것을 받을 수는 없다.

그러므로 만기 상환 조항이 투자자의 자금을 돌려받기 위해 사용되지 않는다면 무엇을 위해 사용될까? 실제로는 투자자와 회사가 협상하면서 앞으로 해야 할 일을 파악하기 위한 인센티브(당근/채찍)로 사용된다. 이 상황에서 주도권은 투자자에게 있다. 기업이 목표를 실현하지 못했기 때문이다. 결과적으로는 다음과 같이 사용된다.

- 사업이 순조롭게 진행된다면, 투자자는 일반적으로 사채를 연장하

여 기업에게 숨 돌릴 틈을 주고 현상 유지를 하게 한다.

- 사업이 순조롭게 진행되지 않으며 후속 투자금 조달 가능성이 낮을 경우, 투자자와 기업은 사채의 자본 전환에 있어서 투자에 참여할 당시보다 낮은 가격(만약 이전 투자 라운드가 있었다면), 또는 어떠한 가격이든 쌍방이 합의하는 가치로 전환한다.
- 최악의 경우, 기업이 정말로 형편이 좋지 않다면 투자자는 기업이 부채 상환 능력이 없기 때문에 기업을 파산으로 몰아넣는 암시적 위협을 사용하여 자신이 원하는 조건을 요구할 수 있다. 기업의 자산에 담보 가치가 있는 경우 특히 그렇다.

마지막 옵션은 끔찍하지만, 실제로 이득을 위해 주로 사용되는 것을 보았다. "좋아 보이는" 대안은 많지만 본질적으로는, 상환 능력이 없는 기업의 만기가 지난 사채를 보유하는 것은 핵무기를 보유하는 것과 마찬가지다. 이를 사용하면 모두 파멸에 이를 수 있다. 그것을 사용할 수 있다는 것은 기업을 구할 방법을 협상하기 위해 모든 사람을 강제 소환할 수 있다는 것을 의미한다.

만기일이 가까워져 이런 식으로 사채 상환 조항을 사용할 일은 없었으면 한다. 그러나 그 조항이 필요한 상황이라면 투자자 입장에서는 다행스러울 것이다.

제11장

엔젤투자 협상의 기술

창업가와 윈-윈하는 법

11 엔젤투자 협상의 기술

창업가와 윈-윈하는 법

경제학 게임 이론에는 제로섬(zero-sum)과 포지티브섬(positive-sum)이라는 두 가지 종류의 이론이 있다. 전자는 한정된 자원과 한정된 플레이어가 있는 상황에서 경쟁하는 것이다. 한 플레이어가 자원을 얻거나 이기게 되면 다른 플레이어는 자원을 포기하거나 지게 된다. 모든 플레이어의 전체 승패를 합하면 0이 된다. 그러나 포지티브섬 게임에서는, 양쪽 다 동시에 자원을 얻을 수 있기 때문에 혼자 하는 것보다 협력을 통하여 더 많은 것을 얻을 수 있다.

포지티브섬 게임에서의 협상(윈/윈 결과의 개념)이 어디에서나 적용 가능하다면, 엔젤투자자와 창업가 간의 계약 체결에도 적용될 수 있다. 결국 협상은 양 당사자가 더 이상의 상호작용 없이 거래 이후 떠나 버리는 일회성 거래가 아니라 양쪽 모두에게 가치를 창출하는 것을 목적으로 하여 장기적인 협력 관계를 구축하는 작업이라고 할 수 있다.

투자 거래조건의 협상은 간단하거나 순탄하거나 즐거울 수 있다(혹은 그 반대). 협상이 진행되는 방식은 청렴성(무결성), 지식, 상대적 힘의 위치, 개인적인 스타일에 따라 달라진다.

청렴성과 지식

기본적인 원칙은 자금을 구하는 창업가들과 상호작용을 할 때 항상 솔직하고 정직해야 한다는 것이다. 앞서 6장에서 창업가에게 진실성에 문제가 있다는 아주 작은 단서라도 발견되면 즉시 투자 거래를 중단하라고 조언하였다. 이와 마찬가지로, 창업가에게는 협상 테이블 반대쪽에 있는 투자자에게서 바위처럼 단단한 진실성 외의 다른 것이 느껴진다면 협상 장소를 당장 나오라고 조언한다.

이것은 인생을 살아가는 데도 적용되는 규칙이지만, 특히 초기 단계 투자에서는 더욱 중요하다. 경찰이 파트너를 믿지 못하면서 위험한 잠입 수사를 진행한다고 상상해 보자. 믿음 외에 결혼 생활을 위험하게 하는 것이 있는가? 당신과 창업가는 나쁜 일들이 곳곳에 숨겨져 있는 미지의 영역에 들어가게 된다. 당신과 창업가 모두 가장 원하지 않는 것은 팀원에 대한 걱정이다. 그러므로 투자 협상을 할 때 거짓말을 하거나, 허풍을 치거나, 일부러 애매하게 말하지 않도록 주의해야 한다.

도덕적 기준이 높은 전문 엔젤들도 주제의 복잡성으로 인하여 발생하는 쌍방 간 정보의 비대칭성 때문에 어려움을 겪는다. 대다수 창업가는 투자 과정에 대한 정보가 전혀 없는 처음으로 창업을 한 사람이다. 반면, 25번째로 엔젤투자를 하기 전인 당신은 그 이전에 수없이 많은 협상 경험을 했을 것이다. 따라서 엔젤투자 과정의 모든 과정에 익숙해질 때까지는, 기업 초기 단계에서의 자금 모집과 관련 경험이 있는 변호사를 반드시 선임해야 한다. 사적으로 아는 개인 변호사나 지역 부동산 변호사에게 의지해서는 안 된다. 유능한 전문가를 고용하면, 협상, 거래조건,

문서 처리가 더 순조롭게 진행될 것이다.

내가 설립했던 회사의 첫 번째 투자자는 벤처캐피털 펀드 업계를 주도하는 인물 중 한 명인 워버그 핀커스(Warbug Pincus)였다. 그 당시 나는 벤처 협상이 어떻게 이루어지는지, 무엇이 공정한 것인지, 심지어 협상할 주제에 대해서조차 감을 못 잡고 있었다. 그런데 운이 좋게도 거래 과정에서 조언을 해주고, 이끌어 주는 파트너를 만났다. 이제 20년이 지나 협상 테이블의 반대쪽에서 그 당시의 거래조건을 돌이켜보면, 여전히 그분에게 감사한 마음을 가지고 있다.

협상 조항의 파급 효과를 좀 더 이해한다면 계약조건에 이를 때 항상 그 효과를 이용하게 될 것이다. 유혹을 이겨내고, 장기적인 경제적 이익은 창업가와의 협업과 그 창업가가 다른 창업가에게 공적으로나 사적으로 이야기하는 것에 달려 있다는 것을 주지하여야 한다.

상대적인 힘(권력)의 위치 및 개인적인 스타일

꿈을 지닌 창업가와 활동적인 엔젤투자자들의 수 사이에 비대칭성이 존재하므로 투자 거래 시 10번 중 9번은 투자자들에게 유리한 방향으로 기울어진다. 엔젤투자자들은 전형적으로 하나를 선택하기 전에 20, 30 혹은 40개의 기업을 검토한다. 동시에 스타트업은 투자자들이 검토하는 숫자만큼의 잠재적인 투자자를 찾아 헤매며, 흔쾌히 수표를 써 줄 한 명의 투자자라도 나타나기를 바란다. 이는 초기 단계 투자의 황금률("금을 가진 사람이 규칙을 만든다")을 따르는 것을 의미하며, 투자를 위한 회의의 취지 및 결론은 종종 투자자에 의해 결정된다.

자금을 조달받으려는 여러 창업가들과 만나다 보면, 이런 근황이 기업가들 사이의 커뮤니티(웹사이트와 모바일 어플리케이션 및 투자자에 대한 기업가 리뷰 관련 게임 등)에서 매우 빠르게 퍼지기 때문에 창업가들에게 존경을 받고 도움을 주는 것이 투자자의 이익을 위해서도 중요한 일이다. 투자하지 않기로 결정한 창업가에게도 마찬가지다.

투자가 성사되기 전에 창업가와 협상하여 결론 내야 할 수많은 협상의 주제가 있지만, 회의에서 거의 80%를 차지하는 두 가지 이슈가 있다. 첫 번째는 회사의 가치평가로 이에 관해서는 이미 10장에서 평가 설정의 이론과 실천을 다루었다. 두 번째 문제는 현재의 소유권과 미래의 소유권으로 표현할 수 있는, 기업의 지배권 문제이다.

통제 문제

투자자와 창업가 모두 종종 기업의 지배권과 관련이 되는 지분 소유의 문제를 혼동한다. 이 두 가지가 관련되어 있기는 하지만, 구별해야 할 필요가 있는 별개의 문제이다.

전략적 방향의 선택, 매수자에 대한 기업의 매각 결정, 최고경영자의 임명과 보상을 포함한 기업의 모든 것에 대한 궁극적인 기업의 지배권과 통제권은 기업의 이사회에 있다. 창업가의 지분율에 상관없이 창업가가 다수의 이사회 구성원을 결정할 수 있다면, 창업가는 자신을 포함하여 최고경영자를 결정할 수 있다.

이사회 구성원의 수는 기업의 정관에 따라 결정되며, 기술적으로는 자신이 소유한 각각의 보통주에 따라서 후보자에 대한 한 표의 투표권을 얻게 된다. 그러나 실제로는 모든 투자 라운드에서 "주주 합의"로 불리는 수단을 통하여, 이 "주식 1주당 1표"라는 구조는 무효화될 수 있다. "합의"는 주요 주주들이 투자 라운드의 마무리 단계에서 서명하고 합의된 조항에 따라 임원에 대하여 투표한다는 것을 규정한다.

시드 단계의 회사에서 이사회는 보통 3명으로 구성되기도 한다. 창업자가 임명한 사람(대부분 창업가 자신), 투자자가 임명한 사람(리드 엔젤 혹은 투자 라운드를 이끈 벤처캐피털), 창업가나 투자자와 독립적이며 창업가와 투자자 양쪽 모두 찬성한 제3의 인물로 구성되어 있다.

그러나 투자 라운드(친구 또는 가족이 투자하는 투자 라운드일 필요는 없지만, 전문적인 엔젤투자자나 벤처캐피털로부터 투자받는 시드 투자 또는 시리즈 A의 경우에는 반드시)에서 투자자들은 직접 관여할 수 없는 이사회의 행동으로부터 그들의 투자를 보호하기 위한 수단으로 네거티브 통제(negative control) 조항을 내세울 수 있다는 것을 이해해야 한다.

이사회가 긍정적으로 행동하기로 선택한 것과 관계없이, 투자자의 동의가 필요한 특정 사항(모든 투자자들이 한 집단으로서 투표하는 것, 이사회에 의해 지명된 이사회 임원을 승인하는 것)이 있다.

실제 투자 서류에서 이러한 조항은 신중하고 명확하게 기재하여 빈틈이 없도록 해야 한다. 현실적으로 초기 단계 기업의 경우는 쉽지 않은 일이다. 상황이 악화될 경우 이러한 보호 조항이 종종 포지티브 통제 조항(투자자들이 기업의 결정에 강경한 태도를 취할 수 있다)으로 바뀔 수 있다. 예를 들어 기업은 또 다른 투자 라운드를 받고자 하지만 투자자들이 기업의 사업 모델을 전환하고 싶어 하는 경우, 이사회에서 사업 모델을 전환하는 주제에 투표하지 않으면 새로운 투자 승인을 거부할 수 있다.

창업가와 협상할 때 지분과 통제를 명심해야 한다. 이는 동의어도 아니고, 관련도 없는 용어이다. 지분(주식 소유)의 본질은 지분을 소유함으로써 회사로부터 발생한 결과(좋은 것이든 나쁜 것이든)를 공유한다는 것이다. 반대로, 통제는 보호와 관련된 방어적인 문제이다. 당신은 대체 가능한 자금을 창업가의 대체 불가능한 기업을 위한 용도로 창업가의 통제하에 투자한다. 당신은 창업가가 투자받은 자금을 다른 용도로 탕진하지 않고 기업의 성장을 위하여 최선의 방법으로 사용하기를 바랄 것이다. 이때 당신의 "최선의 방법"에 대한 분석과 창업가의 분석이 다르면 문제가 발생한다.

두 당사자의 상대적 협상력을 바탕으로 협상 기간 중에 발생하는 통제와 지배권에 대한 문제들이 해결된다. 골드만 삭스는 개인 소유 기업인 페이스북에 10억 달러를 투자했을 때, 계약서에 자금 통제 권한에 대한 조항을 쓰지 못했다. 반면에, 내가 대학생 창업가가 운영하는 스타트업에 5만 달러를 투자한다면, 내가 회사를 100% 통제하려는 것으로 보일 수 있다. 그러나 통제권은 추후 필요할 때 사용하더라도, 기업이 올바른 방향으로 나아간다면 창업가에게 돌려줄 것이다.

거래 협상의 붉은 깃발(Red Flag)

일반적으로 엔젤과 창업가 간의 토론은 비교적 매끄럽게 진행되지만 조심해야 할 몇 가지 사항이 있으므로 유념하기를 바란다.

- 상대방이 100% 정직하다는 느낌이 들지 않으면, 공손하게 대화를

마무리하고, 협상을 중단해야 한다.

- 대부분의 창업가들은 언제쯤 CEO에서 물러날지 생각하려 하지 않지만, 창업가가 계속 통제하고자 한다면 경제적 이익과 상관없이 그 창업가와 편안한 관계를 유지할 수 있을지 숙고해 보아야 한다.
- 주제와 관련된 보고, 이사회 또는 기업 정보 파악 등이 지연되는 경우, 심각한 문제가 아닐 수 있으나 이러한 사태를 초래하는 것이 무엇인지 조사하여 알아내어야 한다.

창업가와의 회의에서 당신의 목표는 창업가와 경영진을 포함한 모든 사람들에게 긍정적인 인센티브를 제공하는 것임을 명심해야 한다. 그들은 결과물로 나타날 놀라운 이익으로 인하여 더 충실하게, 집중적으로, 진심을 다해 시간과 노력 그리고 창조력을 기업의 성장을 위해 사용한다. 이러한 일련의 과정은 투자기업이 앞으로 세계 경제에 큰 반향을 일으킬 수 있는 확률을 높여줄 뿐 아니라 과정에 참여한 모든 이에게 이익을 가져다준다.

제12장

거래조건 작성과 계약체결

신뢰에 기반하되 검증하라

12 거래조건 작성과 계약체결

신뢰에 기반하되 검증하라

모든 엔젤투자는 다양한 당사자 간의 관계, 가치 교환의 거래조건, 관련된 모든 사람의 다양한 권리와 책임에 관한 모든 것을 명시하는 상세한 법률 문서에 따라 실행된다. 서류는 단순한 비전환채권의 경우 3~5쪽, 전환우선주 라운드의 경우 120쪽 이상이 될 수 있다. 이 서류는 법적인 문서이기 때문에, 기업과 투자자 양측은 선임한 변호사들과 함께 협력하여 당사자들의 서명이 들어간 계약서를 작성한다.

여러 조건에 대한 문서를 모아 작성된 계약 관련 문서집은 '주요 거래조건(term sheet)'으로 불리는 매우 간략한 문서(투자 유형에 따라 1~6쪽 정도)로 요약된다. 주요 거래조건은 법적용어로 난해하고 복잡한 주요 원칙을 짧게 요약한 것이라고 보면 된다. 투자 관계의 주요 요점을 구체적으로 다루기 때문에 양측이 거래의 체결 여부를 신속하게 결정할 수 있다.

주요 거래조건은 보통 투자자가 작성하며(예외도 있음), 기업에게 거래조건 수용의 가부를 결정할 기한을 명시하여 보낸다. 만일 창업가가 문서에 서명하여 기한 안에 투자자에게 돌려주면 투자 거래조건을 가지고 계약이 진행된다. 그리고 계약 체결까지 양측 변호사는 거래조건을 논의하고 마지막으로 양측이 서명하는 것으로 투자 거래는 종결된다. 다른 한편, 제시받은 주요 거래조건을 창업가가 거절하고 역으로 다른 조건을 제시하는 경우도 있다. 가령 제시받은 조건보다 더 높은 기업 가치평가, 더 많은 자본 투자, 더 적은 이사회 구성원 취임, 그 밖의 다른 조건을 내세우며 투자자에게 다시 제안할 수 있다. 이 경우 선택권은 다시 투자자에게 돌아가며, 투자를 중단하거나 개정된 주요 거래조건으로 투자 거래 계약을 시작한다.

투자자가 창업가에게 서명한 주요 거래조건의 제안 시간과 제안 만료 시간까지의 기간은 모두에게 중요하다. 창업가는 계약서에 서명하기 전까지 법적 제약조건이 없으므로, 서명 없는 계약서를 다른 잠재적 투자자에게 보여주는 등 계약서로 원하는 것은 다 할 수 있다. "보십시오. A가 서명한 주요 거래조건입니다. 당신은 관심 없나요? 알다시피 B도 관심을 보여서 논의 중입니다." 꼭 이런 식으로 진행되는 것은 아니지만, 창업가 입장에서는 투자자를 선택할 수 있도록 투자 거래조건이 하나 이상일 때 투자 자금 모집이 절실해진다. 시장 경쟁은 초기 투자 자본 모집의 주요 동력 중 하나이기 때문에, 하나의 거래조건 계약서는 주변에서 주시하고 있던 다른 투자자의 주요 거래조건 계약서를 끌어 모을 수 있다.

주요 거래조건은 다른 투자자들 사이에 공유되고, 다른 투자자들에게 위장 거래조건(stalking horse)으로 사용될 수도 있기 때문에 투자자들은 되도록 빨리 결정하려 한다. 가장 터무니없는 예로는 TV쇼 프로그램 '샤크탱크(Shark Tank)'의 출연진이 창업가들에게 사용하는 24초 샷 클락(24seconds shot clock) 같은 것이다. 그러나 대개 투자자는 기업이 수락할 가능성이 있는 거래조건을 파악하기 위해 여러 차례 대화를 나눈다. 또한 피드백을 얻기 위해 서명되지 않은 초안(거래조건의 구속력이 없는)을 보내기도 한다. 그러나 실제로 서명과 함께 전달될 경우에는 보통 제안을 수락하거나 거절하는 데 1~3일이 걸린다.

일단 창업가가 주요 거래조건에 서명을 하면 (적어도 일부는) 법적으로 뿐만 아니라 윤리적으로도 구속력을 갖는다. 어느 한쪽 당사자가 합당한 이유 없이 주요 거래조건을 어길 경우, 그 소식은 업계에 퍼져 장기적으로는 창업가 또는 투자자에게 지우기 힘든 낙인이 된다.

양측이 서명한 후, 변호사는 라운드에 대한 전체적인 문서 작업을 하게 된다. 계약 문서는 대부분 표준 산업 모델을 기반으로 하지만, 한 명의 변호사(일반적으로 주요 거래조건에 명시된다)가 기본 초안 작성을 책임지고, 다른 이들은 의견을 단다. 확정된 자본이 투입되는 시점은 라운드의 성격에 따라 달라진다. 친구와 가족 라운드에서 창업가들은 그들이 투자 약속을 한 시점에 자금을 확보할 수 있을 것이다. 전통적인 엔젤 라운드에서는 창업가가 투자 라운드의 종료를 위해 도달해야 하는 최소한도와 같은 목표 범위가 있다. 일단 최소한도의 목표에 도달하면 거래가 종료되고 창업가에게 자금이 전달된다.

과거에는 일반적으로 서명을 위해 서류를 직접 주고받거나 야간 우편 서비스를 이용하여 수표를 보내기도 했다. 그러나 오늘날에는 필요한 서류에 전자/디지털 방식으로 전자서명을 하고 기업의 은행계좌로 직접 자금이 이체된다.

기업이 계획을 실행하는 데 필요한 자금을 모두 확보하는 경우에만 투자를 원하는 경우와 같이, 다수의 투자자가 참여하는 거대한 투자 라운드의 경우에는 종종 에스크로계좌로 입금해야 한다. 자본이 조금씩 들어오는 경우, 기업은 도중에 방향성을 잃거나 돈을 잃고 결국에는 파산할 수도 있다. 그래서 투자자들은 실제로 "알겠습니다. 당신의 변호사(또는 거스트[Gust] 같은 온라인 플랫폼)와 상의하여 에스크로에 돈을 넣겠습니다. 하지만 필요한 자금이 준비되었다는 것을 알기 전까지는 제 돈을 마음대로 쓸 수 없을 것입니다"라고 말한다.

이와 같은 라운드의 또 다른 상황은 모두가 다른 사람들과 동시에 투자하려 하지만 실질적으로 서명이 다른 시점에 이루어질 수밖에 없을 때, 마지막 순간까지 서류 작업이 변경될 수 있다. 그래서 모든 사람들이 서명을 하고, 자금 사용에 대해 허가해야 비로소 에스크로계좌가 열리고, 거래가 종료된다.

전환사채권 주요 거래조건

앞서 10장에서 엔젤투자가 취하는 두 가지 주요 형태, 즉 전환사채와 전환우선주에 대해 논의하였다.

벤처 투자기관이 참여하는 투자 라운드 전까지, 초창기 몇 년 동안 전문 엔젤투자자는 설명이 필요하지 않고, 사실상 모든 것(기업 가치, 전환, 보호조항, 그 밖의 다른 조항)을 결정하는 아주 단순한 형태의 전환사채를 사용했다. 엔젤투자자들이 더 똑똑해지고 위험/보상 비율의 이례적인 상황을 인식하면서, 그들은 가치평가 상한선을 주장하였다. 그런 다음 다양한 사건(예: 전환 전에 발생한 인수)으로 손해를 입으면서, 한때 단순하던 채권을 복잡하게 만들어 확실하고 특별한 권리 보호조항을 추가했다.

부록 C에는 자신만의 투자를 시도할 때 사용할 수 있는 표준 거스트 전환사채 주요 거래조건(Gust Convertible Note Term Sheet)의 전체 내용이 제시되어있다. 전자 버전은 http://gust.com/termsheets/에서 온라인으로 지원 문서와 함께 제공된다. 우리는 힘들게 얻은 경험을 바탕으로 주요 거래조건을 개발했으며 개인적으로 내가 리드했던 여러 투자에 사용하였다. 이를 통해 협상, 문서화 및 마감하는 과정이 자본 투자 과정보다 쉽고 저렴했다. 그러나 여전히 다음 투자 라운드까지 투자자에게 가치평가의 한도와 일부 제한적인 권리 보호를 제공한다.

전환우선주 주요 거래조건

전환우선주를 사용하는 지분 소유 투자 라운드에 관해서, 미국 기반 벤처캐피털 펀드의 대다수는 전통적으로 국가 벤처캐피털 협회의 산하 법률 회사들이 수년 동안 개발한 표준 주요 거래조건(term sheet) 모델을 사용해 왔다. 이 주요 거래조건은 NVCA 모델 벤처캐피털 재정 주요 거래조건(NVCA Model Venture Capital Financing Term Sheet)으로 알려져 있으며 http://tinyurl.com/NVCAmodel에서 계약을 뒷받침하는 거래 문서와 함께 무료로 다운로드할 수 있다. 대체로 중립적이고, 양측이 동의한 내용뿐만 아니라 다양한 기업과 투자자에게 유리한 조건에 대해 설명하는 주석이 첨부되어 있다.

전문적인 엔젤, 특히 그룹의 일원으로 투자하는 엔젤, 벤처캐피털을 따라서 투자하는 엔젤은 벤처캐피털이 참여할 때 후속 투자 라운드가 훨씬 더 쉽게 만드는 동일한 문서를 사용한다. 문제는 NVCA 주요 거래조건만 17쪽에 달하며, 추가 문서까지 합하면 120쪽에 이른다. 이 서류들을 협상하는 데는 비용이 많이 들며, 법무 관련 수수료가 5만 달러 또는 그 이상에 이르는 일이 전환우선주 투자 라운드에서는 흔한 일이다.

점점 더 많은 기업들이 엔젤의 자금 지원을 받기 시작하고, 시장에서 NVCA 거래조건이 소규모 자본 투자에는 과해 보이기 때문에(가령 기업 공개 과정의 등록 서류에 관한 문서 쪽수가 많은 만큼 사실상 매우 드문 일이다), 엔젤 거래를 위해 사용하기 쉬운 것이 필요했다. 훨씬 더 짧고 간단한 문서는 펜윅 앤드 웨스트(Fenwick and West)의 테드 왕(Ted Wang) 변호사가 무료(pro-bono)로 개발했으며, www.seriesseed.com에서 온라인으로 이용이 가능하고 추가문서로 주석과 논점도 이용할 수 있다. 이 주요 거래조건은 간단하게 NVCA 버전의 17쪽을 하나로 압축했으나 이 접근 방식의 문제점은 투자자를 위한 모든 보호 장치를 제거하고 다음 라운드까지 주요 이슈를 미룬다는 것이다.

그래서 거스트(Gust)는 이 책을 읽을 법한 신중한 엔젤투자자들에게 가장 유용하다고 생각하는 중간 접근 방식을 선택하였다. 1년 동안 우리는 투자자 및 기업의 변호사와 협력하여 뉴욕의 주요 전문 엔젤투자자 중 일부와도 이 일을 반복해서 했다. 화이트 앤 윌리엄스(White and Williams)의 로리 스미스(Lori Smith, 엔젤 캐피털 협회의 법률 고문위원회에서 일하는 미국 최고의 기업 변호사)의 지도 아래 테드 왕이 기초 설계를 한 'Series Seed' 문서를 시작으로 투자자가 주장하는 투자자 권리 보호를 위한 최소한의 조항을 다시 추가하였다.

나는 최근에 직접 주도하는 몇 가지 투자에 이 접근법을 사용했으며, 골디락스(Goldilocks)처럼 "바로 이거야!"라고 외치게 될 것 같다. 문서에는 주석이 달려 있고 투자자와 창업가의 필요와 관심사 사이에서 균형을 이루는 중립성을 지니도록 고안하였다. 전체 주요 거래조건은 부록 D에 포함되어 있으며 전자 버전과 관련 지원 문서는 http://gust.com/series-seed/에서 온라인으로 볼 수 있다.

한국 사례 국내 스타트업 투자의 거래유형

스타트업 신주 투자는 기업의 단계, 사업 현황 등에 따라 대개 보통주, 우선주 혹은 CB/BW 등의 형태로 투자가 이루어진다. 각 투자조건 중에서 한국은 우선주(CPS, RCPS)를 통한 투자가 가장 활발하다.

보통주는 상환의무가 없고 이자가 없기 때문에 스타트업에게 가장 유리한 투자방식이다. 그러나 1주당 의결권이 1개씩 부여되어 주식소유자가 경영에 참여할 수 있다.

그림 12-1 ▶ 유형별 신규투자 비중

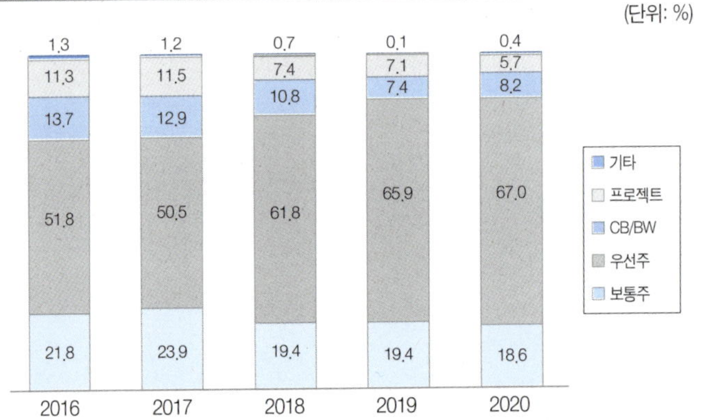

출처: 한국벤처캐피털협회

우선주는 보통주와는 달리 의결권은 없지만 배당이나 기업이 폐업하여 해산할 경우 재산분배에 대해 우선권을 갖는다. 특히 스타트업의 투자방식으로 많이 사용되고 있는 상환전환우선주(RCPS)는 일정기간 만료 시 보통주로 전환할 수 있도록 계약서를 작성하는 경우가 많다.

표 12-1 유형별 신규투자 금액

(단위: 억 원)

구분	2016년	2017년	2018년	2019년	2020년
보통주	4,688	5,688	6,659	8,315	8,023
우선주	11,148	11,997	21,140	28,189	28,850
CB/BW	2,956	3,074	3,700	3,179	3,531
프로젝트	2,427	2,749	2,517	3,057	2,463
기타	285	295	233	37	178
합계	21,503	23,803	34,249	42,777	43,045

출처: 한국벤처캐피털협회

또한 2020년 8월부터 개정되어 시행 중인 「벤처투자 촉진에 관한 법률」에 따라 국내에서 조건부지분인수계약(Simple Agreement for Future Equity: SAFE) 투자가 가능해졌다. 조건부지분인수계약은 후속 투자에서 결정된 기업가치에 따라 먼저 투자한 투자자의 지분이 결정되는 혁신적인 투자제도로서, 이러한 제도를 통해 기업가치 산정이 어려운 초기 창업기업에 대한 신속한 투자가 이루어질 것으로 기대된다.

제13장

투자가 이루어진 이후

포트폴리오 관리와 기업 가치 높이기

13 투자가 이루어진 이후

포트폴리오 관리와 기업 가치 높이기

당신의 투자 자본이 스타트업 계좌로 이체되는 시점에는 양측의 관계가 매우 다른 단계에 접어들게 된다. 대부분 투입 시기까지 당신은 소위 갑(甲)이고, 창업가는 당신의 관심을 갈구하는 을(乙)이다. 그러나 그 순간 이후, 당신이 포트폴리오기업과 상호작용하는 방식은 상대적인 힘의 관계, 성숙도, 양 당사자의 전문성 등으로 정의되는 넓은 범위에 놓이게 된다.

한편 당신이 소규모 투자자가 되어 신디케이트 구성원으로 투자를 하고 투자 계약에 관한 명백한 권리가 거의 없는 경우, 당신은 투자기업으로부터 정보를 직접 전해 받지는 못한다. 기업이 합병이나 폐업에 관한 메일을 받을지 모르지만, 이런 메일조차 받지 못할 수도 있다. 이는 연례 보고서를 받을 수 있는 확실한 권리가 있어도 생길 수 있는 일이다.

반면에, 당신이 기업의 상당한 지분을 소유한 리드 투자자이고 주주 동의를 통하여 이사회 임원이 될 권리가 있는 경우에는 기업에 많은 영향을 미칠 수 있다. 매달, 매주 또는 그보다 더 자주 CEO와 소통하게 될 것이다.

그러나 대부분의 경우, 양측은 중립적인 관계에 놓이게 된다. 기업은 연례 또는 분기별로 기업의 성장에 대한 재무보고서를 보낸다. 당신은 연례 주주총회에 초대받거나 미래의 투자 라운드 혹은 기업 정관 수정에 관해 서명 또는 투표가 필요하다는 법적인 통보를 받을 것이다. 기업의 투자 후 활동에 대하여 살펴보고 적절한 관계는 무엇인지 살펴보자.

투자기업 모니터링

당신은 중요한 엔젤투자자이며, 투자금을 버리는 돈으로 취급하지 않기 때문에 투자된 자본을 예의 주시하는 일이 중요하다. 투자는 변동성이 크고 투자를 현금화하기 어려우며, 추가 투자에 관해 결정해야 하는 경우가 있기 때문이다. 기업의 법인 형태가 일반법인(C corporation) 형태가 아닌 유한기업(Limited Liability Company, LLC) 또는 파트너십인 경우 연례 세금 관련 보고를 해야 할 수 있다.

다행히도 엔젤투자자로서 투자 라운드 중에 벌이는 협상 내용의 일부분은 포트폴리오기업의 실적 데이터 접근권에 대한 것이다. 여기에는 항상 연간 실적 수치와 CEO의 서술 보고서가 포함된다. 많은 투자 라운드는 주요 투자자(대개 가장 많은 금액을 투자한 사람들)로 명명된 투자자들에게 폭넓은 권리를 제공한다. 이러한 권리에는 최소한 분기별 재무 정보와 월간 재무 정보, 경영진과의 주기적인 연락 및 기업의 회계 기록에 대한 접근권 등이 포함된다. 주요 투자자를 정의하는 투자 수준의 컷오프 라인은 다양할 것이며, 낮게는 엔젤투자자의 작은 라운드의 2만 5천 달러, 높게는 벤처캐피털 펀드가 주도하는 대형 라운드의 50만 달러까지 다양하다.

상상할 수 있듯이, 엔젤 포트폴리오에 있는 모든 기업의 정보를 관찰하고 주시하기란 매우 어려울 수 있다. 거스트(Gust)와 같은 투자자 관계 플랫폼이 이러한 일에 도움이 될 수 있다. 거스트는 스타트업과 투자자 간의 양방향 관계와 소통 과정을 단순화했다. 신생 벤처기업은 플랫폼을 사용하여 모든 투자자와 연락하고 필요한 모든 문서, 보고서 및 업데이트를 게시하기 때문에 창업가의 부담을 덜어준다. 마찬가지로 투자자는 거스트를 사용하여 모든 투자를 주시할 수 있기 때문에, 항상 자동차 계기판을 점검하듯이 각 포트폴리오기업의 현황을 확인할 수 있다.

특정 투자자가 기업의 실제 재무를 세세하게 조사하는 범위나 기업의 업무와 관련하여 경영진에게 질문하는 범위는 일반적으로 3가지 요인으로 이루어져 있다. 그 내용은 투자자가 어느 정도로 능동/수동적인지(또는 어느 정도까지 능동/수동적이고자 하는지)와 CEO가 투자자와 자주 연락하고 소통하는지 여부, 기업의 현재 실적이 바로 그것이다.

수동적인 투자자들의 경우 기업이 성과를 보이면 연례 보고서를 요구하지 않을 수도 있다. 그러나 적극적인(또는 실패를 두려워하거나 적극적인 투자자가 되고자 하는) 투자자들은 기업의 생존이 걸려있는 위험한 시기라고 생각되면, 매주 기업에 연락하여 최신 정보를 알고 싶어 할 것이다.

엔젤투자자로서 행동의 범위를 결정하기가 어려울 수 있다. 사업 운영의 세부 사항을 면밀히 조사하고 비효율적인 방법이나 간과하고 넘어간 전략적 돌파구를 찾는 것이 당신의 임무인가? 창업가와 당신이 운명공동체가 되기 전까지 당신이 힘들게 조사하고 투자를 승인한 창업가의 사업적 감각을 믿으며 기다리는 것이 더 현명한 것인가?

일반적으로 포트폴리오기업과 관련해서 소규모 투자자로서의 역할은 경영진을 지원하며 CEO에게 편안한 수준의 상호작용을 제공하는 것이다. 나의 경험에 비추어 볼 때 가장 현명한 창업가는 투자자들을 기반으로 하는 자원이 있음을 지각하고, 도움이 필요할 때 주저하지 않으며 주기적으로 최신 정보를 제공하는 창업가이다. 이는 판매 증가와 잠재 파트너 또는 투자자의 소개나 임원 모집에 도움이 된다.

간혹 기업의 전략에 대해 논의할 수는 있지만 사실상 구체적인 운영 문제는 포함되지 않을 것이다. 투자한 기업의 일상 업무를 면밀히 살펴보기 시작하면, 세세한 부분까지 관리하고자 하는 유혹을 떨쳐내기 힘들어진다. 특히 의심스러운 지출이나 경영의 형태에 주목한다면 더욱더 그럴 것이다. “사무실에 수족관을 들여놓는 것이 투자 자금을 유용하게 지출한 것인가?”와 같은 형이상학적인 재정 질문을 심사숙고하고 있는 당신을 발견할 수도 있다.

결론으로 건너뛰기 전, 전체적으로 이와 같은 질문을 검토하는 것이 중요하다. 기억하라. 당신은 창업가의 비전, 팀 및 운영 기술에 자본을 지원해 주는 것이다. 창업가가 사무실에 수족관을 들여놓는 것이 기업 구성원의 사기 증진에 도움이 되고 보다 생산적인 팀을 만들어 주는 환경을 조성한다고 생각한다면, 창업가의 선택을 믿고 지지할 것인지 결정해야 한다. 그 선택을 지지할 수 없다면, 기업의 현 단계에서 무엇이 적절하고 그렇지 않은지에 대해 깊이 생각해 볼 필요가 있다.

창업가들 대부분은 지혜로운 조언(및 지속적인 지원 및 소개)을 흔쾌히 받아들이지만, 엔젤투자자가 창업가 역할을 대신 하다가 사업의 내부 활동에까지 지나치게 관여하는 경우가 있다. 이 경우에는 도움이 아닌 간섭이 되어 창업가에게 어색한 상황을 만들 수 있다.

이렇듯 집요하게 간섭하는 소규모 엔젤투자자의 투자를 받은 어느 현명한 창업가는 자신의 다른 모든 투자자들에게 다음과 같은 편지를 보내는 것 외에는 다른 대안이 없었다.

친애하는 NewCo 투자자 분들께

기업의 시드 단계 동안 기업의 가치를 더해주신 투자자 그룹에 감사드립니다. 저희는 투자자 분들과 주간 보고서, 월간 회의, 전화연락 등과 같은 전례 없는 커뮤니케이션 프로그램을 구축했습니다. 이는 저희가 자리를 잡아가는 동안 NewCo에게 큰 도움이 되었으며, 기업의 성장에 따라 정기적인 투자자 커뮤니케이션이 계속되기를 기대합니다. 그러나 이제는 훌륭한 투자자 분들과 온종일 전화를 하며 지내기보다는 비즈니스 운영에 집중해야 하는 시기입니다.

따라서 이번 주부터 투자자 커뮤니케이션을 주간 보고서와 월간 회의로 제한하겠습니다. 물론, 귀하의 조언이 필요한 긴급 상황이 발생하면 즉시 연락드리겠습니다. 귀하의 투자 가치를 향상시키기 위해 헌신하도록 허락해 주신 것에 진심으로 감사드립니다.

크나큰 지원에 매우 감사드리며.

최고경영자, OO

그 시점에서 CEO는 해당 엔젤투자자의 요청을 거부했으며, 더 참을성 있는 나머지 투자자들에게 조용히 박수를 받았다.

당신의 포트폴리오를 전체적인 하나로 생각하기

거대한 엔젤투자 포트폴리오와 관련된 투자금의 다양화에 동기부여를 하는 대수의 법칙 외에 포트폴리오 구축이라는 개념에 관해서는 두 가지 생각이 있다.

그중 하나는 전반적인 투자 포트폴리오에 관한 표준 조언을 반영하는 것이다. 다양한 위험/보상 기회의 범위에 걸쳐 투자를 신중하게 배분하고, 관련 없는 산업, 시간대, 지리적 영역 및 기업의 단계에 걸쳐 다양화한다. 이는 다소 위험성은 높지만 큰 이익을 얻을 수 있는 시드 전 단계에 투자하도록 권유하는 것이다. 이러한 위험성은 기존 시장과 관련된 확실하고 일반적인 투자와 균형을 맞추게 된다.

위의 명제를 스타트업 투자에 적용할 때 발생하는 문제는, 새롭게 창업한 기업에 한해서만큼은 조기 실패의 위험과 잠재적인 성과의 크기 사이에 상관관계가 거의 없음을 보여준다는 사실이다. 모든 스타트업은 위험하고, 불가능하지는 않더라도 위험 요소를 다른 것으로 상쇄시키기 어렵다.그렇기에 나는 반대로 접근한다. 나는 엔젤투자가 이미 다양화된 투자 포트폴리오의 작고 구체적인 부분을 대표한다고 생각하기 때문에 엔젤의 투자 범위 내에서 더 다각화하는 것이 바람직하지 않다고 판단하였다. 그래서 특정한 투자 논리로 엔젤투자에 접근하고, 그 논리에 적합한 기업을 찾아 그중 다수의 기업에 투자하여 위험을 분산시켰다.

일회성 투자보다는 포트폴리오의 개념으로 투자를 고려한다는 것은 투자기업 사이의 갈등을 고려해야 한다는 것이다. 그 이유는 간단하다. 왜 한 기업에 투자한다고 해서 다른 곳에 투자를 못 해야 하는가?

포트폴리오기업 간의 갈등을 완화하는 가장 좋은 방법은 경쟁업체에 투자하는 것을 피하는 것이다. 대규모 포트폴리오에 포함되어 있고 직접적인 참여가 제한된 시드 펀드에서는 어려울 수 있지만, 대부분 투자자는 직접적인 경쟁을 하는 투자를 하지 않도록 조심한다.

일단 투자가 이루어지고 소수 투자자라고 가정(모든 경우의 99%에서와 같이)하면, 가장 효과적인 접근 방식은 히포크라테스 선서와 같다. "우선, 해를 끼치지 말라." 두 포트폴리오기업이 동일한 공간에서 경쟁한다면, 다른 기업에 관한 특권적 지식을 바탕으로 두 기업 간의 비밀을 공유하지 않고 조언이나 가이드하지 않도록 투자자는 아주 조심해야 한다. 이사회 차원의 회의가 구체적으로 두 기업의 경쟁 분야로 진행될 경우, 두 가지 다른 이사회에서의 재임을 피하거나 투표 또는 토론을 피함으로써 이행할 수 있다.

규모가 크기는 하지만 애플(Apple)과 구글(Google)의 사례가 좋은 예이다. 두 기업은 관점이 비슷하고, 긴밀한 관계를 맺고 있으며, 이사회 구성원을 공유하고 있다. 두 기업의 경우 한쪽은 컴퓨터 하드웨어를 만들고 다른 한쪽은 검색엔진 사업을 진행하는 동안 문제가 없었지만, 두 기업의 사업 모델이 한 곳에서 만나는 경우에는 각자의 길로 가는 방법밖에 없다.

후속 투자 만들기

대부분의 초보 엔젤(간혹 경험 많은 엔젤의 경우도)은 일단 수표를 쓰면 초기 기업 공개(IPO)까지 기다리고 싶어 한다. 그러나 대부분 현실적인 문제가 개입하고 추가 자금이 필요해진다. 일반적으로 직접 사용할 수 있는 자금원이 없을 때 이러한 일이 발생하며, 모든 관심이 처음으로 투자한 엔젤에게 돌아간다. 이때가 후속 투자가 중요해지는 시점이다.

후속 투자는 현재 투자자가 기업에 추가로 투자하는 것을 말한다. 특정 상황(내부/외부, 성장/퇴보, 현상 유지, 연계 융자/주식 등)에 따라 여러 가지 방법이 있을 수 있으나, 일반적으로 추가 투자의 형태는 가치평가가 없다면 이전 투자 라운드에서 추가 투자 라운드의 구조가 결정된다.

시리즈 C로 표시된 전환 가능한 우선주 자금 조달을 완료한 회사의 예를 들어보면, 기존 투자자가 1,000만 달러를 투자한 뒤 이 라운드에 2백만 달러를 추가로 투자하는 투자자는 다음과 같은 방법으로 투자의 구조를 만들 수 있다.

- 기존의 우선 투자자(시리즈 C 및 그 이전)와 신규 투자자와 기업은 이전과 동일한 가치와 지분으로 판매되는 시리즈 C의 "재개(re-open)"에 동의한다. 두 투자 간의 시차에 따라 동일 라운드의 일부로 간주될 수 있는데 이는 동일한 투자자가 원래의 시리즈 C를 모두 보유한 경우에 주로 사용된다. 동일한 지분(시리즈 C 우선주)을 구매함으로써 기존 투자자와 신규 투자자의 분배우선(liquidation preference)이 보조를 맞추는 것이다. (순차적으로 진행되는 많은 자금 조달에서 투자 종결 시나리오에서 투자금의 상환 순서는 종종 후입 선출법에 따라 이루어지기 때문에 추가 투자자의 비용으로 기존 시리즈 C에 이익을 주는 효과가 있다. 나중에 투자한 사람이 기존 시리즈 C와 동시에 투자금 환수를 받는다.)
- 기업은 자산 분배에 우선순위가 있다는 점을 제외하고 시리즈 C와

동일한 시리즈 D 전환우선주를 발행할 수 있다(마지막으로 들어가고, 처음으로 나온다는 것을 기억하라). 이것은 후속 투자자가 C 주식 전부를 소유하지 않고, C 보유자가 투자 자금을 환수받기 전 새로운 자금을 모두 확보하고 싶어 하는 경우에 사용될 수 있다. 이것은 대개 새로 추가되는 평면(flat) 라운드로 간주된다.

- 기업이 수익을 내며 성장하는 경우 분배 우선순위와 높은 가치평가 부분이 다르지만, C와 동일한 새로운 시리즈 D를 발행할 수 있다. 이는 새로운 라운드로 간주된다.
- 기업의 실적이 좋지 않지만 실적이 개선되리라고 믿는 투자자는 더 낮은 가치평가 가격으로 시리즈 D 투자를 할 수 있다. 이는 후속 투자이고, 일부 투자자들에게는 달갑지 않은 상황이다. 이때 어쩔 수 없이 시리즈 A, B, C 라운드에서 투자한 가치의 일부분(전체는 아닌)을 보호하는 반희석 조항을 발동할 것이며, 결과적으로 보통주 소유자(즉, 창업가)가 새로운 투자자보다 더 타격을 받는다.
- 마지막 경우는, 모든 사람들이 가까운 시일 내에 기업이 제3의 투자자로부터 새로운 투자라운드를 받을 수 있다고 믿고(더 높은 가치로 투자받기를 바라고) 투자 라운드의 종료로 새로운 자본이 유입되기 전까지 운영 자금이 필요한 경우이다. 이러한 경우, 투자자는 기업을 외부 D 시리즈와 연결하기 위해 2백만 달러를 전환사채의 형태로 투자할 수 있다. 이 시나리오에서 자본은 대출 형태로 투입되어 할인된 금액으로 새로운 투자자에게 주식의 형태로 매각될 것이다. 따라서 2백만 달러는 결국 새로운 라운드에서 후속 투자로 간주될 것이다.

기업이 그 기대를 충족하지 못하고, 운영을 위하여 계속 자본을 늘려야 할 때 페이 투 플레이 다운 라운드(pay-to-play-down round) 같은 상황이 발생할 수 있다. 그러나 자본 투자가 잘 이루어지지 않기 때문에, 새로운 투자를 위한 기업의 가치평가 금액은 이전 투자 라운드보다 기업의 가치평가는 낮은 가격이 된다. 이것은 다운 라운드로, 새로운 투자자는 기존 투자자보다 가격 대비 더 많은 주식을 취득하게 된다.

추가 자본 납입이 기존 투자자에게 좋은 보상처럼 보일지라도, 보상만으로는 충분하지 않은 경우가 있다. 다수의 투자자들은 문제가 있는 기업은 빨리 손절하며, 추가 자본 납입은 자금 낭비 혹은 위험한 시도로 간주한다. 따라서 추가 보상이 필요하다.

기업은 투자자와 함께 자금을 투자하여야 하며, 다른 모든 투자자에게 다음과 같이 최종 통보한다.

> 현재 모든 투자자는 귀하가 현재 소유하고 있는 지분(귀하의 비례 배분)과 동일한 비율로 이번 라운드에 새로운 자금을 투자할 것을 기대합니다.
>
> 그리고 이에 대한 보상으로 분담금을 상향 조정하겠습니다. 기존 투자자의 경우, 현재 전환우선주 주식을 소유하고 있습니다. 이는 경제적인 측면과 권리보호 측면에서 바람직합니다. 이 라운드에 참여하지 않으셨다면, 귀하의 우선주를 보통주로 전환하여 모든 권리보호 및 통제조항을 삭제하겠습니다. 또한 이 투자 라운드에 투자하는 사람들을 위하여 귀하의 소유지분 가치가 축소될 것입니다.
>
> 결정을 재고하시겠습니까?

이는 기존 투자자가 기업의 미래에 계속 관심을 갖고 싶으면("play"), 이 라운드에 투자하기 위해 새로운 현금을 토해내야 하는 상황("pay")을 연출하는 것으로, 페이 플레이(pay-play) 방식으로 알려져 있다.

당신의 투자에 대한 부가 가치

엔젤투자의 이점 중 일부는 그저 지켜보거나 후속 투자 라운드에 참여하는 것보다 투자를 통해 더 많은 것을 이룰 수 있는 기회라는 것에 있다. 스타트업은 규모가 작고, 각종 자원을 향하여 빠르게 움직이며, 비공식적으로 관리되고, 각종 조언과 아이디어에 열려 있기 때문에 엔젤은 다양한 방법으로 포트폴리오기업의 성공에 기여할 수 있다. 이는 모든 관계자에게 엄청난 만족과 이익을 줄 수 있다.

이상적인 엔젤투자자는 정규 직원은 아니지만 모든 면에서 CEO를 지원하고자 기업을 위해 많은 시간을 보낸다.

엔젤투자자는 기본적으로 누구나(직원, 친구, 부모, 창업가 또는 창립 관련자 등) 할 수 있는 일을 한다. 잠재 고객 추천, SNS로 회사 뉴스 알림, 아이디어 제안, 경쟁 사이트 확인, 관련 뉴스 기사 검토, 정신적 지원 등이 그것이다.

그러나 최고 수준 엔젤은 비영리기관이 이사회 멤버 모집 시 고려하는 3가지 요소인 부, 업무 능력 및 지혜를 제공한다. 이에 대해 살펴보도록 하겠다.

부(재산)

모든 기업에서 추가적인 투자 라운드의 가능성이란 신중한 엔젤투자자가 추가 라운드의 투자 목적을 위해 추가 자본(구두로 'dry power'로 알려짐)을 준비하고 있다는 것을 뜻한다. 이는 바람직한 보상이 될 수 있다. 기업의 운영이 예상보다 좋으며 승자가 되기 위해 더 많은 자본의 투자를 원하므로 다음 라운드에 분배해 놓은 자금을 투자할 기회인 것이다. 그러나 앞에서 논의한 '지불 또는 플레이' 시나리오처럼 제재가 될 수도 있다. 또는 대부분의 상황에서 발생하는 것처럼, 기업이 계획을 실행하기 위해 더 많은 현금이 필요할 수 있다. 어떤 경우든 선택의 여지가 없어 다른 투자자가 당신의 결정을 대신해 주는 것보다, 당신 스스로 결정할 수 있도록 충분한 준비 자금을 보유하고 싶을 것이다.

업무 능력

엔젤만이 할 수 있는 업무로서 스타트업 업무에서 가장 생산적일 수 있다. CEO를 위한 프레젠테이션 코칭(내가 주로 하는 것)이나 비즈니스 계획 작성 및 수정과 같은, 투자자가 가진 기술로 도움을 줄 수 있다. 보다 일반적으로는 네트워크를 이용하여 기업을 도울 수도 있다. 가령 기업이 쉽게 접근할 수 없는 자원, 파트너, 투자자 또는 인수자를 연결해 줄 수 있다. 슈퍼 엔젤 론 콘웨이(Ron Conway)가 투자한 이후 첫 번째로 한 일은 그가 산업 분야에서 알고 있는 모든 인물의 이름이 적힌 문서를 새로운 포트폴리오기업에 제공하며 소개가 필요하면 무엇이든 요청하라는 제안이었다. 보통은 포트폴리오 CEO를 링크드인(LinkedIn) 네트워크에 연결할 수 있다.

지혜

훌륭한 엔젤 한 명은 산업 컨설턴트 여러 명의 몫을 해낼 수 있으며 훌륭한 CEO들이 이러한 기회에서 이득을 얻어낸다. 미국에 있는 주요 엔젤은 평균 15년 이상의 기업 창업 경험이 있으며 개인적으로 2~3개의 기업을 시작하였다. 결과적으로 엔젤투자자는 다른 곳에서 얻지 못하는 통찰력과 경험을 제공할 수 있다. 나는 경영진 코칭 세션을 위해 신생기업 CEO와 매주 만나는 엔젤투자자(기업 임원의 경험이 없는 엔젤을 포함하여)를 알고 있다. 그들은 외부 관리 회의를 가능하게 하여 매우 필요한 기업 외부의 관점을 제공하거나, 창업가가 실제 통계 및 재무에 집중할 수 있도록 한다.

위의 모든 항목은 헌신적인 엔젤투자자가 그들이 투자한 기업을 위하여 실행하는 것들이다. 실제로는 포트폴리오에 포함된 수십 개의 회사들 각각에 대하여 이 모든 것을 동시에 할 수 있는 사람은 아무도 없다. 현실적으로 바람직한 엔젤투자자는 다음과 같다.

- 창업가의 비전을 지능적으로 이해한다.
- 창업가에 대한 이해와 믿음에 기초하여 초기 단계의 자금을 제공해야 한다.
- 투자 전후에 창업가가 접근할 때마다 신속하게 대응하라.

- 방해물이나 골칫거리가 되지 마라.
- 필요하다면 후속 라운드에 필요한 최소한의 추가 현금을 준비하라.
- 적어도 세 가지 요소(부, 업무 능력, 지혜)에 나열된 것들 중 일부라도 수행하라.

위 목록의 모든 항목을 수행하는 엔젤이 되면 진정으로 헌신하는 투자자가 되고 당신이 지원하기로 결정한 창업가는 이를 행운으로 여길 것이다.

회사 이사회에서의 봉사

대다수의 새로운 엔젤들은 그들이 투자한 기업의 이사회에서 일하는 것을 의아하게 생각한다. 이것은 스타트업의 중요한 투자자가 되는 정상적인 부분일까? 부가 혜택일까? 아니면 징벌일까?

엔젤투자와 관련된 많은 질문과 마찬가지로 답변은 "상황"에 따라 다르다. 이사회 자리 자체는 특별한 가치가 없으며 원하기보다는 피하려는 경우가 많다. 일반적으로는 현금 보상이나 운영 사업에 대한 직접 통제권을 부여하지 않는다. 최근 몇 년 동안 엔젤 캐피털 협회(Angel Capital Association)는 엔젤이 보다 전문적으로 변모하고 모범 사례가 등장하면서, 자기 자본의 0.25~1%(연금 조건에 따라) 정도의 추가 보상을 제공하는 것이 이사회 구성원으로 참여하는 엔젤투자자에게 적합하다는 의견을 제시하였다. 그럼에도 불구하고 이사회에서 일하는 것은 투자자가 투자한 사업을 강화하는 방법이고 투자자를 포함하여 창업에 관련된 모든 사람들에게 부가가치를 높일 수 있는 좋은 방법이 될 수 있다.

이사회의 법적 역할은 전략적 및 기업 차원의 결정을 내리고 CEO를 고용 및 해고하고 회사의 모든 주주를 대표하는 것이다. 이사회 구성원이란 다른 투자자 모두에게 법적, 신탁의 책임이 있다는 것을 의미하며 주주의 이익을 개인의 이익보다 우선해야 한다.

따라서 자신에게 물어야 할 질문은 "나는 왜 이사회 구성원이 되고 싶은가?"이다. 창업가의 진정한 파트너가 되고자 한다면, 투자기업의 지분을 상당 부분(20% 이상 범위) 소유할 것이다. 그리고 기업의 방향, 전략, 자금 조달, 인력 배치 등에 관한 전반적인 의사결정을 한 명 또는 그 이상의 공동 창업가와 공유하며 미래에도 그 역할을 계속 수행하고자 하면 이사회에 참석하는 것은 타당할 수 있다.

다른 한편으로, 시드 단계의 신생기업 이사회는 전형적으로 단 3명의 회원(대개 창업가 한 명, 의장으로 봉사하는 투자자 한 명, 다른 두 명이 승인한 한 명의 독립적인 회원)으로 구성되며, 전체 시리즈 A 벤처 라운드 시간에 가까워지면 5명까지 늘어날 수 있다. 당신이 CEO(창업가이자 이사회 구성원이 되어야 할)가 아니라면 사실상 단일 투자자 자리를 차지할 수 있다. 본인이 그 중요한 역할의 수행에 가장 적합한 사람인지 자문해 보자.

이사회 임원이 되기로 결정했다면, 그 역할 중 하나는 시간의 경과에 따라 진화하는 회사의 전략을 검토하는 것이다. 처음 당신의 지원을 얻은 비전에서부터 시장의 접근 방법을 바꿔야 할 기간과 방법에 대한 어려운 문제에 관하여 최선의 판단이 필요하다.

투자자로서 특정 제품이나 서비스에 자본을 지원하는 것이 아니라, 기업가와 기업에 지원하는 것이다. 따라서 시간이 지남에 따라 또 다른 제품, 확장 및 변화가 있을 것이라고 기대할 것이다. 그러나 원칙적으로 투자에 사용된 문서(예: 시리즈 A 우선주 자금 조달 또는 보호조항이 있는 전환사채)에 따라 투자된 자금은 특정 목적으로 사용하기 위한 것이다. 가령, 계획을 실행하거나 이사회의 승인을 요구하는 주요 예산에 사용된다. 만약 당신이 지원한 창업가가 소셜 네트워크를 만드는 데 투자할 것을 전제로 돈을 모으고, 돌아서서는 핫도그 판매 사업을 하려 한다면 이사회의 구성원으로서 어떤 일이 진행되고 있는지 날카롭게 질문하는 것이 당신의 일이다.

어떤 투자자는 당신과 동료 투자자가 창업가와 개방형 관계를 유지할 거라는 간단한 이유만으로 그런 문제를 고려하지 않는다. 당신은 기업이 고려한 전략의 급격한 변화가 예상될 때 미리 정보를 얻고, 상황이 바뀌기 전에 피드백과 조언을 제공하는 기회를 가져야 한다.

혹은 회사가 잘못된 방향으로 나아가고 있을 때 이사회가 변화 과정을 주도해야 할 수도 있다. 여기에는 CEO를 교체하거나 CEO를 압박하여 그보다 낮은 위치인 최고경영진에 변화를 주는 것도 포함된다. 그러한 변화를 다루는 것은 창업 단계에서 직면하는 가장 까다로운 상황 중 하나이다.

투자자가 이사회 임원으로 그 역할을 하는 것은 대부분 CEO의 성실성과 성격에 달려 있다. 창업가가 정직한 전문가라면, 심각한 경영 문제에 개인적으로 결정을 내리기 전에 그 문제와 관련된 모든 상황에 대한 직접적인 토론과 협상이 순서대로 이루어질 것이다. 당신이 엔젤투자자로서 이사회 자리를 지키는 경우, 이러한 변환기에 공정성과 전문성을 바탕으로 기업이 올바른 성장 추세로 신속하게 복귀할 수 있도록 하는 중요한 역할을 할 수 있다.

제14장

엑싯하는 방법과 유니콘들

투자회수와 마무리

14 엑싯하는 방법과 유니콘들

투자회수와 마무리

이 책을 통해 엔젤투자자가 되는 부수적인 혜택에 관해 이야기하였다. 한때 멀어진 창업가가 되는 기회나 당신이 만나온 사람들 중 가장 흥미로운 사업가들과 함께 일할 수 있는 기회를 얻을 수 있으며, 세계를 변화시키는 스타트업의 창업을 통하여 경제 성장에 기여할 수 있다는 점 등이 그것이다. 그러나 핵심적인 목표(엔젤투자에 당신이 매료된 결과물)는 이익과 주식 가치가 치솟는 기업에 투자하는 기회와 선견지명을 지니고 투자하여 금전적 이익을 취하는 것이다. 열심히 일하고, 오래 기다리며, 위험성을 가치 있게 만드는 것, 그것이 모두가 꿈꾸는 행복한 결말이다.

얼마나 자주 이루어지는 일일까? 현실에서 투자가 끝나고 돈을 벌어 다른 어딘가로 향할 때가 되면 무엇을 기대할 수 있을까? 미국에 있는 10,000명의 엔젤투자의 구체적인 결과에 근거하여 근원적이고 결정적인 답을 줄 수 있다면 좋을 것이다. 안타깝게도 대부분의 규제 및 기록에서 면제되는 사기업 및 공인 투자자와 마찬가지로 엔젤투자에 대한 정보 공개나 보고서는 거의 없다. 이는 언론에서 다뤄지는 내용에도 불구하고 신뢰할 수 있는 통계가 거의 없다는 것을 의미하며, 존재하는 통계는 높은 수치를 기록한 경제적 성공이나 완전한 대손상각 둘 중의 하나이다.

현실에서는 모든 것이 흑백논리로 설명되지는 않는다. 표면적인 매출 수치상으로는 큰 성공을 거둔 기업이 사실은 체면치레 정도의 결과로 끝날 수 있고, 언론이 주목하지 않는 이름 없는 기업과 관련된 거래가 오히려 수억 달러를 창출할 수 있다. 자산 부분과 관련해서 가이드 역할을 하는 것이 책을 집필한 목적이므로 실제 답변을 활용해 보도록 하겠다. 다음은 현실적으로 가장 일반적인 투자 종결 시나리오와 그 발생 빈도에 대한 최선의 예측이다. 이는 90개 이상의 회사에 대한 나의 개인적인 투자, 뉴욕 엔젤스에 참여한 수백 명의 다른 사람들, 20년 가까이 친분을 쌓아온 엔젤투자자들의 주관적인 답변을 근거로 작성되었다.

표 14-1 ▶ 일반적인 엑싯 형태(투자종결)

결과	비율
폐업	50.0
매각(상위기업)	20.0
인수고용	15.0
좀비 기업	7.0
경쟁 시장에서의 연착륙	3.0
인수(후기 투자자)	2.0
인수(라이프스타일 기업가)	1.0
시장지배력 있는 기업으로 성장	1.0
소멸	0.9
기업공개(IPO)	0.1

이 표는 이 책에서 여러 번 강조한 교훈을 뒷받침해 준다. 초기 단계의 투자, 수익을 올리기 전의 기업은 위험이 크며, 소수의 기업만이 상당히 성공적인 성과를 거두었다. 그리고 기업 중 20%의 수익을 내는 성공 기업을 정확히 예측할 수 없기 때문에, 포트폴리오에 속한 초기 단계의 모든 기업이 성공할 수 있다는 가능성을 가져야 한다.

이러한 현실은 스타트업에서 장기 투자가 엔젤투자자의 목표가 아닌 이유를 설명한다. 현실적으로 그렇게 되더라도 처음 투자할 때 바라는 바는 아니다. 10~20년 이상의 기간보다 3~5년 엑싯 전략이 더 바람직한 이유는 무엇인가? 개인 스타트업기업에 대한 시드 단계의 투자는 위험회피형 투자자들이 선호하는 바이 앤드 홀드(buy and hold) 전략을 따르는 워렌 버핏 스타일의 투자와는 다르기 때문이다.

통계적으로 10개 중 1개의 포트폴리오기업이 성공한다는 것을 알고 있으며, 엔젤투자자로서 10개 회사에 투자하여 연간 수익의 20%를 목표로 하고 있다고 가정해 보자. 이는 포트폴리오의 모든 개별기업이 적어도 이론적으로는 모든 10개 기업의 수익을 창출해야 한다는 것을 뜻한다.

각 투자는 매년 초기 투자의 200%를 창출할 수 있어야 한다. 물론, 10개 기업 중 9개의 기업은 목표를 달성하지 못하겠지만, 적어도 하나의 기업은 그렇게 되기를 바란다.

200%는 연간으로 환산한 수익률이기 때문에, 엑싯으로 나가기 전 4년(3과 5 사이의 중간값) 동안 유지한다고 가정한다면, 기업은 엑싯 시 2×2×2×2 또는 16배의 수익이 필요하다.

반면, 성과를 15년(10과 20 사이의 중간값) 동안 기다려야 하는 경우라면, 수학적으로 2×2×2×2×2×2×2×2×2×2×2×2×2×2×2, 또는 32,768배가 될 것이다. 즉, 장기간에 걸친 10만 달러의 투자는 미래에 32억 달러 이상의 가치를 창출하여야 한다. 그 15년 동안 기업에 투자된 다른 투자 자본은 없었다는 가정하에(불가능에 가깝지만), 이것은 엔젤의 지분이 된다. 10만 달러에 20%의 지분을 구매했다면 회사의 IPO 가치는 약 160억 달러, 즉 대략 트위터가 공개한 주식 가치로 설정된다(이 수학적 방법은 주로 장기적이고 위험한 투자 문제를 설명하기 위해 작성되었다).

바로 이런 이유로 조기 엑싯(early exit) 전략이라는 개념이 사용되면서 변화가 일어나고 있으며 캐나다의 경험이 풍부한 엔젤투자자인 바질 피터스(Basil Peters)가 영향력 있는 책과 워크숍 시리즈에서 이 용어를 대중화시켰다. 그에 따르면, 신생기업에 대한 엑싯에 대해서는 많은 오해가 있기 때문에 언론에서 다루어지는 대부분의 정보는 위험하고 잘못된 것이다. 그는 전통적인 벤처캐피털 모델이 엔젤투자자에게 항상 효과적이지는 않다고 주장한다. 피터스는 21세기 초의 기업 환경에 대해서 다음과 같이 주장한다.

- 5백만 달러 이상의 확장 기금을 조성하기가 훨씬 어려워졌다.
- 기업 미국(Corporate America)은 현금이 풍부하며 내부 R&D 확대 대신 소기업을 인수하기로 선택하고 있다.
- 대기업들이 선호하는 가치평가 가격은 1,500~3,000만 달러이고, 기업과 엔젤들에게는 흥미를 끄는 가격이지만 전통적인 벤처캐피털이 흥미를 가질 만한 가격은 아니다.
- 최근 몇 년 동안 벤처캐피털이 엑싯 전략을 택한, 1억 5천만 달러의

> 가치를 지닌 기업 창업보다 1천5백만 달러 또는 그 이상의 가치를 지니는 기업 창업이 위험성이 더 낮고 시간도 적게 소요된다.

따라서 피터스는 스타트업 및 엔젤투자자에게 초기 투자가 이루어지기 전에, 기업의 엑싯 전략을 고려한 다음 몇 년 이내에 그러한 엑싯을 완료하기 위해 부지런히 노력할 것을 권고한다.

피터스가 잘 분석한 것 같다. 그렇다면 이러한 현실이 엔젤 엑싯에 대한 목표에 어떤 영향을 미칠까? 그 영향은 다소 제한적이다.

예를 들어 벤처캐피털 펀드가 초기 단계 투자자의 이익을 높은 가격으로 매입하는 것은 가능한 일이지만, 일반적이지는 않다. 기업이 기대 이상으로 성공하여 엔젤투자자들의 작은 이익을 매입해도 이익을 창출할 수 있는 경우, 즉 벤처캐피털 펀드가 동의한 기업 가치가 아주 높은 경우에만 이러한 일이 발생한다.

초기 단계의 투자자 중 일부는 이러한 방식으로 구조화하는 데 능숙하다. 예를 들어, 인도 뭄바이 투자자들은 이런 일을 한 번 이상 경험했다. 후기 투자자들이 기업의 재무재표를 정리하기 위하여 엔젤들에게 매력적인 제안을 제시한 뉴욕 엔젤 포트폴리오에서 그런 사례가 있었다. 그러나 이는 매우 드물고 투자자 또는 창업가가 이러한 방법에 의존해야 하는 것은 아니다.

스타트업이 가치를 배가시키는 다른 방법은 IPO가 가능한 시점까지 성장하는 것이다. 그러나 실제로, 엑싯 전략으로서 IPO를 목표로 하는 요즘의 스타트업기업은 현실과 매우 동떨어져 있어 성공할 확률이 낮다.

계획적인 엑싯 전략으로서의 IPO는 사실 세기 전환 시기의 세계적인 닷컴 붐 때문에 생겨난 일탈적인 것이었다. 붐이 가라앉으면서 야심찬 스타트업을 위한 IPO 기회도 무너졌다. 미국 노동통계국(Bureau of Labor Statistics)에 따르면, 2012년에 미국에 설립된 고용주 기업은 약 75만 개에 달한다. 같은 해에 정확히 128개의 IPO가 있었고 그중 다수(페이스북, 그루폰 및 징가 같은 주요 성공기업 포함)는 개장 가격을 유지할 수 없었다.

스타트업을 위한 계획적인 엑싯 전략의 문제는 2가지 가능성으로 압축될 수 있다. 다른 기업이나 주요 투자기관에 고성장 사업으로 기업을 매각하는 것, 또는 라이프스타일을 지원하는 수입 창출 비즈니스를 찾고 있을 기업의 창업가에게 판매하는 것이다. 이들이 유일한 현실적인 두 가지 가능성이라면, 스타트업이 두 가지 전략 경로 중 하나를 필연적으로 따라갈 수 있음을 의미한다.

추후 급격히 증가한 평가가치로의 판매를 목표로 설계된 기업은 현재 수입이나 매출액이 아닌 향후 성장 및 수익성을 고려하여 구매된다. 따라서 그들은 더 큰 위험을 무릅쓰고 외부 자본 및 채무 자본을 받아들일 것이며, 무엇보다도 성장에 집중하고 최선을 다한다. 이것은 전형적인 엔젤 기술 거래이며 이러한 유형의 기업을 구매하는 구매자는 전략적 구매자와 재정적 구매자, 이 두 가지 범주로 나뉜다.

전략적인 구매자는 모 기업과의 시너지 효과를 고려하여 매입하고 대상 고객, 제품, 기술, 브랜드 또는 전문 지식을 추가하면 이미 취득한 자산과 시너지 효과를 내어 인수 비용보다 더 많은 가치를 창출할 것이라고 생각한다. 금융 구매자는 기업의 재무수치를 독자적으로 살펴보고, 기업의 미래 현금 흐름을 인수 비용과 비교하여 잠재적인 경제적 수익을 계산한다.

대조적으로 창립자가 현금 창출 목적으로 장기간 소유하고 관리하고자 하는 사업은 창업가가 자본 대부분 또는 전부를 소유하고, 단기 수익성을 창출하고 부채를 피하는 데 주력해야 한다. 이는 전형적으로 메인 스트리트의 중소기업으로, 높은 수익을 추구하는 엔젤에게 일반적으로 적합한 기업 유형은 아니다.

회사가 실패할 때

스타트업기업 투자의 현실은 대부분의 기업이 투자자와 창업가가 바라는 경이로운 성공을 달성하지 못한다는 것이다.

사실 대부분이 결국 문을 닫을 것이다. 이런 일이 발생하면 벤처기업과 엔젤투자자는 일반적으로 전혀 돈을 벌 수 없다. 파산의 정의는 부채(채권자에게 빚진 것)가 자산(부채 지불을 위해 사용할 수 있는 모든 금전적 가치)보다 클 때 일어나는 일이기 때문이다.

투자자가 채권자가 아니라 사업의 주주가 되기 때문에 완전한 파산으로 자산의 100%가 청산되고 그들이 창출한 자금은 최대한 많은 부채(대출 및 매입 채무)를 상환하는 데 사용된다. 정의에 따르면, 아무것도 남지 않고(부채가 자산보다 크다는 것을 기억하라), 주식 보유자(투자자와 창업가)는 완전히 쓸려나간다.

그러나 어떤 경우에는(경험상 약 25%), 기업의 가치(영업 회사 또는 기술, 사람, 고객, 또는 지식재산)가 누적된 부채보다 더 가치 있지만, 투자가 이루어진 당시의 가치보다는 낮다. 이사회와 경영진이 기업의 정상화가 불가능하다고 생각하면, 인수자를 찾으려고 노력할 것이다.

이러한 상황에서 매입자는 기존 투자 가치의 일부분을 현금이나 주식으로 지불할 수도 있으며, 창업가(보통주 소유자)에게 지급되기 전에 투자자(우선주 소유자)에게 한 푼이라도 먼저 지급될 것이다. 이런 예로 투자된 1달러당 1~2페니, 혹은 1달러당 1달러였던 사례도 보았다. 그래서 투자자들은 이익을 보지는 못했어도 전부 잃지는 않았다.

때때로 파산한 기업이 일부 자산과 관련해서는 높은 가치를 유지할 수도 있다. 예를 들어, 닷컴이 파산하면 소스 코드(고객에게 서비스 또는 활동을 제공한 데이터 및 관계가 포함된 프로그램)는 어떻게 될까?

대답은 소스 코드뿐만 아니라 컴퓨터, 책상 의자, 도메인 이름, 사무실 임대 등을 포함하며 파산한 기업의 모든 자산은 그 자산을 매입하거나 만들어낸 기업의 소유이다. 명백하게 그 소유권이 소멸(다른 기업에 선물하거나, 팔거나 교환하거나, 의도적으로 버리거나, 소스 코드와 같은 지식재산권 같은 것을 대중에게 공개하거나)하지 않는 이상 기업의 소유이다. 또는 소유권이 법률에 의하여 이전되거나 소멸(사망으로 인한 상속, 법원 파산청문회 도중에 양도되거나, 특허권이나 저작권의 기간 만료로 인하여 대중에 공개될 때)되지 않는 이상 원 기업의 소유이다.

기업이 파산을 선언하면 법원은 회사의 채권자들에게 자산을 배분한다. 대개 투자한 회사가 파산할 경우 모두 재정적으로 전손 처리된다. 이러한 파산의 경험으로부터 얻을 수 있는 유일한 위안은 지식, 업계 통찰력, 개인적 친분 등 경험에서 얻은 무형의 가치에 있다.

이론적으로는 기업이 보유한 자산의 가치가 채무보다 낮은 경우(원칙적으로 파산해야 함) 또는 보유한 자산의 가치가 채무보다 높은 경우(실제로는 약간의 순 플러스의 가치가 있어야 함)일지라도, 실제로는 규모가 작고 실패해 가고 있는 사업(자산의 가치가 플러스든 마이너스든)에 투자된 자금은 싸우기에는 너무도 적다는 것을 유념하여야 한다. 결과적으로 대부분 실패한 기업은 국가기관에 기업의 해산 증명서를 제출하고, 투자자는 이 증명서로 연간 소득에서 투자금을 공제 받을 수 있다.

간혹 새로운 스타트업기업의 주식을 이전 스타트업의 실패로 투자금을 잃은 전직 엔젤투자자에게 제공하는 창업가도 있다. 이전 투자자가 요구하거나 예상하지도 못한 이러한 제안은 받아들이지 않는다 해도 고마운 일이다. 내가 투자한 수십 개의 실패한 기업 중에서도 25~30%의 기업가가 또 다른 스타트업의 창업을 시작했다. 그중 하나인 NewCo는 나에게 주식을 주었고 다른 많은 사람들도 NewCo에 투자할 수 있는 기회를 주었다.

이런 주식을 선물로 받을 만큼 운이 따라 준다면, 기업 조사나 협상은 의심의 여지가 없다. 창업가는 투자자가 선택한 조건이 무엇이든 일반 주식을 선물로 내놓을 가능성이 높고, 결과적으로 투자자들의 위험을 최소화한다. 이 경우에는 진심을 담아 감사를 표하고 NewCo가 OldCo(기존회사)가 했던 것보다 나아질 것을 기대하기만 하면 된다.

기업이 인수될 경우

엔젤의 투자 자금을 지원받은 기업에 있어서 가장 긍정적인 투자 결과는 투자기업이 인수되는 것이다. 스타트업기업의 제품이 인수기업의 제품을 자연스럽게 확장시켜 주거나 인수기업이 진입하고자 하는 시장에서 경쟁력이 있다면, 스타트업은 더 큰 기업의 품으로 들어갈 것이다.

2009년 인튜이트가 1억 7천만 달러에 인수한 웹 기반 개인 금융 서비스인 민트(Mint), 2012년 페이스북이 10억 달러에 매입한 사진 공유 서비스인 인스타그램(Instagram)과 같이 인수금액이 높은 경우, 신생기업은 일반적으로 조직을 유지하고 CEO는 인수자에게 중요한 역할을 맡기게 된다. 소규모 인수인 경우, 신생기업의 제품은 폐기되며 스타트업의 팀 구성원은 같은 지역에서 근무하는 인수기업의 기존 팀에 추가된다. 스타트업 인수의 주요 이유가 스타트업의 특정 직원 한 명 또는 그 이상인 경우, 고용 인수인 것으로 알려져 있으며, 종종 기존의 스타트업이 폐쇄되고 일부 또는 모든 직원이 더 큰 기업에서 일하며 다른 프로젝트에 종사하게 된다.

간혹 인수의 동기가 순전히 신생기업의 지식재산권인 경우도 있는데, 이때 임직원들은 새로운 기업으로 흡수되지 않지만 이러한 경우는 거의 없다.

투자자로서 더 중요한 질문은 기업이 인수될 때, 자금의 이전 방식에 관한 것이다. 모든 기업은 궁극적으로 개인 또는 다른 기관이 주식 소유권을 통해 소유한다. 이러한 이유 때문에, 인수자는 기업 자체로부터 소유권을 인수하는 것이 아닌 소유주로부터 대상이 되는 기업을 인수한다. 페이스북이 현금과 주식으로 인스타그램을 인수했기 때문에 인스타그램의 초기 투자자 창업가들은 페이스북을 통해 많은 돈을 벌었다.

순수한 현금 엑싯(특히 투자자와는 반대로 창업가를 위한)은 미래에 더 큰 가치를 창출할 경우가 아니라 반대인 경우, 즉 인수자가 인수 시점에 이미 창출된 가치를 원하는 경우로 제한된다. 이는 고가치 이용자(즉, 휴대

전화 또는 케이블 TV와 같은 자동 결제 시스템을 통하여 반복적으로 큰돈을 소비하는 가입자), 시장 독점권(예: 특허, 브랜드 또는 판매채널에 대한 양도 가능한 독점권), 비용이 많이 들거나 복제하기에 많은 시간이 소요되는 기술(예: HFT 시스템[high-frequency trading system] 또는 복잡한 예측 알고리즘)이 해당된다. 이러한 설명을 통하여 알 수 있듯이, 대부분의 경우 "신생기업"은 이러한 가치의 창출을 위한 기간만큼 오래 생존하지 못했음이 분명하다.

그렇다면 인수 이유는 무엇일까?

대형 산업 플레이어가 1천만~4천만 달러 범위에서 인수한 대다수의 기술 벤처기업의 경우, 대기업은 자사의 활동을 강화하기 위해 스타트업의 팀, 아이디어 및 신선한 인재를 끌어들이려 하고 있으며, 또는 새로운 제품 제안 또는 사업 라인의 핵심 역할을 기대한다. 이 경우 회사 자체에는 가치가 거의 부여되지 않으며 대부분의 가치는 팀에 귀속된다. 적어도 앞으로 1~2년 동안 인수기업과 계약을 통하여 그 팀을 묶어 두는 것이 목적이기 때문에, 인수기업은 창업가에게 "기업에서 떠나게 하는 돈(walking away money)"을 주고 싶어 하지 않는다.

인수가 모두 현금으로만 이루어지는 경우, 창업가가 받을 수 있는 대부분의 몫은 묶여 있으며, 인수자를 위해 수년간 일한 후에만 창업가에게 지급된다. 그러나 투자자들은 현금을 선불로 받게 될 것이다(인수 마감 후 있을지 모르는 비용을 처리하기 위한 최소한의 자금을 남겨 둔다).

스타트업의 주식을 인수하는 경우는 다음 두 가지 중 하나이다

1. 기업의 규모가 큰 경우(예: 구글, 페이스북), 기업의 주식이 유동적이며 가치를 책정할 수 있어 사실상 현금과 같은 경우
2. 기업이 소규모(목표기업보다 약간 큰)이고 가용 현금이 넉넉하지 못한 경우, 지불 방식으로 자사의 주식을 사용하는 방법밖에 없다. 이러한 상황에서 모든 사람은 사실상 파트너가 되며, 결합된 기업이 빠르게 성장하도록 도와야 한다.

때로는 투자자에게 받은 투자금보다 낮은 가격으로 벤처기업이 인수하기도 한다. 그 경우 일어나는 일은 간단하다. 기업의 모든 투자 라운드는 많은 서류(100쪽 이상)를 통해 이루어지며, 가장 중요한 부분은 투자 기업의 매도 또는 해산으로 발생한 자본에 대한 지불 및 처리 방식에 관한 것이다. 이전 투자자들은 모두 매번 새로운 자금 조달을 할 때마다 그러한 계약(또는 투자자들에 의해 법적 구속력을 갖는)에 서명했기 때문에, 특정 결과에 따라 어떤 상황이 되든 혼란은 생기지 않는다.

대부분은 아니지만, 많은 경우 초기 및 초기 단계의 자금 조달 시나리오에서 투자는 LIFO(last in, first out, 마지막에 들어오고 처음으로 나간다) 순서로 구성된다.

청산에 있어서는 거액에 인수되는 바람직한 경우든 힘들게 매도되는 최악의 경우든, 투자자와 다른 사람들은 지정된 순서대로 지불받기 때문에 "청산폭포"라는 기술적인 용어를 사용한다. 한 투자자 집단(예: 시리즈 A 라운드의 모든 사람)이 채워지면 나머지 현금은 다음 차례의 투자 집단

으로 넘겨지며, 이러한 방식으로 투자 순서대로 자금이 내려간다.

다음은 처음부터 마지막까지 일반적인 지불 순서이다.

1. 법률 및 투자 은행 수수료를 포함한 거래 비용
2. 직원에게 빚진 급여
3. 담보 채권자에게 빚진 채무
4. 무담보 채권자들에 대한 채무
5. 채권 보유자(컨버터블 및 기타)에 대한 채무
6. 경영 분할(있는 경우)
7. 선순위 우선주 및 신주 인수권
8. 선순위 우선주 및 신주 인수권의 우선 배수
9. 주니어 우선주 및 보증서
10. 주니어 우선주 및 신주 인수권의 우선 배수
11. 보통주(보통주로 전환된 우선주, 행사된 옵션 및 모든 창업주 주식) 및 보통주 보증

기업이 외부 자금을 조달하지 않고 채무를 지불하고 있는 경우, 청산 폭포가 1단계에서 11단계로 직접 이동하기 때문에 사안이 간단하다. 그러나 주식과 채권을 통하여 수차례 투자 라운드를 진행한 경우에는 상황이 복잡해진다. 이런 경우, 지불받을 순서와 액수를 알아내기 위해서는 특수한 컴퓨터나 웹 기반 프로그램을 사용하는 것이 유일한 방법이다(그림 14-1 참조).

지불 순서의 6단계에 표시된 바와 같이, 어떠한 경우에는 투자자가 매

도의 신속한 진행을 위해 경영진에게 인센티브를 제공할 수도 있다. 이는 고정 금액으로 또는 매도 가격의 일정 비율을 따로 설정함으로써 이루어진다. 이 금액은 경영진들 사이에서 분할 지급되며 투자자가 매도금을 받기 전에 지급된다. 어떤 경우에는 모든 우선주 투자자가 동등하게 취급되므로 7단계와 8단계가 한 단계로 묶이며, 마찬가지로 9단계와 10단계가 한 단계로 묶인다.

일단 엑싯에서 보상금을 받으면 현금을 가지고 떠날 수 있다. 또는 다시 한 번 투자에 참여하여 더 많은 신생기업에 자금을 배치할 수 있다.

그림 14-1 6단계의 지불순서

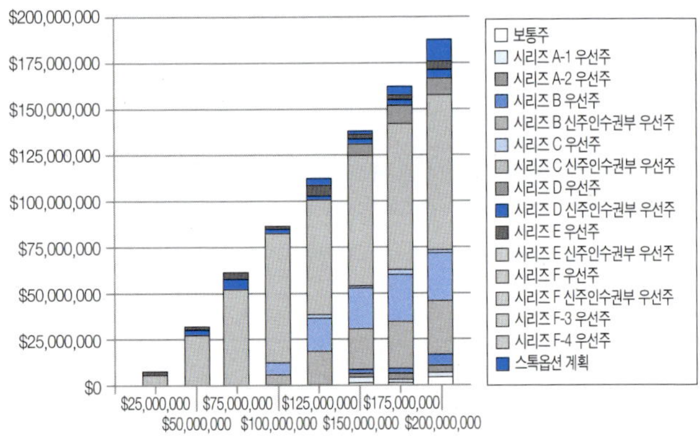

출처: 데이비드 M. 다운센드, 로웰 W. 부세니츠(David M. Townsend, Lowell W. Busenitz, "기술 기반 기업의 자원 상호보완성, 교환, 자본 부족: 실증적 분석," Frontiers of Entrepreneurship Research 29,no.1, issue 5(2009), http://digitalknowledge.babson.edu/fer/vol29/iss1/5

진지한 엔젤의 이상적인 상황은 광범위하게 기업에 투자하고, 투자된 자본을 모두 반환하는 훌륭한 엑싯을 경험하고 계속하여 혁신적인 기업을 찾아내는 것이다. 그러나 그때부터는 "하우스 머니(house money, 갬블링 시설이 보유한 자금)"로 게임하는 것이다.

모두에게 운이 따르기를!

한국 사례 국내 스타트업 투자 회수 현황

한국의 스타트업 투자에서 엔젤투자자의 회수 현황에 대한 정보를 찾기는 쉽지 않다. 따라서 벤처캐피털의 스타트업 투자 회수 동향을 통해 이를 갈음하고자 한다. 한국벤처투자(KVIC)의 자료를 보면 2020년 1~3분기에는 353개 모태 출자펀드가 793개 기업에 대해 총 1조 6,016억 원(회수원금 6,974억 원, 회수수익 9,042억 원)을 회수하며 투자원금 대비 2.3배의 회수 수익배수를 기록했다.

그림 14-2 국내 스타트업 투자 회수 현황

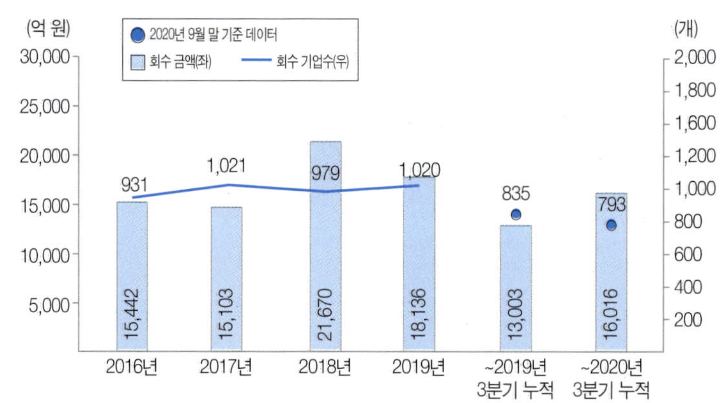

출처: 한국엔젤투자자협회

2020년 3분기 동안 모태 출자펀드의 각 투자기업 회수건 중 최대 회수 총액을 기록한 건은 902억 원을 회수하였고, 투자원금 대비 최대 회수 수익배수를 기록한 건은 62.3배를 기록했다.

업종별로는 의료용 물질/의약품 27.3%(2,110억 원), 소프트웨어 16.0%(1,231억 원), 정보서비스 14.9%(1,147억 원), 도소매업 12.0%(925억 원), 의료기기 7.1%(551억 원) 순으로 회수가 이루어졌다.

표 4-2 코스닥 상장

(단위: 개, %)

구분	2016년	2017년	2018년	2019년	2020년
IPO수	70	78	90	97	86
VC투자기업	36	40	47	53	55
비중	51.4	51.2	52.2	54.6	63.9

* IPO기업수는 재상장 및 SPAC 제외
출처: 한국벤처캐피털협회

2020년 한국의 IPO 기업수는 총 86개이며 이 중 벤처캐피털에 투자를 받은 기업은 55개인 전체의 63.9%로, 상장기업 중 벤처캐피털의 투자를 유치하여 성장한 기업이 비투자기업보다 많음을 볼 수 있다.

정부는 엔젤투자의 투자 시 혜택뿐만 아니라 회수를 위해서도 지원을 높이고 있다. 엔젤세컨더리펀드는 엔젤투자자가 창업 초기 중소벤처기업이 신규로 발행하는 주식에 투자하여 1년 이상 보유한 구주, 엔젤투자자가 엔젤투자매칭펀드에 대해 콜옵션을 행사하여 1년 이상 보유한 구주에 투자를 주목적으로 하는 펀드로, 엔젤투자자의 회수를 위한 창구로 활용할 수 있다. 엔젤세컨더리펀드는 2021년 현재 총 780억 원 규모로 3개의 펀드가 결성되어 있다.

ANGEL INVESTING

PART 3

어떤 엔젤투자자가 될 것인가

제15장

창업생태계에서의 자금조달

다양한 자금원천 살펴보기

15 창업생태계에서의 자금조달

다양한 자금원천 살펴보기

이 책에서는 스타트업 투자 분야에 있어 엔젤투자자 외에 다른 투자자들(개인 및 기관)도 다뤘다. 이들은 스타트업의 자금 조달과 관련하여 엔젤투자자와는 경쟁 관계로 여겨질 수 있지만, 그보다는 엔젤투자 활동을 보완하는 역할을 수행한다. 여느 활성화된 생태계와 마찬가지로 다양한 엔젤투자와 관련된 개인과 기관은 시간의 흐름에 따라 진화했고, 진화 결과 복잡하고, 끊임없이 변화하는 세상을 만들었다. 이러한 세상에서 자본뿐만 아니라 아이디어, 재능, 지식, 관계, 기회 및 에너지 등과 같은 모든 종류의 자원은 이제 갓 날갯짓을 시작하는 기업을 발견할 좋은 기회를 가지게 되었고, 그러한 자원은 기업의 성공을 위해서 필요한 연료가 되었다.

앞서 4장에서는 스타트업의 재무적 수명을 살펴보고 다양한 유형의 자본에 대한 일반적인 전개 과정을 확인하였다. 이제는 다른 플레이어들과 어떻게 상호작용할 것인지 자세히 살펴보고자 한다.

정부보조금

기업을 위한 "공짜 돈(free money)"과 가장 가까운 것은, 정부가 현금을 주고 다시 돌려받는 것을 기대하지 않는 경우이다. 사실상 모든 국가의 거의 모든 정부는 기업 발전을 지원한다는 목표하에 중소기업에 일정 유형의 보조금을 제공한다.

미국에서는 1982년에 설립된 SBIR(Small Business Innovation Research) 프로그램을 통해 자국 내 소기업이 상업화 잠재력이 있는 연방연구개발(R&D) 사업에 참여할 것을 권장한다.

이 프로그램의 입법안에 따르면 "국가의 R&D 분야에 자격을 갖춘 중소기업을 포함함으로써 하이테크 혁신이 촉진되고 미국은 특정 연구개발 요구를 충족시킬 수 있는 기업가정신을 얻을 수 있다"라고 되어 있다. 매년 1억 달러를 초과하는 외부 R&D 예산을 가진 연방기관은 예산의 2.5%를 보조금 예산으로 배정해야 한다.

2014년에 11개 연방기관이 프로그램에 참여했다. SBIR은 소기업의 기술 잠재력을 탐색하고 상업화를 통하여 수익을 창출해 내도록 인센티브를 제공한다. 2013년 말까지 14만 개 이상의 기업에 총 384억 4천만 달러 이상의 금액을 투여하였고, 그중 보조금을 받은 2,400개 이상의 기업이 벤처캐피털 금융을 제공받았다.

이 프로그램의 목표는 네 가지이다.

1. 기술 혁신을 자극하라.
2. 연방정부의 및 개발 요구를 충족시켜라.

3. 사회적으로나 경제적으로 취약한 사람들이 혁신과 창업에 참여하도록 장려하고 격려하라.
4. 연방연구개발 기금으로부터 창출된 혁신의 민간 부문 상업화를 증진시켜라.

SBIR 프로그램은 2가지 단계를 통해 한 회사에 보조금을 지원한다. 최대 15만 달러의 보조금을 제공하는 1단계의 목적은 제안된 R&D 기술의 기술적 장점, 실현 가능성 및 상용 잠재력을 확립하고 회사가 약속한 내용을 얼마나 잘 이행할 수 있는지 판단하는 것이다. 최대 1백만 달러의 2단계 교부금은 연구개발 노력을 계속하기 위해 사용되고, 기금은 1단계에서 얻은 결과를 토대로 2단계에서 제안된 프로젝트의 과학적, 기술적 장점과 상업적 잠재력을 기반으로 한다.

SBIR과 병행해서 운영되는 두 번째 연방 프로그램은 기술이전 보조금을 위한 중소기업 기술이전(STTR) 프로그램이다. 이 두 프로그램은 유사하지만 STTR 프로그램은 대학과 연계되어 이루어져야 하며, SBIR 보조금이 제공하는 회사에 전임 연구원을 요구하지 않는다는 점에서 차이가 있다.

각 기관은 각자의 전반적인 조사와 개발의 주제를 지정하여 운영하는 프로그램이 있다. 그들은 소기업(500명 이하)의 제안을 받아들이고 경쟁하게 하여 상을 수여한다. 많이 알려지지 않았으나 재미있는 점은 수상 비율이 대략 25%라는 것이다. 즉, 실용적인 제안을 한 회사가 SBIR 보조금을 받을 가능성은 엔젤 자금의 조달보다 10배 더 높으며, 벤처 자금 펀딩과 비교해서는 가능성이 100배 더 높다.

이것이 엔젤투자자에게 의미하는 바는 ① 자격을 갖출 합리적인 가능성이 있는 경우 포트폴리오 회사가 이러한 보조금 중 하나를 신청하도록 장려하고, ② 자금이 부족한 사업의 가장 위험한 단계에서 비희석(non-dilutive) 자본을 가져왔다면, 보조금을 받았던 회사의 목록을 투자 가능 목표로 검토하는 것을 고려해야 한다.

미국의 중소기업청(Small Business Administration)은 www.sbir.gov/past-awards에서 모든 SBIR/STTR 보조금 수상자의 온라인 공개 데이터베이스를 유지 관리하며, 인노우베이션(InKnowVation)의 상용 데이터베이스는 http://inknowvation.com에서 더 많은 정보를 제공한다.

경제개발기구

모든 주와 많은 지방 정부는 새롭게 설립된 사업을 성장 및 성공시키는 데 도움을 주는 경제개발기구를 운영한다. 이러한 기관에서 제공하는 서비스에는 일반적으로 스타트업 조언, 교육 및 자원, 사업장 위치 및 사이트 선택 지원, 직원 모집 및 교육 지원, 엔젤에게 이익이 되는 자금 지원 등이 포함된다. 대출, 보조금, 면세채권 등을 포함하며 많은 경우 국가기관의 자금이 투입 포함된 시드 및 벤처캐피털 펀드도 포함된다. 이러한 기관들은 새로운 사업이 뿌리내리도록 돕기 위해 많은 시간과 돈, 노력을 기울이고 있다.

한 예로 뉴욕 주는 2014년에 스타트업NY(StartupNY)라는 계획안을 발표하였다. 이 프로그램은 주 전역에 걸쳐 새로운 사업이 10년간 면세로 운영될 수 있는 68개 지역을 지정했다. 이는 기업, 주, 지방, 판매 및 재산

세 또는 프랜차이즈 수수료는 물론 스타트업 직원들에게 부과되는 주소득세도 없다는 것을 의미한다.

위스콘신(Wisconsin)과 같은 다른 주에서는 엔젤투자자가 공인된 스타트업에 투자한 경우 이 스타트업의 성공 여부와 관계없이 주식 투자액의 25%에 해당하는 세금 공제 혜택을 받을 수 있다. 이는 엔젤투자에 대한 자금 위험의 4분의 1이 주정부에 의해 보조금을 받고 있음을 의미한다. 나쁜 거래는 아니다.

사업계획 경연

4장에서 논의했듯이, 많은 학교와 다른 조직들은 기업가정신을 촉진하기 위해 사업계획 경연에 대한 아이디어를 채택하였다. 매력적인 것은 대상이 고등학생부터 노인에 이르기까지 점점 다양해진다는 것이다. 대부분의 경우 우승자에게는 상금이 주어지며, 팀이 제품을 개발하고 추진력을 얻을 때까지 외부 투자자를 찾는 것을 미룰 수 있게 해주기도 한다.

한 예로 2011년 NYU 사업계획 경연에서 7만 5천 달러를 획득한 코스호스(Course Horse)는 이 자금으로 지역 내 학교 수업에서 각 사용자를 연결하는 온라인 플랫폼을 완성할 수 있었고 1년 후에 뉴욕 엔젤스가 이끄는 50만 달러 투자 라운드에 선정되었다.

액셀러레이터

2005년에 창업가이자 엔젤투자자인 폴 그레이엄(Paul Graham)이 새로운 스타트업 자금 지원 모델로 Y 컴비네이터(Y Combinator)라는 프로그램을 설립한 이후, 벤처 액셀러레이터의 개념이 폭발적으로 유행하였다. 일 년에 두 번, Y 컴비네이터는 많은 스타트업에 소량의 돈을 투자한다(2014년 기준 1만 4천 달러에서 2만 달러, 사채는 8만 달러). 스타트업은 3개월 동안 실리콘밸리로 이동하여 회사를 가능한 한 최고의 상태로 만들고 투자자를 대상으로 한 발표를 준비하기 위하여 집중적으로 일한다. 그리고 엔젤 및 벤처캐피털 투자자로 이루어진 대규모 잠재고객에게 사업을 소개하는 데모데이(Demo Day)를 끝으로 Y 컴비네이터에 선발된 스타트업은 졸업하게 된다.

2005년부터 Y 컴비네이터는 630개 이상의 벤처기업에 자금을 지원하였다. 여기에는 에어비앤비(Airbnb), 드롭박스(Dropbox), 디스커스(Disqus), 레딧(Reddit), 룹트(Loopt), 우푸(Wufoo), 스크리브드(Scribd), 헤로쿠(Heroku), 힙멍크(Hipmunk) 및 코드카데미(Codecademy)를 포함하여 총 78억 달러 이상의 가치를 창출한 성공한 스타트업기업들이 포함되어 있다.

Y 컴비네이터의 성공은 테크스타즈(TechStars), 드림잇(DreamIt!), 웨이라(Wayra), 창립 연구소, 시드캠프(Seedcamp) 및 500개의 스타트업 등 주요 도시의 액셀러레이터 네트워크를 통해 유사한 프로그램이 폭발적으로 증가하는 결과를 낳았다. 2014년 2월 당시 온라인 웹사이트 F6S.com에 따르면 전 세계에 2천 개가 넘는 액셀러레이터 또는 이에 상응하는 초기 기업 프로그램이 있는 것으로 나타났다.

액셀러레이터로 양성된 회사의 가치는 인상적이지만, 이러한 프로그램의 가장 큰 영향은 창업 초기 큐레이터로서의 역할에서 발생했다. Y

컴비네이터 및 테크스타즈를 포함한 가장 잘 알려진 액셀러레이터는 지원하는 스타트업 팀 중 1~2%만을 선발한다. 즉, 액셀러레이터 데모데이에 참석하는 엔젤투자자는 집중적인 멘토링과 프로그램 자체의 지원을 받은 매우 개선된 회사를 접하게 된다. 그 결과 뉴욕 타임스에 따르면, Y 컴비네이터를 졸업한 모든 회사의 72%가 데모데이 이후 벤처캐피털 라운드에서 자금을 모집하였다.

최상위 프로그램의 데모데이(Demo Days)와 관련하여 투자자들의 경쟁이 매우 치열하여 시드기업의 가치가 예외적으로 지나치게 높은 수준에 도달하였다. 그러나 전 세계에 걸쳐 많은 프로그램이 있으며 매년 수십 개의 회사로 구성된 2~4개 클래스가 개설된다는 사실은, 데모데이에 초대장을 받지 못했더라도 엔젤투자자들이 고려할 만한 자금 모집 전이며 액셀러레이터 프로그램을 이수한 스타트업이 많아졌다는 것을 의미한다. 액셀러레이터는 졸업 클래스의 리스트를 공개하고 거스트(Gust) 같은 플랫폼은 적극적으로 투자를 찾고 있는 다양한 졸업생 컬렉션에 쉽게 접근할 수 있게 해준다.

자금 조달 플랫폼

2012년 JOBS 법이 통과될 때까지 민간기업은 일반적으로 투자를 요구할 수 없었다. 공인 투자자들로부터 자금을 확보하는 것은 허용되었지만, 기업은 자금을 모은다고 누구에게도 말할 수 없었다. 짐작할 수 있듯이 이것은 스타트업이 자금을 확보하기 어렵게 만들었으며 엔젤투자자 그룹의 형성을 촉진시킨 이유 중 하나였다.

그러나 2013년 9월 23일부터 모든 것이 바뀌었다. 기업들이 자금 조달을 원한다는 사실을 발표하는 것이 허용(공인된 투자자 조건을 갖춘 사람이라는 전제하에)됨으로써 기업들이 스스로 포스팅하고 투자자들이 기업을 찾을 수 있는 수십 개의 온라인 웹사이트가 등장하였다.

거스트(Gust)는 엔젤투자자들의 세계에서 대부분의 공식 거래 절차 제공 및 협업 플랫폼으로서 가장 오래되고 큰 주식 투자 플랫폼이다. 그밖에도 엔젤투자자들이 투자 기회를 모색할 수 있는 일반적인 목적과 전문적, 지역적, 국제적, 개방적이고 선별된 많은 플랫폼이 있다.

그중 좀 더 잘 알려진 사이트로는 엔젤리스트(AngelList/일반), 서클업(CircleUp/소비자 브랜드), 시더스(Seedrs/영국 및 유럽), 펀더스클럽(Funders Club/액셀러레이터), 위펀더(WeFunder/일반), 볼스트라(Bolstr/'메인스트리트' 비즈니스), 얼리셰어즈(EarlyShares/일반) 록더포스트(RockThePost/일반), 슬레이티드(Slated/영화), 세컨드마켓(SecondMarket/일반), 리얼티모굴(Realty-Mogul/부동산) 및 마이크로벤처(MicroVentures/일반)가 있다.

중개인

JOBS 법안과 온라인 플랫폼의 등장 이전에는 독립적인 거래의 연결고리가 없는 투자자가 투자 기회를 찾으려면 스타트업이 투자자를 찾기 위해 고용한 중개자를 통하는 방법뿐이었다. 이 중개자는 금융 분야의 그레이 마켓(비공식적) 영역에서 활동하는 미등록 개인부터 넓게는 SEC 등록 브로커/딜러, 잘 알려진 투자 은행가에 이르기까지 유형이 다양하다. 이러한 중개자는 투자자가 아니라 전략적 또는 재무적 투자자로부터 모금된 금액을 기준으로 자금을 찾는 회사에게 보상을 받는다는 점에 유의해야 한다.

엔젤투자 단계에는 자금 규모가 비교적 작기 때문에, 스타트업이 중개자를 고용하는 것은 비용 대비 효율적이지 않으며 대부분의 엔젤투자자 그룹 및 벤처캐피털 기금은 회사와 직접 일하는 것을 선호한다. 자금 조달이 절실한 회사일수록 도움이 되는 것은 무엇이든 찾으려 한다. 일단 투자자로서 명성을 쌓으면, "유망 스타트업"에 대한 투자 유치 중개인이나 투자를 구하는 다른 사람들이 접근하게 될 것이다.

유료로 투자를 요청할 수 있는 유일한 중개자인 SEC 등록 브로커/딜러와 투자 거래를 하는 경우, 별다른 문제는 없다. 그러나 당신이 찾은 투자 기회보다 그들이 제안하는 투자 기회는 훨씬 높은 가격표가 붙을 것이고, 투자자인 당신에게 불리한 조건일 것이다.

슈퍼 엔젤투자자

초기 단계에 관한 언론 보도에는 슈퍼 엔젤이라 묘사된 사람들의 이야기가 포함되어 있다. 이 책을 읽고 이 사람들이 누구인지 혼란스러울지 몰라도 놀라운 일은 아니다. 일반적으로 슈퍼 엔젤이라고 불리는 사람들은 "슈퍼(super)"일지언정 대부분 실질적인 엔젤은 아니기 때문이다. 대부분은 더 큰 벤처캐피털 회사와 마찬가지로 제한된 파트너를 대신하여 자금을 모으기 때문에 마이크로 벤처캐피털(VC) 또는 자칭, 시드 펀드로 불리는 것이 보다 정확하다. 이와는 대조적으로 진정한 엔젤은 자신의 현금을 투자하는 개인들이다.

블로그에서 보듯이 "supers"가 도처에 있는 것처럼 보일지도 모르지만, 미국 전역을 통틀어 30~40명 미만이다. 그들의 평균 자금 규모가 1~4천만 달러 사이라면, 그것 모두를 합쳐도 일반적인 벤처 펀드(주요 상위 펀드 중 하나보다 훨씬 작은) 하나의 크기와 거의 비슷하다는 것을 의미한다. 그럼에도 불구하고 조시 코펠만(Josh Kopelman)과 하워드 모건(Howard Morgan), 제프 클라비어(Jeff Clavier), 마이크 메이플스(Mike Maples), 안 미우라 코(Ann Miura Ko), 데이브 맥클루어(Dave McClure), 켄 레러와 벤 레러(Ken and Ben Lerer), 에릭 히포(Eric Hippeau), 아이딘 돔쿠트(Aydin Senkut), 조시 쿠슈너(Josh Kushner), 빌 로센(Bill Lohse), 찰리 오도넬(Charlie O'Donnell), 두산 스토야노비치(Dusan Stojanovic) 등은 대규모 펀드가 도달하기 어려운 시장 부문을 목표로 하는 신중하고 합리적인 투자자이다. 따라서 앞으로 오랜 시간 동안 활동하며 그들의 포트폴리오에 높은 수익을 만들어 낼 가능성이 있다. 또한, 여기 언급된 사람들은 각각 자신의 돈과 함께 친구나 가족으로부터 모은 작은 자금으로 시작했지만, 추가로 더 큰 자금을 모으기에 충분할 만큼 성공적인 수익률이 증명되어 점차 제도화되고 있다.

진짜 엔젤(자기 자금을 투자하는 엔젤)은 범주에 따라 다양하게 표현된다. 많은 투자를 하면 능동적인 엔젤, 고액 수표를 쓰면 재력가(deep-pocked), 좋은 사람들에게 창업가를 소개할 수 있다면 발 넓은 엔젤, 명성이 있다면 유명인, 훌륭한 전략가이면 전문가, 투자 라운드를 이끌려 한다면 경험이 풍부한 엔젤 등으로 묘사된다. 이 범주에서 높은 점수를 얻은 사람은 합법적으로 슈퍼 엔젤로 표현될 수 있다. 그러나 그 정의에 맞는 사람은 이미 자금 모금 방법을 알고 있을 것이다.

마이크로 벤처캐피털 또는 슈퍼 엔젤의 출현보다 훨씬 더 중요한 것은 세간의 주목을 끄는 새로운 집단, 진정한 엔젤의 출현이다. 이들은 젊고, 활기차며, 기술기업으로 부를 일구어 주로 샌프란시스코, 뉴욕과 같은 기술기업이 많은 지역에 거주한다. 그들은 각각의 네트워크와 인맥을 이용하여 투자 기회를 찾는다. 이 그룹은 열정적이며, 빠르게 움직이고, 평가에 민감하지 않으며, 사회적 검증(social proof)을 바탕으로 폭넓게 운영한다.

투자에 대한 그들의 접근 방식은 블록버스터 잠재력을 지닌 회사를 집중 대상으로 하며, "이것은 성공이 보장된 사업이고, 내가 성공적인 거래를 하는 한 투자했던 가치는 중요하지 않다"와 같이 명시되어 가치평가에 대한 독특한 태도를 갖고 있다. 그 결과, 많은 시드 단계 투자에서 평가 가치를 극적으로 끌어올려(특히 미 서부 해안 지역), 마이크로 벤처캐피털과 전통적인 엔젤들이 주변부로 밀려나게 되었다.

그러나 이들 회사의 시드 자금이 모두 소진되고, 후속 라운드 또는 엑싯의 방법도 없는 경우, 가까운 미래에 어떠한 일이 발생할지 분명하지 않다. 이는 시리즈 A 위기라고 알려져 있다. 즉각적인 만족감에 익숙한 새로운 엔젤투자자들의 경제 관념과 미국에서 엔젤투자의 보유 기간이 현재로서는 평균 9년이라는 현실은 조화를 이루지 못한 채 끝날 수도 있다.

엔젤 그룹

대조적으로 전통적인 엔젤 그룹은 다른 계층의 투자자로 구성된다. 대부분의 그룹 회원은 창업가이기도 하지만(최근 ACA 연구에 따르면 공인된 미국 엔젤 그룹의 회원은 평균 15년의 기업 경험이 있으며 2.7개의 회사를 창업하였다), 실리콘밸리 마피아(초기 투자자, 창립자, 페이팔, 구글, 링크드인 및 기타 업체와 같이 성공한 기술 업체 직원을 일컫는 용어)와는 연관이 없다. 엔젤 그룹 멤버들은 기술 지향적이지 않으며, 연령대도 높고, 때로는 자신만만한 신입보다 기대치가 더 낮다. 이들 그룹에는 매년 수천만 달러를 투자하는 수만 명의 회원이 있다.

적극적인 전문 엔젤과 그룹의 수는 빠르게 증가하고 있으며, 게임을 개선하고 서로 협력하며 점점 더 정교한 온라인 도구를 활용함에 따라 앞으로 초기에 더 중요한 자원이 될 것이다. 다음 장에서 나는 엔젤 그룹의 본질과 투자를 성공시킬 수 있는 그들의 중요한 역할에 대해 깊이 탐색해 보고자 한다.

벤처 자금

벤처캐피털리스트(VCs)는 다른 펀드 매니저와 마찬가지로 투자하기 위해 많은 돈을 모으는 전문적인 재무관리자이다. 벤처기업을 운영하고 투자를 하는 전문가는 일반 파트너(General Partner, GP)로, 벤처캐피털리스트가 관리하는 자금의 외부 투자자는 유한 파트너(Limited Partner, LP)라고 부른다. 벤처캐피털리스트는 초기 단계의 비상장기업에 투자하고, 투자기업이 대기업에 인수되거나 상장되어 투자와 교환한 주식의 매도를 통하여, 원 투자금의 몇 배의 수익을 되돌려 받기를 희망한다. 대부분의 벤처캐피털리스트가 취하는 투자 전략은 전문 엔젤(또는 그 반대로)이 취하는 전략과 매우 유사하다. 그리고 많은 초기 단계 벤처캐피털리스트와 시드 펀드는 실제로 엔젤투자자와 직접적으로 함께 투자한다.

벤처캐피털리스트는 엔젤투자자, 포트폴리오 CEO 및 기타 벤처캐피털리스트의 추천을 통할 뿐만 아니라 광범위한 네트워크를 통해 잠재 투자 대상을 찾는다. 독점적인 거래 흐름이 성공에 중요하다고 믿기 때문에 벤처캐피털리스트는 다른 벤처캐피털리스트가 아직 발견하지 못한 거래를 찾는 일에 많은 시간을 할애한다. 이런 방식에서 그들은 엔젤투자자와 닮았다.

벤처캐피털(VC)에 의해 조성된 일반적인 펀드는 10년의 주기를 가지며 처음 5년간 투자하고 다음 5년 동안은 엑싯을 위한 수확을 한다.

미국 벤처 자금의 유한 파트너는 미국 증권거래위원회의 규정에 따라 공인되거나 적합한 투자자여야 한다. 이 때문에 그들은 부유한 사람들(일반적으로 수백만 달러 상당의 자본이 있는 사람들) 또는 현금을 보유한 기관(연금기금, 보험회사, 대학기부자), 이 두 가지 범주 중 하나에 속한다. 벤처캐피털 영역의 높은 리스크/높은 수익률이라는 특성으로 인해, 그러한 펀드에 대한 투자는 일반적으로 투자자의 전체 포트폴리오 중 적은 비율(+/−10%)을 차지한다.

벤처캐피털리스트는 펀드 운영(돈을 벌기 위한)과 투자 수익(실제로 투자자에게 돈을 벌어들이는)을 위해 유한 파트너로부터 보상을 받는다. 보상의 첫 번째 형태는 매년 벤처캐피털이 펀드에 투입된 모든 자금의 2~3%를 차지하는 관리 수수료이다. 여기에는 벤처캐피털리스트 및 직원을 위한 월급과 임대료 및 출장비와 같은 운영 경비가 포함된다.

관리 수수료(5억 달러 기금은 2%인 연간 1천만 달러)만큼이나 성공한 벤처캐피털리스트에 대한 더 큰 수익은 이론적으로 성과 보수를 불리는 형태로부터 발생한다. 즉, 펀드의 포트폴리오에 있는 회사의 투자금을 반환(즉, 인수 또는 상장된 경우)할 때, 파트너는 투자 원금을 투자자에게 반환한 후 남은 수익의 20%를 보상으로 받는다는 것을 의미한다.

많은 엔젤투자자들과 마찬가지로, 대부분의 벤처캐피털리스트는 포트폴리오 회사에 가져오는 가치가 돈보다 훨씬 크다고 생각한다. 벤처캐피털 투자자는 자신들의 투자 가치를 높이기 위해 매우 적극적으로 회사의 성장에 기여하는 역할을 한다. 이들은 회사 이사회에서 일하고, CEO를 멘토링하고, 회사가 미래의 투자 라운드를 열게끔 하고, 투자자 네트워크를 사용하여 인재 모집, 영업, 사업 개발뿐 아니라 궁극적으로 회사의 엑싯까지 포함하여 다양하게 지원해 준다.

보다시피 벤처캐피털리스트와 엔젤은 공통점이 많다. 그럼 정확히 어떻게 다를까? 가장 큰 차이점은 엔젤투자자는 자신의 돈을 투자하는 반면 벤처캐피털리스트는 다른 사람들의 돈을 투자하는 전문 투자관리자라는 점이다.

일반적으로 숙련된 엔젤투자자는 벤처캐피털리스트보다 소규모 시장에 관대하다. 벤처캐피털리스트는 종종 수억 달러의 대규모 펀드에서 투자한다. 벤처캐피털리스트가 이사회에 참석하는 등 지원하는 포트폴리오기업을 투자 규모로 나눈다고 봤을 때 일반적으로 벤처캐피털의 시리즈 A 투자는 300~500만 달러 이상이 될 것이다. 후속 라운드를 고려할 때 벤처캐피털이 엑싯할 때까지 벤처기업에 총 1천만 달러 이상을 투자한다고 가정하는 것이 타당하다.

벤처캐피털리스트는 기업의 50% 이상을 소유하기는 원치 않으므로, 이는 투자 시점에서 회사의 투자 후 가치가 1~2천만 달러 또는 그 이상일 것이라는 의미이다. 벤처캐피털리스트는 투자 대비 10배 이상의 수익을 목표로 하기 때문에(포트폴리오 중 많은 기업이 실패하고, 큰 규모로 엑싯을 하는 기업은 대개 5~7년의 기간 소요), 이것은 회사가 전략적 기업에 의해 1~2억 달러 이상으로 매각되어야 한다는 것을 의미한다. 그만한 기업 가치를 창출하기 위하여 대부분의 경우 회사는 잠재적인 연간 매출액이 최소한 그 이상인 시장에서 영업해야 한다.

이와 반대로 엔젤투자자들은 그들보다 훨씬 적은 금액을 투자한다. 엔젤(엔젤 그룹 또는 슈퍼 엔젤 펀드 그룹)의 전형적인 엔젤 라운드 투자금은 25~50만 달러 규모가 될 것이며 투자 후 기업 가치는 1~2백만 달러가 될 것이다. 엔젤이 더 높은 ROI(15배 또는 30배라고 가정하자)를 목표로 한다고 하더라도, 엔젤은 3천만 달러(최고의 상황, +/−50%, 일반적으로 인수가 결정되는 금액)에 이르는 전략적인 회사의 매각만으로 그 목표를 달성할 수 있다. 훨씬 낮은 이익을 목표로 하는 회사로도 성공적인 3천만 달러 가치의 회사를 창조할 수 있으며, 대다수의 작은 시장에서 이러한 방식으로 진행한다.

따라서 벤처캐피털리스트와 엔젤투자자는 자신의 투자 규모에 따라 다른 단계, 다른 분야의 기업에 투자한다. 그럼에도 불구하고, 엔젤투자자 스스로 여러 벤처캐피털 펀드가 동시에 검토 중인 기업에 투자할 기회를 찾아낸다면 벤처캐피털리스트처럼 투자하는 것은 놀라운 일이 아닐 수도 있다.

벤처기업 대출기관

벤처 부채는 전문 투자자가 회사의 주요한 지분 보유자인 회사에 제공하는 부채 조달을 말한다. 벤처 투자자가 중요한 이유는 고성장 중인 기업들이 주요 대출 시장에서 대출기관(일반 상업은행 참조)이 융자를 위해 요구하는 재무성과(일정 기간 동안의 수익 기록)를 갖추고 있지 못하기 때문이다.

벤처캐피털에 투자받은 기업들은 펀딩 라운드 직후 풍부한 현금을 보유하게 되지만, 이 자금의 일부 또는 전부를 제품 개발에 투자하거나 판매를 촉진시켜 써버리려는 계획을 가지고 있다. 정상적인 상업 대출기관은 현금을 소비하려는 회사의 아이디어에 겁을 먹는다. 지난 25년 동안 벤처 세계의 역동성을 이해하는 다양한 기관들이 등장하여 벤처캐피털리스트 및 창업가와의 관계를 신중하게 개발하려고 노력하였다. 벤처기업과의 역학 관계를 이해함으로써 벤처 금융기관은 대출 손실을 최소화하면서 현금을 소비하는 기업에 효과적으로 대출을 제공할 수 있는 실행 가능한 비즈니스 모델로 이끌었다. 창업가를 위한 이 대안적 자본의 형태가 벤처 대출이다.

사모 펀드

사모 펀드 투자자는 엔젤 또는 벤처기업과 매우 다른 그룹이다. 이러한 투자자들은 일반적으로 후기 단계(later-stage) 회사(실제 현금 흐름이 있고 수익을 내는)에 집중한다. 그들은 엔젤이나 벤처캐피털리스트와 달리 회사에 대한 통제권을 요구할 것이며 초기 단계 투자자와 동일한 유형의 거래 조건을 바라볼 가능성은 희박하다.

기업 벤처 그룹

벤처캐피털 펀드와 거의 같은 방식으로 다른 회사에 현금을 투자하는 데 자산의 일부를 투자하는 대기업의 수가 증가하고 있다. 벤처캐피털리스트가 하는 것처럼 투자에서 재정적인 수익을 얻으려 하지만, 항상 더 큰 목표는 대기업과 스타트업 간의 시너지 효과를 확인하고 활용하여 모기업에서 스타트업의 추가 성장을 돕는 것이다. 그들은 신기술을 빠르게 습득하고 새로운 시장에 진입하여 획득 목표를 식별하고 새로운 자원에 접근하고자 한다.

스타트업 및 엔젤에게 좋은 소식은 기업의 벤처 투자자가 보통 순수 금융회사보다 높은 가치에 투자할 의향이 있다는 것이다. 하지만 기업 투자자의 의견이 회사나 회사의 다른 투자자와 항상 일치하지는 않는다. 기업의 벤처 자금은 유치할 수 있으며 모든 당사자에게 가치가 있을 수 있지만, 관련 당사자들의 이익이 어디에 있는지 이해하는 것이 중요하다.

엔젤투자 경력을 쌓을 때, 다양한 투자를 통해 이러한 투자자들과 마주칠 것이다. 투자 환경에서 그들의 역할을 이해하면 그들을 적절하게 다루는 데 필요한 배경 지식을 얻어 각자 투자를 윈/윈 상황으로 바꿀 수 있다.

한국 사례 최고의 혜택, 엔젤투자매칭펀드 제도의 활용

엔젤투자매칭펀드는 창업 초기기업에 일정요건을 갖춘 엔젤투자자가 선투자 후 신청을 하면, 투자자에 대한 평가 및 특이사항 검토를 통해 1회 최대 3억 원으로 최대 6억 원까지 1~2.5배 매칭하여 투자를 진행하는 펀드이다.

그림 15-1 엔젤투자매칭펀드 운영체계

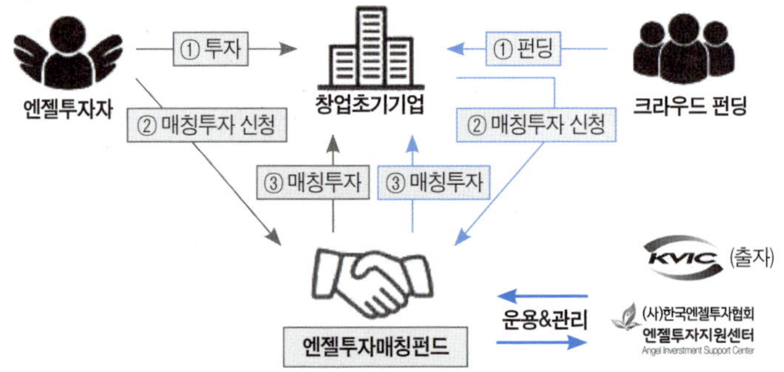

출처: 한국벤처투자

엔젤투자매칭펀드의 매칭비율은 기업형태, 지역별, 엔젤투자자 자격별로 1배수에서 최대 2.5배수까지 엔젤투자자의 투자금에 대해 한국모태펀드에서 매칭투자금을 집행한다.

표 15-1 엔젤투자매칭펀드 매칭비율

기업분류	매칭비율
가. 일반기업	최대 1배수 이내
나. 본점소재지가 수도권(서울, 경기, 인천) 이외인 지방소재기업	최대 1.5배수 이내
다. 재창업기업, 전문엔젤투자자 투자기업, 적격엔젤투자전문회사(TIPS 프로그램 운영사), 투자 TIPS 프로그램 선정기업	최대 2배수 이내
라. 다음 각 호의 엔젤투자자가 크라우드 펀딩 플랫폼을 통해 투자금을 납입하여 투자된 기업	–
1) 전문엔젤투자자	최대 2.5배수 이내
2) 개별엔젤투자자	최대 1.5배수 이내

출처: 한국엔젤투자자협회

표 15-2 2020년 엔젤투자매칭펀드 관련 변경사항

지원대상	• 창업 3년 이내의 중소기업 • 창업 3~7년 이내의 중소기업 중 신청일로부터 최근 3년간 연간매출액 20억 원 이하 • 창업 7년 이내의 중소기업 중 벤처기업, 기술혁신기업, 경영혁신기업 중 하나 이상인 중소기업이면서, 신청일로부터 최근 3년간 연간매출액 20억 원 이하
지원규모 및 신청기한	• 기업당 총 6억 원 한도 • 매달 1~5일 신청 접수(펀드 예산 소진 시 마감)
2020년 변경사항	• 투자기업 한도 증가(최대 기존 3억 원 → 6억 원) • 연간 투자자 한도 증액(개인엔젤 2억 원, 전문엔젤 20억 원) • 액셀러레이터, 전문엔젤 정부 매칭배수 증가(최대 2배수 → 2.5배수) • 액셀러레이터 공동투자 시 2차심의 가점 부여(3개사 이상 공동투자, 투자금 합계 1억 원 이상)

출처: 한국엔젤투자자협회

엔젤투자매칭펀드 투자 형태는 엔젤투자자(조합)와 동일 조건이며, 투자기업의 기업가치는 70억 원 이하로 한정한다. 또한 투자한도를 부여하는데 투자기업 기준으로는 횟수 제한 없이 총 6억 원이 필요하며, 각 엔젤투자자별로 연간 개인 2억 원, 엔젤클럽 및 개인투자조합 40억 원, 법인형 엔젤 40억 원, 전문엔젤투자자 20억 원의 한도를 가진다.

제16장

평판 좋은 엔젤투자자 되기

좋은 기업이 당신에게 찾아온다

16 평판 좋은 엔젤투자자 되기

좋은 기업이 당신에게 찾아온다

5장에서는 엔젤투자의 중요한 첫 번째 부분인 투자할 만한 잠재적인 회사를 찾고 최고의(top-of-the-funnel) 투자 흐름을 구축하는 방법에 대해 논의하였다. 우리는 투자대상회사를 찾기 위하여 선제적으로 활용할 수 있는 여러 방안을 다루었다. 개인적인 네트워크나 모임에서 엔젤 그룹이나 데모데이까지 말이다. 세계 최고의 벤처캐피털리스트(VCs)와 "슈퍼엔젤"들이 거래를 탐색하기 위하여 많은 시간을 보낼 것 같지만, 그들은 괜찮은 회사를 찾아내는 보다 쉬운 방법을 알고 있다. 투자대상회사들이 그들을 찾아올 때까지 기다리는 것이다.

15장에서 보았듯이 거대한 투자 생태계에서 수많은 일이 벌어지고 있다면 어떻게 투자대상기업이 당신과 같은 엔젤을 찾을 수 있을까? 당신이 스타트업 생태계에 바로 뛰어들어 적극적으로 참여하기 때문일 것이다. 지구상의 인구 대다수를 연결하는 온라인 커뮤니케이션, 24시간 뉴스 소스 및 소셜 네트워크 시대에는 투자대상기업이 당신을 찾아낼 수 있도록 스스로 존재감을 구축할 수 있는 수많은 기회들이 있다. 지금부터는 엔젤투자자로서 명성을 쌓을 수 있는 몇 가지 방법을 제시하겠다.

프로필 만들기

기업이 당신을 찾게 하려면 손을 드는 것부터 시작하라. 자금 조달을 원하는 회사는 당신이 투자대상기업을 탐색하는 것 이상으로 투자자를 많이 탐색한다. 자신의 배경, 투자 이론 및 연락처 정보를 작성하여 스타트업이 탐색하고 있는 곳에 광범위하게 배포함으로써 기업이 당신을 쉽게 찾을 수 있게 해야 한다.

거스트(Gust)에서 무료 투자자 프로필을 설정하는 것이 전형적인 첫 번째 단계이지만, 꼭 그럴 필요는 없다. 위키피디아(유명한 투자자일 경우), 크런치베이스(Crunchbase) 같은 참조 소스와 링크드인(필수), 페이스북 같은 소셜 네트워킹 사이트, 엔젤리스트(AngelList) 및 서클업(CircleUp) 같은 자금 지원 플랫폼에 자신의 프로필 및 항목을 직접 작성하고 꾸준히 업데이트해야 한다. 더 많은 관련 정보를 포함할수록 기업이 당신을 찾아내기 쉬워질 것이다.

블로그 작성

아주 잘 알려진 벤처캐피털리스트와 엔젤투자자 중 몇몇은 스타트업 분야와 관련된 독창적인 저술로 인해 그 명성을 얻었다. 엔젤 업계의 리더로 여겨지는 프레드 윌슨(Fred Wilson), 마크 서스터(Mark Suster), 나발 라비칸트(Naval Ravikant)와는 다르게 본인이 창업가와 동료 투자자에게 제공할 수 있는 것이 많지 않다고 생각할 수도 있지만, 실상 온라인으로 연결된 세계에서는 "당신이 글을 쓰면 그들은 읽는다". 물론 모든 창업가가 블로그를 보지는 않을 것이다. 그러나 유용한 지식을 가지고 있는 분야와 관련하여 정기적으로 유익한 글을 포스팅하는 것만으로도, 창업가들은 당신의 이름을 인지할 것이다.

창업가는 비즈니스 및 시드 자금에 대한 조언을 얻기 위해 목말라 있다. 정기적인 블로그 작성은 창업가에게 당신이 ① 현명한 사람이며, ② 도움이 되고, ③ 특정 분야 또는 산업과 관련된 회사에 관심이 있다는 것을 보여준다.

부록 H에는 투자자들이 이 일을 잘 수행할 수 있는 예시와 함께 산업계 리더들의 생각에 귀중한 통찰력을 주는 엔젤투자에 관한 기사와 블로그 글 목록을 실어두었다.

온라인상 질문에 답하기

대다수의 사람들에게 블로깅은 위협적일 수 있다. 그들은 빈 화면을 응시한 채 영감이 떠오르기를 기다리면서 좌절한다. 다행히 인터넷을 이용하면 이러한 시간을 절약할 수 있다. 창업가와 많은 사람들이 모여서 투자자와 직접 대화를 나누거나 질문을 주고받는 웹사이트가 많이 있다. 일반적인 인터넷 참여 측정 기준은 90/9/1가 적용된다. 방문자의 대략 90%는 내용만 읽고, 9%는 질문을 하거나 답변에 관련된 투표에 참여하며, 1%의 사용자만 답을 작성하는 데 시간을 할애한다는 것이다. 이때 재미있는 것은 통계에 따르면 1명이 쓰는 대답의 내용을 99명이 보고 영향을 받을 가능성이 있다고 한다.

이 질문 및 답변 사이트 중 가장 인기 있고 유용한 것은 2010년에 전 페이스북 직원 2명이 설립한 쿼라닷컴(Quora.com)이다. 스타트업 세계에 관심이 있는 많은 사람들이 이용하며, 그러한 이용자들은 초기 단계의 회사, 엔젤투자 및 벤처캐피털과 관련된 정보의 원천이 되었다. 쿼라에 포스팅된 질문에 답한 투자자 중에는 데이브 맥클루어(Dave McClure), 마크 서스터(Mark Suster), 마르크 안드레센(Marc Andreesen), 셰르빈 피셰바르(Shervin Pishevar), 리드 호프먼(Reid Hoffman) 외에도 활동 중인 수십 명의 엔젤투자자들이 있다.

사실 이 책도 이런 방식으로 탄생하였다. 나는 쿼라에 포스팅된 초기 기업과 엔젤에 대한 질문에 정기적으로 대답한다. 와일리(Wiley) 출판사는 여기저기 흩어져 있는 2천 개 이상의 내 답변들이 책을 만들기에 충분한 정보임을 깨달았다. 그 정보들이 바로 당신이 지금 읽고 있는 이 책에 담겨 있다.

지역 스타트업 커뮤니티의 이벤트에 참석하기

현지 창업가를 보고, 또 그가 당신을 보게 하기 위해서는 그들이 있는 곳에 가야 할 것이다. 지역 스타트업 관련 밋업(Meetups)에 참석하거나 창업가 또는 투자자를 대상으로 하는 강연 및 행사에 참석하거나 창업보육센터 또는 액셀러레이터의 오픈하우스 및 데모데이에 참여함으로써 더 많은 사람들의 눈에 들 수 있고 그럴수록 더 많은 창업가가 투자금을 모으는 동안 당신을 떠올릴 것이다.

심사위원, 멘토, 패널리스트로 참여

사업계획 경연에는 심사위원이 필요하고, 액셀러레이터에는 멘토가 필요하며, 창업 행사에는 토론 참가자와 연사가 필요하다. 초기 단계 투자에 대한 정보와 업데이트를 위해서는 주제에 대한 연사, 심사위원 및 토론 참가자가 필요하다. 그러한 행사의 주최자는 당신의 참여를 반기며 감사하게 생각할 것이다. 연설을 많이 할수록 더 많은 사람들에게 연사로 알려지고 더 많은 초대장을 받을 것이다. 이렇게 명성은 선순환된다. 연설과 심사위원 활동을 통해 흥미로운 창업 회사와 창업가에게 당신의 존재를 드러낼 수 있을 뿐만 아니라, 스스로 그 분야의 권위자로 자리 잡을 수 있다.

스타트업에 무료로 조언하기

스타트업에 대한 투자자로서 명성을 얻는 가장 좋은 방법은 스타트업에 가치를 부가하는 것이다. 브라이언 코헨(Brian Cohen)은 이제는 잘 알려진 엔젤투자자(핀터레스트를 발견한 첫 번째 엔젤)이지만, 그도 처음에는 무료 자문역이었다. 처음에 뉴욕 엔젤스(New York Angels)에 합류했을 때, 그는 자신의 조언과 창업가로서의 광범위한 경험을 통해 혜택을 누릴 수 있는 그룹의 포트폴리오 회사를 돕겠다고 제안하였다.

회사에 투자하지도 않았고 회사의 성공과 관련한 금전적 이익에 별 관심이 없었음에도 불구하고, 꽤 많은 회사가 그 제안을 받아들였다. 소문이 급속도로 퍼지자 조언과 투자가 필요한 다른 스타트업 회사가 그에게 직접 연락하였다.

그러나 조언을 하는 데 절대적으로 중요한 것은 금전적 보상에 대한 기대가 없어야 한다는 것이다. 비용, 자본 또는 기타 보상을 대가로 창업자에게 서비스를 제공하는 자칭 고문/멘토/셰르파는 많다. 이들이 돈을 벌어들이기는 하겠지만, 확실한 것은 스타트업이나 다른 투자자들과 함께 명성을 높이기 위한 일은 전혀 하지 않는다는 점이다. 그러나 직접적인 금전적인 보상을 받지 못하더라도 창업가에게 진정으로 도움이 되는 사람들은 곧 상당한 평판을 얻고 흥미로운 사업 기회에 초대받아 멋진 사람들과 함께 일할 수 있다. 심지어 만족감마저 느낄 수 있는 좋은 기회이다.

한국 사례 전문개인투자자 제도와 매칭펀드의 활용

국내의 엔젤투자자는 그 자격요건 및 형태에 따라 전문개인투자자(과거 '전문엔젤투자자'에서 명칭이 변경됨), 적격엔젤투자자, 엔젤클럽, 개인투자조합으로 나뉜다.

표 16-1 엔젤투자자 현황

구분	자격	혜택	규모
전문개인투자자	• 3년 이내 투자실적 1억 원 이상 • 관련교육 이수 및 전문가 등	• 3천만 원까지 100% 소득공제 • 2배수 매칭펀드 신청 가능 (지역기업의 경우 2.5배수) • 창업 1년 미만 스타트업도 전문엔젤이 5천만 원 이상 투자하면 벤처인증 부여	183명
적격엔젤	• 2년 이내 투자실적 2천만 원 이상 • 관련교육 이수	• 3천만 원까지 100% 소득공제 • 1배수 매칭펀드 신청 가능	1만여 명
엔젤클럽	• 적격엔젤 포함 엔젤투자자 5명 이상의 동아리 형태	• 3천만 원까지 100% 소득공제 • 6개월(180일) 이상 되면 매칭펀드 자격 부여	240개
개인투자조합	• 49인 이하 조합으로 1억 원 이상 투자	• 매칭펀드 신청 가능	1,373개

출처: 한국벤처캐피털협회(2020년 12월 기준)
https://news.mt.co.kr/mtview.php?no=2020080309002932294

엔젤투자자는 투자실적과 관련교육 이수 여부에 따라 크게 적격엔젤투자자(이하 적격엔젤)와 전문엔젤투자자(이하 전문엔젤)로 구분된다.

적격엔젤은 최근 2년간 2천만 원 이상의 투자실적이 있거나 엔젤투자협회에서 총 6시간의 교육과정을 이수한 엔젤투자자를 말한다. 적격엔젤 교육과정 이수자는 2020년 기준 누적 약 1만여 명이다.

전문개인투자자는 최근 3년간 1억 원 이상의 투자실적을 보유하고 경력요건도 충족해야 확인서를 발급받을 수 있다. 경력요건은 전문개인투자자 교육과정 이수자, 이공 · 경상계열 박사학위 소지자, 기업경영 또는 투자심사 경력자, 변호사, 공인회계사, 세무사, 변리사, 기술지도사, 감정평가사 등 13개 경력요건 중 하나를 충족하면 된다. 전문개인투자자는 전문성 검증을 위해 2년마다 자격을 갱신해야 한다.

전문개인투자자 양성 교육과정 이수자는 2020년 12월 말 기준 누적 약 1,100여 명이며, 엔젤투자자협회에 실제 전문개인투자자로 등록한 사람은 183명이다.

전문개인투자자의 혜택으로는, 코넥스 시장 참여 시 기본예탁금(3천만 원) 면제, 투자기업 벤처기업 인증(단, 투자금액 5천만 원 이상, 자본금의 10% 이상), 투자기업 2배수 매칭펀드 신청자격 부여, 크라우드 펀딩 플랫폼을 통한 투자기업 최대 2.5배수 매칭펀드 신청자격 부여, 개인투자조합 운영 시 한국벤처투자(모태펀드)에서 출자검토 대상자격 부여 등이 있다.

제17장

엔젤클럽에 가입하라

기회는 높이고, 위험은 줄이기

17 엔젤클럽에 가입하라

기회는 높이고, 위험은 줄이기

처음 시작하는 엔젤투자자로서 관심이 적든지 엔젤투자에 대한 장기적인 헌신을 진지하게 고려할 정도로 관심이 많든지 지역 엔젤 그룹에 가입할 것을 강력하게 권한다. 전 세계적으로 1천여 개가 넘는 조직이 있으며 75개국 이상에 조직이 적어도 하나씩은 있다. 미국의 모든 주에 적어도 하나는 있으며 대도시 지역은 일반적으로 하나 이상을 보유하고 있다.

이들 그룹의 공통점은 이 자산 클래스에서 자본을 투입하고 젊은 스타트업을 지원하고 서로 돕는 일에 관심이 있는 적극적인 공인 투자자들을 모으는 것이다. 그룹 가입의 이점에는 거래 흐름, 자본, 분야별 전문 지식 및 투자 경험을 나누는 것이 포함된다. 대부분의 그룹은 신입 회원을 대상으로 정기적인 교육을 실시하고 그들이 경험했던 거래를 바탕으로 경험이 부족한 투자자에게 멘토링을 제공한다.

지난 10년간 엔젤 그룹은 전문주식거래협회, 표준화된 최고의 실행, 광범위하게 조직된 연합체, 글로벌 웹 기반 투자관리 플랫폼 및 일반적으로 강력한 실적을 바탕으로 매우 정교해졌다. 예를 들어 뉴욕 엔젤스

(New York Angels)는 지난 몇 년 동안 100개 이상의 스타트업에 7천만 달러 이상을 투자했으며 이들 스타트업은 구글, 인텔, 아마존, CBS, Kodak, AOL, 리빙소셜(Living Social) 및 기타 주요 기업에 의해 인수되었다.

가입 단체의 선정에 있어서 가장 먼저 해야 하는 일은 전문 엔젤 그룹의 전국 연맹 소속인지 확인하는 것이다. 미국의 경우 엔젤 캐피털 협회(Angel Capital Association, ACA)가 될 것이다. 캐나다에는 국제 엔젤 캐피털 기구(National Angel Capital Organization, NACO), 호주에는 호주 엔젤투자 협회(Australian Association of Angel Investors, AAAI) 등이 있다. 부록 G에 주요 그룹들과 함께 국가 연합의 목록이 포함되어 있다.

엔젤 그룹 운영 방법

엔젤 그룹과 일할 때의 경험이 개인적인 엔젤투자자 활동이나 전문 벤처 펀드에 투자하는 것과 다른 점을 이해하는 것이 중요하다.

개인 엔젤투자자로서 투자 결정에 대한 책임은 오직 본인(그리고 배우자)에게만 있다. 즉, 이론상으로는 칵테일파티에서 창업가를 만나 3분짜리 피치를 듣고 현장에서 전체 투자 라운드 금액의 수표를 쓸 수도 있다. 이런 일이 발생하기도 하지만, 이것이 투자 결정을 내리는 데 반드시 최선은 아니다. 개인 투자의 가장 큰 문제점은 훌륭한 창업가를 아는 누군가의 개인적인 소개가 아니면 성공 가능성이 큰 기회를 찾을 수 있는 완벽한 시간과 장소를 알 수 없다는 것이다.

벤처캐피털 펀드는 스펙트럼의 다른 쪽에 있는 기업으로, 1년에 5천만 달러 이상의 매각 금액으로 엑싯하는 80여 개 회사 중 하나를 꿈꾸는

5~20개의 회사를 발견하는 것이 목표인 사업을 하는 상업 조직이다. 자금이 준비되어 있고 전화번호부에 등재되어 있기 때문에 도시의 모든 창업가는 이들의 자금 투자를 얻기 위해 경쟁하고 있다. 그 결과, 주요 벤처캐피털 펀드는 매년 5천~1만 건의 자금 지원 요청을 받는다.

엔젤 그룹은 양극단의 중간에 있다. 개인 엔젤투자자와는 달리 기업가들에게 자신을 노출한다(웹사이트부터 개인적으로 알지 못하는 사업가나 행사 등에서의 자금 지원 신청까지 포함하여). 그러나 벤처 펀드와는 달리 일 년에 수천 건은 아니지만 수백 건의 신청서를 받는다. 즉, 그룹 구성원인 엔젤투자자는 매년 건실하면서도 관리하기 쉬운 투자 기회를 접할 수 있는 가능성이 크다.

전형적인 미국 엔젤 그룹은 매달 스타트업 또는 회원 추천을 통해 12개 이상의 투자 요청을 받을 것이다. 뉴욕 엔젤스(New York Angels) 같은 가장 활발한 엔젤 그룹은 100개 이상의 요청서를 받게 될 것이다. 또한 엔젤 그룹은 종종 하나의 그룹이 단독으로 처리할 수 없는 큰 대형 라운드에 참여하기 위하여 연합체 형태를 결성하고 협력하여 투자를 한다. 전형적인 그룹 회원은 해마다 1~2개의 회사에 투자하여 각각 2만 5천~10만 달러를 투자한다. 대부분의 그룹은 회원들에게 이러한 수준의 투자를 기대하며, 일부는 이 금액을 요구하기도 한다.

즉, 엔젤 그룹에는 벤처 펀드와 같은 예산이나 직원이 없다. 대신, 이들은 스타트업에 자금을 지원하기 위해 함께 노력할 시간과 노력을 투입하는 25~250명의 개인(대부분 창업가)으로 구성된다. 그들은 매년 5~10개의 기업을 발견하기 위하여 일 년에 수백 개의 기업을 리뷰할 수 있는 과정을 체계화해야 하는 동시에 적극적인 그룹(임원진, Type-A 인격 집단)을 조율하여야 한다.

실제로, 대부분의 엔젤 그룹은 지난 30일 동안 제출된 모든 결과물을 검토하고 심사를 위해 이전 30일 동안에 온 것 중 5~15개를 선택하여 월 단위로 작업한다. 선정된 회사는 대개 그룹의 구성원들과 아무런 관계가 없지만 2~20명의 엔젤로 구성된 선정위원단을 만나게 된다. 2~20명의 심사위원은 적어도 30분간 회사의 발표를 듣는다. 따라서 실제 투자자 앞에서 실제 피치 기회를 얻는 기업의 비율은 개인 엔젤 또는 벤처 펀드의 경우보다 훨씬 높다.

선정위원단은 3~5개 기업을 선정하고 질문과 답변을 포함하여 15~30분간 전체 그룹에 공식적으로 발표하도록 한다. 이 모임에서 수십 명의 합법적인 공인 투자자가 회사의 프레젠테이션을 듣고 투자할 만한 회사가 있는지 찾는다. 직업으로 하는 벤처기업과는 달리, 엔젤 그룹 구성원은 스타트업에 투자하기 위해 자발적으로 시간과 돈을 소비하고 있다. 투자할 의도가 없다면 재미만을 위해 이 일을 하는 사람은 없을 것이다.

참여한 엔젤투자자 중 회사에 대한 정보를 더 많이 듣고 싶어 하는 엔젤투자자들이 여럿 있다면, 일반적으로 일련의 후속 회의와 실사가 있을 것이다. 그 결과는 투자자를 위한 거래동의서 작성으로 이어지거나(회사의 실적이 없어도 그룹 회원의 참여로 합리적인 총 투자 금액을 달성하기에 충분한 경우), 한 명 이상의 엔젤투자자가 회사가 발견한 다른 투자자와 함께 투자하기로 합의한다.

세계가 급속히 변화하면서 스타트업에 대한 직접 투자를 촉진시키는 새로운 수단이 늘어나고 있는 상황에서 많은 엔젤 그룹은 기존 검토 과정에 걸리는 시간(자금 요청에서 자금 지원까지 일반적으로 2~3개월 소요)에 만족하지 않는다. 좋은 소식은 그룹으로서, 또는 업계로서 검토 과정의 단계와 복잡성을 줄이기 위해 끊임없이 노력하고 있다는 것이다.

ACA와 그 계열사인 엔젤 리소스 연구소(The Angel Resource Institute)는 연례회의, 연수 세션 및 회원들을 위한 리더십 컨퍼런스를 개최하고 있으며, 많은 엔젤 그룹이 이제는 하나의 그룹이 감당하기에는 큰 투자를 위한 조합 기금(syndicate investment)을 모으기 위해 일상적으로 협력하고 있다.

일부 엔젤 그룹은 주로 생명과학, 기술, 우주 회사, 여성, 소수 민족, GLBT 등이 이끄는 벤처, 사회적 영향력이나 플랫폼을 기반으로 한 회사 또는 대학과 연계된 회사에 전문적으로 투자한다. 어떤 엔젤 그룹은 부동산에서 영화에 이르는 모든 분야에 투자한다. 대부분은 확장성 있는 비즈니스 모델을 갖춘 초기 단계의 고성장 회사에 중점을 두고 있다. 일반적으로 인터넷 또는 소비자 제품 또는 의료기기 기업이 여기에 속한다.

마지막으로 글로벌화되고 체계화된 엔젤 산업을 위한 인프라 구조인 거스트(Gust) 플랫폼의 개발은 스타트업에 대한 관리 부담이 줄어들었음을 의미한다. 창업가는 이제 거스트를 사용하여 무료로 자신의 회사에 관한 하나의 투자자 관계 웹사이트를 만든 다음 비즈니스와 적합할 만한 모든 엔젤 그룹과 국제적으로 공유할 수 있다. 각 그룹의 선정위원회는 거스트의 정보를 검토하고 투자 과정을 진행하면서 내부 공동 작업의 기초로 사용한다. 하나 이상의 그룹이 공동으로 투자를 한다면, 그들 모두 같은 사이트에서 일하게 될 것이다.

이러한 이유들로 조직적이고 전문적인 엔젤 그룹이 시드 기금으로 매년 1억 달러 이상을 투자한다. 주요 그룹은 대체로 자신의 지역에서 많은 거래(유명 회사 포함)를 접하게 된다. 또한 그들의 주요 이점 중 하나는 다른 창업가들과 달리 알려져 있지 않은 창업가들에 관한 편견 없는 정보를 들을 수 있다는 것이다. 미국 이외에 캐나다, 프랑스, 호주, 뉴질랜드, 영국, 아일랜드, 포르투갈, 스페인, 스코틀랜드, 인도, 네덜란드, 독일, 터키, 러시아, 벨로루시 등 활동적이고 조직된 비즈니스 엔젤 커뮤니티를 보유한 수많은 나라가 있다(유럽에서는 엔젤 그룹을 일반적으로 엔젤 네트워크라고 한다). 엔젤 그룹을 찾으려면 gust.com/find-investors에서 거스트 투자 그룹 검색 엔진을 사용하면 된다.

엔젤 그룹이 개별 엔젤투자자와 비교하여 일관되게 우수한 재정적 수익을 올리거나 위험을 감소시키는지 여부를 문서화해두면 흥미로울 것이다. 안타깝게도 현재까지의 결과에 대한 모든 설문 조사는 그룹에 속한 엔젤투자자를 기반으로 했기 때문에 이 가설을 테스트할 확실한 방법은 없다.

그렇지만 여러 사례와 개인적인 증거는 전문 엔젤 그룹 구성원으로서의 투자가 개인 투자보다 더 나은 결과를 얻는다는 강한 상관관계가 있음을 보여준다.

현명한 창업가가 엔젤 그룹과 함께 일하는 방법

개인 투자자와는 대조적으로 엔젤 그룹과 함께 일하는 창업가의 주요 쟁점은 분명하면서도 저평가되어 있다. 그 쟁점은 엔젤 그룹이 지원하기로 선택한 기업의 창업가는 한 번에 소규모 투자자 그룹을 상대한다는 점이다. 그 그룹에는 5~25명의 투자자가 있을 수 있으며, 각 그룹 당 1~10만 달러가 될 것이다.

창업가의 관점에서 좋은 점은 벤처기업의 성공을 바라는 현명한 사람들(5~25명)이 있다는 것이다. 이들의 소개, 인맥, 조언 및 후속 자금 조달은 사업의 중요한 자산이 될 수 있다.

반면 창업가에게 좋지 않은 점은 사업의 세부 사항이 합법적인지 관심을 보이는 사람들이 투자자만큼(5~25명) 있으며, 창업가는 투자자의 돈을 보호하고 정보를 제공할 책임이 있다는 것이다. 대체로 이 방법이 잘 통하지만, 일부 소규모 투자자가 끊임없이 질문하면서 운영에 대해 조언한다는 구실로 간섭하여 CEO의 영향력을 악화시키는 경우를 보았다. 그룹의 다른 사람들과 협력하는 전문 엔젤이라면 그러지 말아야 한다.

그러나 해결책은 간단하며, 대부분의 현명한 창업가와 경험 있는 엔젤 투자자는 신중하게 행동해야 한다.

첫째, 창업가와 리드 엔젤은 그들이 훌륭한 협력 관계를 맺고 있는지 확인해야 한다. 특히 리드 엔젤이 이사로 참여하는 경우 특히 그렇다. 리드 엔젤은 일반적으로 그룹과 창업가의 기본 접점이다.

둘째, 창업가는 조기에, 자주, 모든 투자자들과 완벽하게 의사소통해야 한다. 거래조건동의서에 투자자에 대한 분기보고서 제출 조항이 있는 경우, 창업가는 기업의 현재 실제 상황을 설명하는 관리 서신과 함께 보고서를 보내야 한다. 창업가는 또한 온라인 투자자 관계 플랫폼(거스트 같은)을 이용하여 모든 투자자 자료, 보고서 및 연락처 정보를 최신 상태로 유지하고 엔젤과 정기적인 회의를 통해 질문을 받아야 한다. 분기별까지는 아니더라도 6개월에 한 번은 확인하는 것이 좋다.

현명한 창업가는 사업과 관련된 전문가 소개, 업체 연결, 채용 등 뭔가 필요한 것이 있을 때 반드시 투자자에게 협조를 구한다. 이러한 요청에 응답하고 회사에 진정한 가치를 제공하는 것은 엔젤투자자의 책임이다. 돈은 대체 가능하며, 스타트업 및 투자자 수가 균형이 맞지 않더라도 최고 기업은 어떻게든 자본을 찾을 수 있으므로 엔젤투자자는 실질적인 능력이 있어야 한다. 벤처기업과 관련된 모든 당사자는 처음부터 서로의 관계에서 기대하는 바를 분명히 해야 한다. 회사와 엔젤투자자의 좋은 관계를 유지하려면 투자자들의 요구에 합리적인 제한을 두는 대신 정기적으로 투자자에게 정보를 알리는 것이 서로 편하다.

그렇다면 모든 창업가가 이러한 기대에 부응할까? 그렇지는 않지만, 그 숫자는 증가하고 있다. 비즈니스 파트너와 관계를 맺을 때 이러한 벤치마크를 염두에 두면 엔젤투자자로서 유용하다. 엔젤 그룹의 일원이 됨으로써 융통성 있고 만족스러운 관계를 만들 수 있다.

엔젤 그룹의 재정 문제

어떤 사람들은 엔젤 그룹이 어떻게 재정을 감당하는지, 창업가들에게 자금을 받는지 여부를 궁금해 한다. 대부분의 합법적인 경우에 대한 대답은 '절대 아니다'. 엔젤 네트워크의 유일한 합법적인 수익 모델은 두 가지 형태가 있는데, 엔젤 스스로 수익을 내거나 노출이나 기타 혜택에 대한 대가로 현금을 제공하는 스폰서가 있다.

아마 75% 정도는 구성원인 엔젤투자자들의 연회비로 연평균 500~5,000달러가 될 것이다. 나머지의 경우 그룹은 일반적으로 전통적인 벤처 펀드와 유사한 자본 형태를 지닌 펀드로 조직되며, 펀드의 연간 관리 비용으로 그룹의 운영 예산을 충당한다. 대부분의 엔젤 그룹 및 네트워크는 법률 회사, 회계법인 또는 은행과 같은 전문 서비스 제공 업체의 후원 비용으로 회원들의 개인 기부를 장려한다. 이 스폰서십은 매년 수만 달러에 달할 수 있다.

예외적인 경우로, 거래가 마감될 때 성공보수를 받거나, 자금을 구하는 창업가에게 발표 심사 또는 교육의 명목으로 일정 금액 이상을 부과하는 엔젤 그룹이 존재한다. 그러한 일들은 법적 또는 윤리적 관점에서 문제가 될 수 있다. 대다수의 엔젤 그룹(90% 이상)은 자금 지원을 신청하려는 기업에 신청비를 부과하지 않으며 엔젤 캐피털 연합(Angel Capital Association)은 정책적으로 500달러 이상의 수수료는 금지한다. 실제로 엔젤 그룹의 대다수는 비영리단체이고(엔젤투자자 스스로 스타트업에 투자하여 수익을 창출하려고 노력하고 있는 것은 분명함), 주요 수입원은 아니지만 부과하는 소액의 신청비는 그룹 운영 비용을 충당하기 위해 사용된다. 이는 유한 파트너들이 막대한 관리 보수 비용을 받는 벤처캐피털과 차이가 있다.

창업가들이 일부 엔젤 그룹이 부과하는 신청비에 대해 문의하면 일반적으로 ACA 인증 엔젤 그룹에게 200달러 이하의 신청 수수료는 문제가 되지 않는다고 답한다. 200달러에서 최대 500달러까지는 창업가들이 특정 그룹과 잘 맞는지 여부와 자금 조달 확률을 위한 비용으로 합당한지 여부에 대하여 합리적 판단을 내려야 한다.

500달러가 넘어가면 창업가는 합법적인 그룹인지 확인하기 위하여 많은 것을 신중하게 검토해야 한다(그런 그룹이 잠재적인 엔젤투자자의 회원 자격을 고려할 때와 마찬가지로). 이 부류의 가장 큰 플레이어는 키레츠 포럼(Keiretsu Forum)인데, 27개 그룹으로 구성된 ACA가 아닌 네트워크로 각 지부의 자금 신청에 대하여 3천 달러 이상을 부과한다. 그룹의 관리자는 이를 영리 목적의 기업처럼 운영하지만, 엔젤 회원은 자금 신청 비용으로 수익을 얻지 않으며 투자하기 위한 수표만을 쓴다. 키레츠 포럼은 많은 논란을 일으켰지만, 지난 10년간 180개 이상의 스타트업에 1억 1천만 달러 이상을 투자했기 때문에 이 문제점은 논란의 여지가 있을 수 있다.

엔젤 그룹의 전망

엔젤 그룹에 대한 결론은 윈스턴 처칠(Winston Churchill)의 민주주의에 관한 발언을 연상시킨다. 다른 모든 제도를 논외로 하면, 최악의 정부 형태이다. 마찬가지로, 현재 구성되어 있는 엔젤 그룹은 완벽하지 못하다. 그러나 초보 투자자에게 귀중한 서비스를 제공하며, 앞으로 수년 동안 극적으로 개선될 잠재력을 가지고 있다.

엔젤 그룹은 초기 단계의 자금 조달 환경에서 중요한 역할을 한다. 그들은 새로운 투자자를 시장에 끌어들이고, 지인에게 의존하지 않는 일반적인 개방형 자금 지원 체계를 제공하고, 후기 투자자가 하지 않을 투자 라운드를 조직하기 위해 자금을 모으고, 종종 스타트업에 놀라운 멘토링을 제공하며, 그 밖의 많은 역할을 한다.

그러나 동시에, 과정에 얽매여 시간을 낭비하고 사소한 트집을 잡으려 하는 사람 혹은 비전문적인 사람이라는 불명예를 얻기도 한다. 문제는 엔젤 그룹의 개념을 둘러싼 모순과 현실에 있다. 엔젤 그룹을 한 명의 회원이 주도적으로 이끈다면, 이해관계를 지닌 공인 투자자이기도 하므로 일반적인 업무를 할 사람이 없다. 전문 매니저가 이끄는 경우 실제 투자자가 아니므로 투자를 결정하거나 자신이 보고하는 회원을 통제할 수도 없다. 엔젤 그룹의 관리자가 특출나지 않다면 그룹 활동은 효과가 없을 것이며 최악의 경우 해산될 것이다. 하지만 유능한 관리자라면 그룹을 떠나면서 굉장한 보상을 받고, 전문 벤처기업이 되어 실제 벤처 펀드를 모으게 될 것이다.

주요 엔젤 그룹은 이를 잘 알고 있으며, 모두가 프로세스의 개선을 위하여 많은 시간을 투자한다. 엔젤 캐피털 협회(Angel Capital Association)가 주최하는 연례 정상 회의와 엔젤 그룹 리더를 위한 연례 리더 워크숍이 있다. 워크숍에서는 이러한 문제를 철저히 논의하고 최고의 사례를 공유하며, 공동문서를 작성하고 함께 활동을 수행한다.

앞으로 몇 년 안에 새로운 투자자 모임에서 지역 엔젤 그룹의 역할이 점차 중요해질 것이다. 투자자들은 모범 사례를 배우고, 위험을 감수하며, 능숙한 엔젤과 함께 투자하여 자본을 늘릴 것이다. 능숙한 엔젤이 개입할수록 현실을 경험한 엔젤이 온라인 플랫폼을 이용하여 개인 투자에까지 영역을 넓히는 것은 그리 놀라운 일이 아니다. 그와 동시에 그들은 엔젤 그룹과의 관계를 유지하면서 차세대 엔젤들의 멘토가 될 것이다.

한국 사례 국내 엔젤클럽 현황 및 엔젤클럽 사례

엔젤클럽은 엔젤투자에 관심이 있는 개인 투자자들이 자발적으로 모임을 결성하여 회원들의 전문적인 지식이나 경험을 통해 공동으로 투자기업을 발굴하여 투자하는 모임이다. 엔젤클럽은 일정요건을 갖춰서 한국엔젤투자자협회에 등록 후 승인을 받는다.

엔젤클럽의 등록요건은 회장, 총무 등의 조직을 갖추고 최소 5인 이상의 회원을 확보해야 하며, 적격투자실적보유회원 1인 이상 또는 한국엔젤투자협회에서 운영하는 투자교육(전문개인 또는 적격엔젤) 이수자가 2인 이상일 경우에 등록이 가능하며, 결성 후에는 분기별 1회 이상 클럽활동에 대한 보고를 해야 하고, 연 1회 이상 신주투자실적(5천만 원 이상)을 유지해야 한다. 현재 한국엔젤투자자협회에 등록된 클럽의 수는 240여 개이다.

표 17-1 엔젤클럽 등록 현황

(단위: 명, %)

구분		서울	인천	경기	부산	울산	경남	광주	전남	제주	대구	경북	대전	충남	강원	전북	충북	세종	해외	기타	합계
엔젤투자	회원수	10,380	819	5,661	1,119	335	632	679	305	226	918	427	858	457	335	514	256	143	32	43	24,139
	구성비	42.9	3.4	23.5	4.6	1.4	2.6	2.8	1.3	0.9	3.8	1.8	3.6	1.9	1.4	2.1	1.1	0.6	0.1	0.2	100
엔젤클럽	클럽수	145	2	20	13	4	8	10	1	2	12	2	7	4	3	6	1	-	-	-	240
	구성비	60.5	0.8	8.3	5.4	1.7	3.3	4.2	0.4	0.8	5.0	0.8	2.9	1.7	1.3	2.5	0.4	-	-	-	100

출처: 한국엔젤투자자협회

국내에는 위와 같이 많은 엔젤클럽이 있지만, 모든 엔젤클럽이 활성화되어 있는 것은 아니다. 활성화되어 있는 하나의 사례로 A.I.(Accredited Investors) 엔젤클럽이 있다. 2015년에 설립된 A.I. 엔젤클럽은 의사, 교수, 변호사, 변리사, 세무사, VC, 대기업임원, 벤처기업대표 등의 전문직 종사자와 투자경험자 36명으로 이루어진 엔젤클럽이다. 메디컬, 바이오, 헬스케어의 의료 분야와 정보통신기술 등 다양한 분야의 초기기업에 투자를 해 왔으며 2015년 이후 총 36개 기업(59차 투자)에 약 125억 원의 투자를 집행하였다.

그림 17-1 A.I. 엔젤클럽

AI는 Accredited Investors의 약자로 투자에 책임을 지며, 투자 여력이 있는 엔젤투자자의 클럽이라는 의미입니다. 또한 AI 엔젤 클럽은 Medical/Bio Healthcare 분야 Seed 투자에 오랜 경험과 노하우를 겸비한 국내 최대 공인 엔젤투자 클럽입니다.

더 나은 사회의 성장동력이 될 가능성과 Integrity를 보유한 Start-ups, 창업자라면 분야를 구분하지 않고 기꺼이 위험을 감수하며 투자할 것입니다.

출처: https://www.aiangelclub.com/

제18장

임팩트 투자

투자수익 내며 좋은 일 하기

18 임팩트 투자

투자수익 내며 좋은 일 하기

전통적인 엔젤투자는 항상 시장보다 높은 재정적 수익률의 창출을 우선순위로 하는 경제 활동이다. 앞서 2장에서 개인이 고위험의 혁신적인 스타트업에 돈을 투자하는 여러 가지 이유에 대해 논의하였다. 이 중 많은 부분은 직업적인 혜택이나 개인적 성취 및 재미와 관련이 있다. 그러나 그중 하나는 초기 단계 금융 시장에서 가장 빠르게 성장하는 부분, 즉 '임팩트 투자'일 것이다. 이는 회사가 투자자를 위해 이익, 자본 증가 및 재정적 이익을 창출하는 사업을 하면서, 사회에 대한 사회적 또는 환경적 이익까지 창출하려고 노력하는 회사에 돈을 투자하는 것을 말한다.

임팩트 투자 또는 사회적 벤처캐피털에 대해 알려져 있는 개념은 투자자가 이중적 가치를 목표로 삼고 있다는 것이다. 경제적 이익을 창출하는 재정적인 최종 목표 외에도, 투자는 또한 사회적 선행이라는 두 번째 가치를 목표로 삼는다. 이는 사회나 환경에 대한 투자의 부정적인 영향을 최소화하려는 것이 목적인 '사회적 책임' 투자와는 다르다. 여기서 목표는 의도적으로 사회에 도움이 되는 것이다.

임팩트 투자의 범위는 단순히 "해를 끼치지 않는" 수준(예: 담배 회사나

무기 제조사에는 투자를 피하는 것)에서부터, 적극적으로 "선을 행하는" 수준(예: 아프리카의 저렴한 모기장 개발 또는 페루의 보건진료소 운영)까지 다양하다(그림 18-1 참조).

그러나 문제는 두 변수를 동시에 최적화하기가 수학적으로 불가능하다는 것이다. 즉, 투자의 초점은 사회적 영향과 상관없이 재정적 이익을 극대화하거나, 달성한 수익률에 상관없이 투자의 사회적 영향을 극대화하는 것이다. 두 가지(재정적, 사회적) 목표에 대해 달성 가능한 절대치를 달성하여 함께 해결할 수도 있다. 그러나 이런 이중수익법의 문제점은 ① 재정적 수익과 사회적 영향이 서로 다른 두 가지 척도로 평가되고, 하나의 가치를 다른 가치와 연결시키는 객관적인 수학적 시스템이 없으며, ② 두 척도를 통합하는 방법이 있더라도 이중최적화는 투자자가 두 가지 척도의 가치를 최대화할 때 정도에 미치지 못하는 결과까지도 기꺼이 받

그림 18-1 임팩트 투자와 자선기업 활동 범위

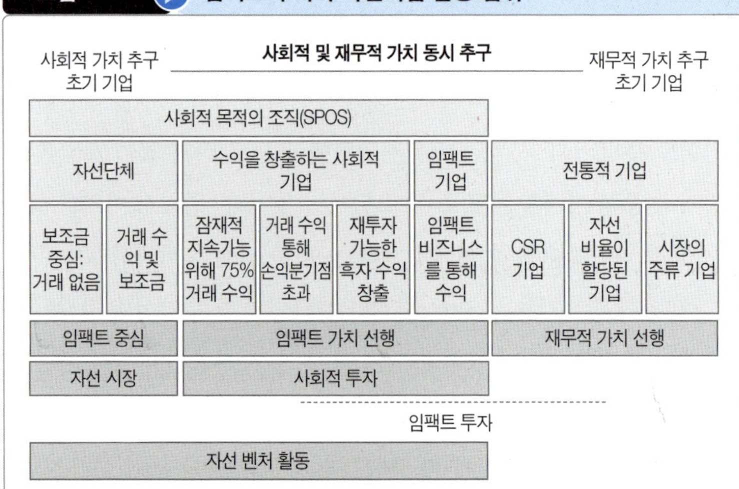

아들여야 한다.

따라서 잠재적인 임팩트 투자자가 자신이 임팩트 투자 매트릭스의 어디에 있는지 확실히 이해하는 것이 중요하다.

그림 18-2에서 볼 수 있듯이 임팩트 투자는 우측 상단 사분면에 위치한다. 이는 높은 재무적 수익 목표와 높은 사회적 및 환경적 영향을 미치는 목표를 결합한 경우이다. 그러나 효과적인 임팩트 투자자가 되려면 "재정을 우선시하는"(투자가 유발하는 영향에 대한 기준을 정하여 재정적 수익률 최적화) 투자자인지 "사회적 영향을 우선시하는"(최대한 사회적 영향을 최적화하면서 목표 재무 수익률에 대한 기준선 설정) 투자자인지 결정해야 한다.

첫 번째 범주에 속해 있는 나는 자선 기부와 자원봉사 활동을 통해 좋은 일을 하려고 노력하며 투자자로서 돈을 벌려고 한다. 그러나 투자하

그림 18-2 임팩트 투자에서의 우선순위

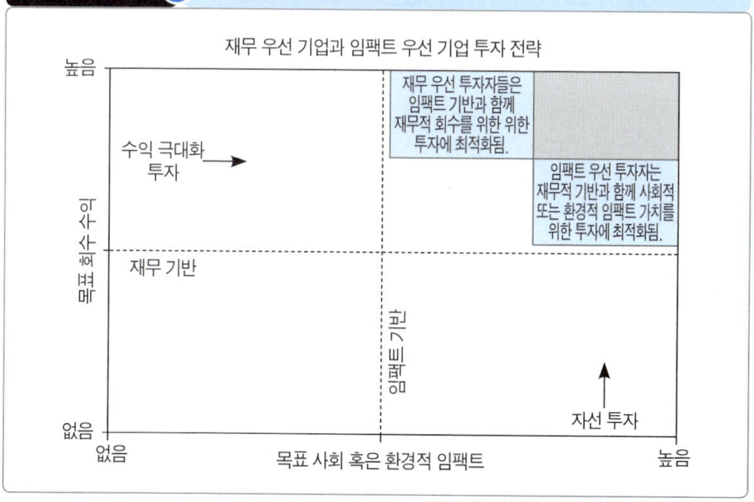

는 회사가 공공의 이익에 도움이 되는 일을 하고 있는지 예의 주시하고 있다. 그래서 나는 의료보험(페루 리마의 보험이 없는 인구를 대상으로 한 간이 진료소, 외상 후 스트레스 장애(PTSD) 환자 퇴역 군인 병원의 원격 진료 등), 교육(학부모와 교사를 위한 공동 웹사이트, 교사를 대상으로 한 학급을 위한 자금 모금 지원 플랫폼 등), 재정(은행 계좌가 없는 근로자를 위한 지불 시스템, 창업가의 자금 조달에 도움이 되는 크라우드 펀딩 플랫폼 등) 영역의 스타트업에 투자하였다.

이 모든 것을 어떻게 함께 할 수 있는지에 대한 좋은 예로 런베스트(LearnVest)라는 회사가 있다. 대학을 졸업한 알렉사 폰 토벨(Alexa von Tobel)은 모건 스탠리에서 2년 근무 후 이직하여 페이스북에서 인수한 나의 포트폴리오 회사 중 하나인 드롭(Drop.io)의 비즈니스 개발을 관리하였다. 강력한 재무 분야 배경을 가진 젊은 여성인 그녀는 많은 여성들이 본인의 재정 상황을 잘 모른다는 사실에 적잖이 당황했다. 은행 계좌, 신용카드 및 자동 급여 공제 관리법 같은 기본 사항에 대한 이해뿐만 아니라 목표에 맞는 다양한 유형의 투자 등 개인 금융 교육은 중요한 과제였고, 그녀는 이를 달성하는 데 보람을 느꼈다.

폰 토벨은 온라인을 기반으로 하는 젊은 여성을 위한 예산 및 조언 플랫폼 사업 아이디어(누구나 쉽고 재미있게 배울 수 있는 개인 금융 교육)를 가지고 사업을 하기 위해 하버드 비즈니스 스쿨(Harvard Business School)에 등록하였다. 삶에는 운명이 개입하기 마련이다. 폰 토벨은 이 초기 스타트업이 국가적인 상을 수상하고, 주요 언론사가 앞다투어 보도하기 시작했을 때 케임브리지 아파트에 간신히 정착할 수 있었다. '카르페 디엠(carpe diem)'이라는 격언에 따라 그녀는 학교를 떠나 뉴욕으로 돌아와 25

세에 그녀의 신생 벤처기업을 위한 모금 활동을 시작하였다.

폰 토벨을 알고 있었고 개인 금융 교육의 어려움을 느끼던 나는 개인 재정 지원을 위해 전문가들과 접촉할 수 있도록 여성을 위한 무료 지역 온라인 개인 금융 공동체를 만드는 그녀의 비전에 서명하였다. 런베스트는 여성이 여성 자신의 수준을 파악하게 만든 다음 각 수준에 따라 교육 비디오, 뉴스레터 및 금융 서비스를 제공했다. 당시 나의 동료인 브론슨 링엄펠터(Bronson Lingamfelter)의 도움으로, 우리는 친구이자 동료인 스테파니 뉴비(Stephanie Newby)가 뉴욕에 설립한 여성 중심의 엔젤 그룹인 골든 시드(Golden Seeds) 회원을 포함하여 다른 초기 엔젤들이 참여하도록 그녀를 도와주었다. 폰 토벨은 엔젤 자금 조달을 통해 1백만 달러가 넘는 시드 라운드를 마감하였다.

최초의 투자 이후 4년 동안 런베스트는 사업의 초점을 여성에서 확대하여 공인 재무 기획자들로 구성된 자격을 갖춘 재무 자문회사가 되었다. 이 회사는 오늘날 1억 달러 이상의 가치가 있으며 액셀 파트너(Accel Partners) 및 클라리타스 캐피털(Claritas Capital)과 같은 최상위 투자자로부터 추가 자본을 조달받았다. 회사의 최근 투자 라운드 참여자 중 한 명은 아메리칸 익스프레스(American Express)였다. 이들은 현재 런베스트와 긴밀히 협력하여 각 고객에게 공동 금융 상품을 제공한다.

엔젤로서 인상적인 젊은 창업가를 지원하고 일반인들의 재정 관리를 도와주면서 투자의 가치를 50배 가까이 높이는 데서 얻은 즐거움에 어떤 가치를 책정할 수 있을까?

값을 매길 수 없을 정도로 아주 귀중하다.

사회 지향적인 시드 기금에 투자하거나, 사회문제 해결을 위한 제품이나 서비스를 제공하는 회사에 직접 투자하거나, 사업적 통찰력과 자유시장경제를 자선적이고 문화적인 공공정책에 적용하는 등 변화를 꾀하며 수익을 만들어낼 투자자에게는 많은 기회가 있다. 비즈니스 경력을 다한 후 엔젤 세계에 접근하는 많은 창업가에게는 이보다 더 좋을 수는 없다.

임팩트 투자를 통하여 사회에 환원하거나 비용을 미리 지급하려는 투자자들이 점점 늘어나면서 많은 조직과 엔젤 그룹이 그들을 지원하기 위해 등장하였다. 가장 유명한 그룹은 토닉(toniic.com)으로, 찰리와 리사 클라이스너(Charly and Lisa Kleissner)가 창립했으며 캘리포니아에 본부가 있지만 전 세계의 지부와 투자자를 기반으로 한 역동적인 그룹이다. 이밖에 주요 임팩트 지향 엔젤 그룹은 영국의 클리어리소(ClearlySo/obviousso.com) 및 미국의 인베스터 서클(investorscircle.net)이다. 소셜 캐피털 마켓(socialcapitalmarkets.net)에서 제작한 연례 SOCAP 회의에서는 "돈과 의미 있는 일의 교차점에서 새로운 글로벌 시장을 가속화하는 데 전념하고 있다"고 밝혔다.

제19장

관심을 갖고 지켜보기

시드펀드와 벤처펀드

19 관심을 갖고 지켜보기

시드펀드와 벤처펀드

이 책에서는 신중하고 전문적인 태도로 스타트업 투자에 접근하는 것이 중요하다고 강조하였다. 그것만이 어느 정도 성공 가능성을 가지고 이 고위험/고수익 게임에 참여할 수 있는 유일한 방법이다. 당신이 투자하려는 기업가, 기업, 산업 전반에 대하여 알아보는데 관심이 없고, 창업가가 일을 하도록 투자하고 투자자산을 유동화할 수 없는 상당기간을 차분히 기다릴 수 없다면 스타트업에 직접 투자하려는 생각은 재고하는 것이 좋다.

그러나 그렇다고 해서 반드시 다른 곳으로 벗어나 활동해야 한다는 의미는 아니다. 초기 단계 창업가 분야가 글로벌 금융 세계에서 증가함에 따라, 직접 투자를 위한 시간이나 전문적인 지식은 없지만 이 자산 클래스에 참여하고자 하는 투자자를 포함한 다양한 투자자의 재정적 요구에 부응하기 위한 산업이 글로벌 금융 세계에서 급부상하고 있다.

최초의 벤처캐피털 펀드는 1946년, 하버드 비즈니스 스쿨(Harvard Business School)의 학장이자 인시아드(INSEAD, 세계적인 종합 비즈니스 스쿨) 창립자인 조지 도리오(Georges Dorio)가 랠프 플랜더스(Ralph Flanders)와 MIT

의 전 총장인 칼 콤프턴(Karl Compton)과 함께 만든 미국 연구개발 법인(American Research and Development Corporation)이었다. 이는 미국의 제2차 세계대전 참전 군인들이 운영하는 사업에 대한 민간 부문 투자를 장려하기 위한 것이었다. 기관의 유한 파트너와 개인으로부터의 자본 모집을 위한 최초의 사모펀드였으며, 대표적인 거래로는 1957년 디지털 장비 법인(Digital Equipment Corporation)이라는 신생회사에 대한 7만 달러의 투자였다. 회사가 1968년에 상장되었을 때 미국 연구개발 법인의 지분은 3억 5천5백만 달러였다.

휘트니 앤드 컴퍼니(H. H. Whitney & Company), 드레이퍼 앤드 존슨(Draper and Johnson), 벤록(Venrock) 등 다른 벤처 기금도 곧 발매되었다. 첫 번째 실용적인 집적회로를 생산한 페어차일드 반도체에서부터 애플 컴퓨터에 이르기까지 초기 벤처캐피털 업계의 매혹적이고 재미있는 모습을 보고 싶다면 영화 〈섬씽 벤처드(*Something Ventured: Risk, Reward and the Original Venture Capitalists*)〉를 추천한다(somethingventuredthemovie.com).

앞서 설명한 것처럼 벤처캐피털 회사 운영의 본질은 간단하다. 유한 파트너(LP)로 알려진 투자자는 일반 파트너로 알려진 전문 투자관리자(VC)가 조율하는 펀드에 자금을 넣는다. 투자관리자는 훨씬 많은 자본을 가지고 더 큰 규모로 투자하는 것을 제외하면 엔젤투자자처럼 행동한다. 벤처캐피털은 유한 파트너의 자금을 성장 잠재력이 높은 스타트업에 투입한다. 이들 기업이 결국에 대기업에 매각되거나 주식 시장에 상장되면, 그 이윤은 유한 파트너에게 돌아간다. 막중한 일에 대한 보상으로 일반 파트너는 매년 총 투자액의 1~3%, 그리고 원 투자금 반환 후 투자 수익의 20%를 받는다.

기업들은 사업을 시작하기 위해 많은 자금이 필요했고, 기업 규모를 키우기 위해 더 많은 자금을 요구하였기 때문에 벤처캐피털 펀드의 규모도 커지기 시작했다. 1990년대 후반 닷컴 호황기에 2년 동안 2천억 달러가 넘는 자본이 미국의 벤처 펀드로 유입되었다. 닷컴 추락 이 후 벤처 펀드는 자신들이 활용해야만 하는 거대한 자금을 갖고 있다는 것을 알았지만, 스타트업에 자금을 배정하는 데는 관심이 없었고 그럴 만한 능력도 없었다(수천억 달러짜리 펀드에 3~4명의 파트너가 있는 경우, 각 파트너당 1~2건의 거래가 이루어지기 때문에 각 거래 규모는 수백만 달러가 되어야 한다). 그래서 벤처 펀드는 빠르게 생산적인 방향으로 움직였고, 펀드의 자금 대부분을 성장 단계 회사의 시리즈 B, C, D와 IPO 전 단계에 투자하였다.

이러한 벤처 펀드의 투자는 초기 단계의 시장에 빈 곳을 남겨 두었고, 2000년대 초 성공한 수많은 엔젤투자자들이 그곳을 채우기 위해 새로운 종류의 벤처캐피털 펀드를 만들기 시작하였다. 이들 중 가장 초기의 것은 조시 코펠만(Josh Kopelman)과 하워드 모건(Howard Morgan)이 2004년에 실험 삼아 설립한 퍼스트 라운드 캐피털(First Round Capital)이었다. 조시는 이베이(eBay)가 인수한 하프닷컴(Half.com)을 공동 설립했으며 하워드는 르네상스 테크놀로지(Renaissance Technologies)와 프랭클린 일렉트로닉 퍼블리셔(Franklin Electronic Publishers)를 포함한 기업의 투자자이자 공동 설립자로서 탁월한 경력을 쌓았다. 두 사람 모두 당시 뉴욕 엔젤 소속이었고 초기 단계의 회사에 투자하는 새로운 종류의 펀드를 만들 기회가 있다고 믿었다.

조시에 따르면, 시드 투자의 목표는 "창업가의 가설을 가능한 한 빠르고 저렴하게 검증하고, 위험 요소를 제거 또는 반증하는 것"이다. 회사 설립 비용이 기하급수적으로 감소하기 시작했기 때문에 일반 벤처 자금에 비해 적은 금액으로 시드 투자가 가능했다. 초기 퍼스트 라운드 캐피털 펀드는 수백만 달러 정도의 규모로 당시 평균 1억 4천9백만 달러였던 벤처 펀드와 아주 큰 차이를 보였다. 유망한 기업을 알아차리는 탁월한 감각과 포트폴리오 팀에 후반투자 지원을 제공할 수 있는 능력으로 이 기금은 새로운 마이크로 벤처캐피털 펀드 또는 시드 펀드의 선두 주자로서 위치를 확고히 하였다.

이후 10년 동안 퍼스트 라운드 캐피털은 계속하여 초기 단계 회사와의 거래에 집중했지만 민트(Mint), 매셔리(Mashery), 바자 보이스(BazaarVoice), 스텀블어펀(StumbleUpon)과 같은 기업의 IPO 및 인수 성공으로 현재 미국에서 가장 바쁜 벤처투자회사 중 하나이며, 새로운 투자자는 받지 않고 있다.

스타트업 창업 비용은 계속 떨어지고 스타트업 수는 점차 늘어나면서, 퍼스트 라운드 캐피털의 발자취를 따라 회사 초기 단계에 소액 자금으로 활동하는 여러 시드 펀드의 호스트 역할을 하는 펀드가 생겨났다. 스타트업 초기 단계(엔젤들이 전형적으로 투자하는 단계)에서 이 기금은 너무 작기 때문에(5백만~5천만 달러 범위), 대형 기금의 일반적인 유한 파트너인 기관 투자자에게는 적합하지 않다. 대신 모든 일을 스스로 할 필요 없이 초기 단계의 거래에 대한 노출을 원하는 개별 인증 투자자에게 적합하다. 이 펀드는 일반적으로 25만~5백만 달러 범위에서 개인으로부터 투자를 받는다.

직원 수는 적고 1~2명의 일반 파트너가 관리하므로 이 자금은 초기 단계의 특정 부분만 전문적으로 취급하는 경향이 있다. 예를 들어 샌프란

시스코에 위치한 소셜스타트(SocialStarts)는 소셜미디어와 관련된 스타트업에 투자한다. 브루클린 브릿지 벤처(Brooklyn Bridge Ventures)는 브루클린의 스타트업에서 비롯된 새로운 벤처기업과 관련하여 강점을 가지고 있다. 트루 글로벌 벤처(True Global Ventures)는 기업가 파트너가 구체적이고 직접적인 가치를 부여할 수 있는 국제 스타트업에 투자한다.

벤처 펀드와 마찬가지로 이러한 시드 펀드에 대한 투자는 여전히 비유동적이다. 자금이 들어가면 오랫동안 움직이지 않을 것이다. 적어도 일반 파트너로부터 정기적인 정보와 업데이트를 받으며 엔젤투자자의 삶을 대신 살 수 있다. 사실 일부 펀드의 특징 중 하나는 유한 파트너가 되어 펀드 자금처럼 엔젤로서 자금을 투자하도록 초청받는다는 것이다. 이러한 펀드들은 성과 보수와 관련하여 문제가 생길 수 있다. 투자와 관련된 모든 일을 펀드가 처리하고 당신은 지켜보기만 하는 경우 펀드가 대상 회사에 대한 투자와 관련된 통상적인 성과 보수를 받는 것이 공정하다. 그러나 이를 허용하는 펀드는 문제를 해결하는 방법을 생각해냈다.

마이크로 벤처캐피털 펀드가 처음 등장했을 때, 투자자를 찾기도 힘들뿐더러 반대로 투자자가 펀드를 찾아내기도 어려웠다. 그러나 스타트업 투자 권유를 허용한 2012년 JOBS 법(JOBS Act)에 따른 변경으로 투자 자금 권유도 허용되었으므로 이제는 전혀 새로운 기회를 맞이하고 있다. 공인 투자자로서 거스트(Gust)에서 시드 및 벤처기업을 검색할 수 있다.

이러한 펀드는 시간보다 현금이 많은 새로운 투자자에게는 스타트업의 초기 단계에 발을 들여 돈을 벌 수 있는 흥미진진하고 수익성 있는 방법이 될 수 있다.

제20장

크라우드 펀딩과 글로벌 혁명

누구나 할 수 있는 엔젤투자

20 크라우드 펀딩과 세상의 변화

누구나 할 수 있는 엔젤투자

1884년 프랑스 국민은 자유의 여신상을 미국에 기증하였다. 마음을 담아 보낸 선물이었지만 미국이 동상을 세울 받침대 건설을 위한 자금을 지원해야 한다는 조건이 걸려 있었다. 미국 의회와 뉴욕 주는 이 프로젝트에 예산 배정을 거부하였고, 신문 발행인인 조지프 퓰리처(Joseph Pulitzer)는 12만 명 이상의 지지자들로부터 10만 달러 이상을 모으는 캠페인을 시작했으며, 모금액 전체의 80%가 1달러 미만이었다.

이것이 첫 번째 크라우드 펀딩(crowdfunding) 캠페인이었다. 많은 소액 기부자들로부터 자금을 모은다는 개념이 주류로 자리 잡기까지 120년이 걸렸고 그 사이 인터넷이 등장하였다. 킥스타터(Kickstarter), 인디고고(IndieGoGo), 로켓허브(RocketHub), 아티스트셰어(ArtistShare) 및 셀러밴드(Sellaband) 같은 유명 온라인 플랫폼과 관련하여 크라우드 펀딩에 대해 들어 보았을 것이다. 또한 이 접근법이 스타트업에 자금을 공급할 수 있는지 궁금했을 것이다. 크라우드 펀딩 모델에서 프로젝트 지지자들은 자신이 믿는 것을 지원하기 위해 기금을 기부하고, 다양한 수준의 보상이나 특혜를 받는다.

여기서 중요한 점은 2003년부터 2014년까지 미국에서 존재했던 "전통적" 온라인 크라우드 펀딩에서 서포터는 이미 약속된 제품이나 감사의 선물을 받는 것 이외에는 회사나 프로젝트에 관한 소유권을 갖거나 여타의 프로젝트 성공에 대한 혜택을 받지 않았다.

나는 지난 10년 동안 여러 가지 이유로 다양한 플랫폼에 걸쳐 12가지 이상의 프로젝트에 자금을 지원하였다. 내 동기에는 특별한 우선순위 없이 순수한 자선 사업, 제품 사전 구매, 브랜드 후원, 내가 원하는 것을 제작하는 기업, 기업 격려 차원, 지인의 부탁 등이 있었다.

여기서 볼 수 있듯이 "금융 수익에 대한 희망"과 "성장하는 비즈니스의 소유권에 대한 관심"은 드러나지 않는다. 2014년 초반(이 책의 출간 시점)의 크라우드 펀딩은 인디고고, 킥스타터나 다른 사이트를 통해 주식 투자의 한 형태로 사용될 수 없었다.

온라인 플랫폼을 통하여 이루어진 또 다른 활동은 P2P (peer-to-peer) 대출이다. 크라우드 펀딩과 마찬가지로 P2P 대출은 회사의 소유 지분(이익과 손실도 공유)을 얻지 못하기 때문에 주식 투자의 한 형태가 아니다. 대신에 고정된 이자율로 돈을 빌려준다. 기술적으로 돈을 돌려받지 못하는 유일한 방법은 차용인이 고의로 채무를 갚지 않거나 파산 신청을 하는 경우이다.

이러한 제한점이 명확하기 때문에, 기업은 킥스타터 또는 기타 전통적 크라우드 펀딩 사이트를 사용하여 사업에 대한 자기 자본을 늘릴 수 없으며 잠재 투자자로서 고성장 신생회사의 지분을 확보할 수 없다. 현재 크라우드 펀딩은 기부 및 보상의 개념을 기반으로 하므로 킥스타터에서 모금된 자금은 자금을 호소한 사람들에게 귀속된다(적어도 계획한 금액을

다 모금한다는 가정하에). 그러나 그들은 일정한 기간 내에 프로젝트를 끝내면 기여한 사람들에게 확실한 보상(제품, 이름 인식, 티셔츠 등)을 제공해야 한다. 하지만 자금으로 뒷받침한 회사의 주식 대신 받을 수 있는 것은 그게 전부이다.

주식형 크라우드 펀딩

1934년 미국 증권거래위원회(US Securities and Exchange Commission) 창설 이후 창업 자금 조달에서 가장 중요한 변화는 2012년 4월 5일 오바마(Barst Obama) 대통령의 JOBS 법(Jumpstart Business Startup Act)이 법률로 통과된 것이다. 2012년 JOBS 법(JOBS Act of 2012)으로 알려진 이 획기적인 법안에는 3가지 주요 요소가 있었다.

첫 번째로 제I안은 회사가 더 오랜 기간 동안 비공개 상태로 존재하기 쉽게 하였고 적절한 시기에 상장하기가 더 쉬워졌다. 이 조항은 대통령의 서명 즉시 효력을 발휘했으며 후기 단계의 기업에 상당한 영향을 미쳤지만, 초기 기업에 미치는 영향은 거의 없었다.

두 번째 구성 요소인 제II안은 처음으로 스타트업이 자금 조달을 원한다는 것을 모든 사람에게 알릴 수 있게 하였다('일반 구매'라고 한다). 회사가 투자를 받는 것은 여전히 공인 투자자의 투자만으로 제한되었지만, 지금은 기업이 비공개로 할 필요가 없다. 제II안은 2013년 9월 23일에 발효되었으며, 회사들이 처음 2개월 만에 250억 달러 이상의 금액을 신고하는 등 스타트업의 자금 조달에 큰 영향을 미쳤다.

그러나 거스트(Gust) 같은 플랫폼을 사용하여 잠재적인 투자로 내부 공동 작업을 관리하는 엔젤 그룹이나, 거스트를 사용하여 이미 기존 관계가 있는 잠재 투자자와의 직접적이고 사적인 커뮤니케이션 채널을 관리하는 스타트업은 언제나 허용되었고, 그렇게 남아있을 것이다. 스타트업에게 있어서 제II안으로 인한 변화는 자금 조달 라운드의 세부 사항을 공개적으로 홍보할 수 있다는 것이다.

그러나 그 변화에는 비용이 따랐다. 새로운 조항을 사용하고 공개적으로 자금 모집을 알리는 스타트업은 현재 모든 투자자가 공인된 투자자라는 것을 증명해야 한다. 오래된 규정(홍보하지 않는 경우 여전히 적용 가능)에 따르면 엔젤투자자로서 해야 할 일은 회사가 제공하는 양식에 서명하여 공인 투자자 자격 요건을 충족하는지 확인하는 것뿐이다. 그러나 일반적으로 일반 구매를 선택하는 회사의 경우, 은행이나 중개인이 서명한 당신의 순자산 또는 소득에 증빙 서류를 요청할 수 있다. 또는 당신이 투자하기 전에 세금신고서 또는 W2 양식을 요청하는 스타트업을 만날 수도 있다. 이것이 많은 기업들이 일반 구매 방식으로 모집하지 않고 더 오래되고 규제가 많은 기금 모금 규칙을 따르려고 하는 한 가지 이유이다. 이러한 부담을 덜어주기 위해 거스트와 공인된 주식 투자를 위한 다른 플랫폼은 투자자의 검증 프로세스를 스타트업 투자와 분리하는 방법을 개발하고 있다. 이러한 서비스를 통해 인증 상태를 한 번 확정하고 여러 투자에 대한 검증으로 사용할 수 있으므로 투자하는 각 스타트업에 개인 정보를 제공할 필요가 없다.

JOBS 법 제III안은 처음으로 공인 투자자가 아닌 "일반인"이 민간기업, 즉 스타트업에 투자 할 수 있다고 말한다. 또한, 이것은 조항에 자금 조달 플랫폼이라 정의된 온라인 방식이나 법률에 따라 등록된 브로커/

딜러를 통해 이루어져야 한다고 명시한다. JOBS 법은 지난 80년간의 모든 증권 규정을 완전히 폐지하는 것이 아니기에, 이러한 방식으로 회사가 모집할 수 있는 자금의 규모와 당해 연도의 공인 투자자가 아닌 투자자의 수를 엄격하게 제한한다.

SEC가 발행한 초안에 따르면 기업은 FINRA(인터넷 자금 조달 플랫폼) 또는 브로커/딜러를 사용하여 비공인 투자자로부터 12개월 동안 최대 1백만 달러를 모금할 수 있다. 그와 동시에 기업은 이전 규칙에 따라 엔젤 그룹이나 거스트 같은 다른 출처에서 자금을 모집할 수 있다. 모든 투자자는 12개월 동안 총 2천~10만 달러를 투자할 수 있다. 12개월 동안 투자 한도는 연간 수입이나 자산 중 큰 금액을 기준으로 한다. 10만 달러 미만(2천 달러 이상)인 경우 5%, 10만 달러 이상인 경우 10%(10만 달러 이하)이다. 투자자는 소득, 자산 및 기타 투자를 스스로 증명해야 한다.

이러한 모든 변화는 결국 무엇을 의미할까? 현재로서는 다음과 같다.

- 이 책의 출간 시점에서 비공인 주식 공모 자금 조달에 대한 변경은 아직 없지만, 비공인 투자자의 주식 크라우드 펀딩이 가능하도록 법안이 제안되었다고 해도 중소기업에게는 힘들고 비용이 많이 들 가능성이 있다.
- 공인 투자자에게만 판매가 가능했던 회사는 일반 구매를 통한 투자자를 찾을 수 있지만, 그렇게 할 경우 공식적으로 투자자의 소득 또는 순자산을 확인해야 한다.
- 이 내용에서 일반 구매는 버스 광고에서부터 트위터, 페이스북 게시물에 이르기까지 거의 모든 종류의 공개 커뮤니케이션을 의미한다.

지분 확보형 크라우드 펀딩을 통해 무엇을 예상할 수 있을까

이 책에서 살펴봤듯이 엔젤투자는 도전적이고 위험하며, 올바른 투자를 위해서는 오랜 시간 많은 노력을 해야 한다. 고액 수표를 발행하는 투자자의 영향력과 주요 투자자 보호조항이 삽입된 주요거래동의서 요구는 말할 것도 없다. 대조적으로 비공인 투자자의 크라우드 펀딩은 다른 유형의 활동이 될 것인데 이는 초기의 공인된 엔젤투자보다는 전통적인 프로젝트 기반 크라우드 펀딩과 유사하다. 2012년 JOBS 법안과 그 지지자들은 크라우딩 투자를 주로 직접 지분 구매와 유사하게 생각했지만(장기적으로 엔젤투자와 유사), 결국 지분 기반 크라우드 펀딩의 실용 가능 모델은 개인적으로 두 가지 접근 방법을 따르는 것이 가장 효과적이라 믿는다.

1. 키커 배수가 있는 수익 기반의 이자부채권

이 모델에서는 자금이 회사에 대출금으로 입금되며, 모든 채권 보유자에게 총수입에 대한 고정된 비율(예: 5%)을 배분하여 이자로 상환한다. 일단 기본액과 이자가 투자자에게 반환되면, 회사는 원래 투자액의 고정 배수(예: 5배)를 받을 때까지 수입의 일정 비율(예: 더 적은 비율, 예: 2.5%)을 지불한다. 회사는 언제든지 기본 기준 이자 +5x 키커를 지불하고 채권을 폐기할 수 있다. 일부 사이트는 유사한 접근 방식을 사용하지만 투자 회수의 배수가 아니라 여러 상환 기간을 제한한다(예: 처음 3년 동안 수익의 5%). 그러나 이러한 방식은 여러 가지 이유로 문제가 많다.

2. 단일 소유자, 전문 관리자가 있는 특수목적기관

이 모델에서 기관들은 개인의 크라우드 펀드 투자를 보유하고, 회사의 관점에서 회사 자본금 표의 단일 항목으로 통합한다. 특수 목적의 전문 관리자는 투자자와 회사 모두와 관련된 모든 행정 업무를 처리하며 계약상 모든 주주 투표에 기권해야 한다.

주식 크라우드 펀딩과 관련하여 어떤 일이 있더라도 신기술, 플랫폼, 비즈니스 모델 및 법률이 적용되면서 초기 자금 조달의 세계가 향후 몇 년 동안 지속 가능할 것이라는 데는 의문의 여지가 없다. 백만장자인 엔젤투자자든, 연 2천 달러의 크라우드 펀드 투자자든 상관없이 장기적인 결과를 얻고자 한다면 이 책의 기본 교훈을 명심하는 것이 중요할 것이다.

....

이 책을 읽었다면 내가 엔젤투자의 사회적, 경제적, 개인적 가치에 헌신하면서도 열정적인 참가자라는 것을 눈치 챘을 것이다. 기업가정신이라는 장치에서 중요한 역할을 하는 엔젤투자는 수백만 명의 사람들이 더 풍요로운 삶을 영위할 수 있도록 미래의 비즈니스를 시작하고 육성하는 데 중요한 역할을 한다. 이 회사들은 설립자, 직원 및 투자자들을 위해 중요한 자산을 만들어 가는 동시에 수백만 명이 보다 부유하게 오랫동안 건강하고 즐거운 삶을 살 수 있도록 도와준다.

이 책에서 얻은 정보를 통해 엔젤투자가 놀라울 정도로 보람 있는 사례일 수 있다는 확신을 얻었기를 바란다. 이 흥미진진한 비즈니스 분야에 뛰어들 준비가 된 당신의 평생에 걸친 모험과 성공을 기원한다.

ANGEL INVESTING

부 록

A 엔젤 스크리닝 및 가치평가 워크시트

회사 ______________________ 날짜 ______________

가중 순위	엔젤 펀딩을 위한 수익 발생 이전 초기 기업의 생존 가능성과 관련된 요소 및 이슈	
0-30% (x3)	경영진의 강점	
	임팩트	창립자의 사업 경험
	+++ ++ + 0 –– –––	CEO로서의 경험 COO, CTO, CFO로서의 경험 제품관리자로서의 경험 다년간의 사업 경험 영업 담당자 또는 기술자의 경험만 졸업 후 바로
	임팩트	창립자의 업계 경험
	++ + –	업계에서의 성공 경험 직접적으로 유사한 업계에서의 경험 업계에 새로 진입
	임팩트	필요하면 새로운 CEO를 위해 물러날 의지
	++ + 0 –– –––	적극적 다소 적극적 중립적 다소 소극적 소극적

	임팩트	창업가가 코칭 가능한가
	+ −−−	예 아니오
	임팩트	경영진이 얼마나 완전한가
	+++ + 0 − −−	완전하고 경험이 풍부 어느 정도 완전 좋은 시작 다소 불완전 아주 불완전
0−15% (x3)	기회의 규모	
	임팩트	회사의 제품이나 서비스에 특정된 시장의 규모
	++ + − −−	>$500,000,000 >$100,000,000 >$50,000,000 <$500,000,000
	임팩트	5년 후의 잠재 수익
	++ + −	>$100,000,000 >$50,000,000 <$25,000,000
	임팩트	이 시장에서의 경쟁 강도
	+ 0 −	약함 중간(또는 없음) 강함
0−15% (x3)	제품 또는 서비스	
	임팩트	제품/서비스가 얼마나 잘 정의되어 있는가?
	+ 0 ++	명확하고, 집중되어 있고, 간결함 어느 정도 정의되어 있으나 집중이 필요 정의가 잘못됨
	임팩트	제품/서비스가 매력적인가?
	+ 0 −	부작용 없는 진통제 진통제 비타민

	임팩트	제품 수용 경로는?
	+ 0 –	제품은 쉽게 이해하고 채택할 수 있는 개선 알려진 시장에 대한 혁신적인 접근 새로운 산업 또는 분야를 정의
	임팩트	제품/서비스를 쉽게 모방할 수 있나?
	++ + – ––	강한 등록 특허로 보호 독특한 제품으로 영업비밀에 의해 보호 모방과 대체에 어려움이 있음 쉽게 모방됨
	임팩트	판매 채널
0–10% (x5)	++ + 0 ––	채널 구축 및 제품 이동 초기 채널 확인 한두 개의 채널로 좁혀짐 채널전략 아직 수립되지 않음
	임팩트	사업 단계
0–10% (x5)	++ + 0 – ––	상당한 수익을 창출하는 고객들 베타 사이트들의 긍정적이고 검증 가능한 수용 제품 출시 준비 완료 프로토 타입 제품 계획만 보유
	임팩트	이 투자 라운드의 규모
0–5% (x5)	+ 0 ––	\$250,000~\$750,000 \$750,000~\$1,500,000 \$1,500,000 초과
	임팩트	후속 자금 조달 필요성
0–5% (x5)	+ 0 ––	없음 \$2,000,000 미만 \$10,000,000 초과
	임팩트	사업 계획 및 프레젠테이션 품질
0–5% (x5)	+ 0 –––	우수 보통 미흡

<table>
<tr><td></td><td>임팩트</td><td colspan="4">사업장 소재지</td></tr>
<tr><td></td><td>+
0
−−</td><td colspan="4">주행 거리 이내
동일 국가 내
다른 지역</td></tr>
<tr><td></td><td>기본
점수</td><td></td><td>무형
(±25%)</td><td></td><td>최종
점수</td></tr>
</table>

B 엔젤투자 실사 체크리스트

내부 실사 체크리스트
회사 개관
– 이곳의 "자본 이야기"(즉, 회사가 추구하는 것이 무엇이며, 왜 이 회사의 주식이 고평가될 것인지)를 설명하시오. 설명이 설득력이 있는가? – 회사는 철저한 사업계획을 수립하고 있는가? – 경영진이 당면한 과제를 명확하게 이해하고 있고 이를 해결하기 위한 현실적인 계획을 가지고 있는가? – 이전의 활동(예를 들어, 미지불된 부채, 승계되지 않은 지식재산권)으로 유발된 결과가 방치되고 있는가?
경영진
– 모든 이력서와 개인 참고자료를 열람할 수 있는가? – 경영진이 집단적으로 그리고 개인적으로 가지고 있는 핵심 강점은 무엇인가? – 경영진에 어떤 공백이 있으며 언제 어떻게 채워질 수 있는가? – 불만 있는 직원이 있는가? 있다면 이유는? 이 직원들이 향후 가시적인 위험을 야기할 수 있는가? – 이사회는 회사에 어떤 강점을 가져올 수 있는가? 강점은 어떻게 증강될 수 있는가? – 자문위원회가 있는가? 있다면 얼마나 활동적인가?
마케팅
– 회사가 진정한 시장이 무엇인지 잘 정의하고 있나? – 이 시장이 매력적일 정도로 충분히 크고 빠르게 성장하고 있나? – 회사의 시장은 일반적인 시장인가, 틈새시장인가?

- 일반시장이라면 경쟁사보다 두각을 나타내는가? - 틈새시장이라면 매력적인 현금흐름을 형성하거나 큰 회사가 인수할 정도로 충분히 시장을 지배하고 있나? - 회사가 시장을 선도하고 있는가? 시장점유율은? - 회사가 누리는 진입장벽은 무엇인가? 진입장벽은 얼마나 오래 지속되는가? - 경영진은 사업을 측정하기 위한 핵심 지표를 이해하고 있으며, 진척 상황을 효과적으로 추적하고 있는가? 유사한 기업과 비교할 때 측정 기준은 어떠한가? - 회사가 합리적인 사업 모델을 갖고 있는가?
판매
- 고객 레퍼런스 콜이 자사의 제품/서비스 수요에 대한 클레임 관리를 수행하는가? - 회사 파이프라인이 매력적인가? 목표물을 타격할 확률은 얼마나 될까? - 판매전략이 합리적인가? 개선하기 위해서 무엇을 할 수 있는가? - 회사는 수익성 있게 고객을 확보할 수 있는가? - 경쟁상에 비해 판매주기가 좋은가, 나쁜가? 그것은 매력적인가?
경쟁
- 회사는 간접적인 경쟁사를 포함하여 누가 자신의 경쟁사인지 알고 있는가? - 회사는 경쟁사에 대비해서 어디에 있나? 사업에서 경쟁사를 이길 수 있는가? - 회사는 경쟁을 제한할 수 있을 정도로 충분히 사업계획을 좁은 범위에 집중했나? - 경쟁사에게 자금 지원이 얼마나 잘 되고 있나?
제품개발
- 제품은 꼭 필요한 물건인가, 좋은 물건인가, 사치품인가? 중대한 문제를 해결하거나, 성장을 가능하게 하거나(B2B의 경우)/엔터테인먼트를 제공(B2C의 경우)하는가? - 고객의 요구에 대해 상세하게 설명하시오. - 회사는 제품 개발에 능숙하다는 것을 증명했는가? 적절한 기술팀을 보유하고 있나? - 제품 개발은 인지된(또는 더 바람직하게는 연구된) 고객 요구 또는 다른 자극으로부터 유입되었는가? 설명하시오.
지식재산권
- 회사는 적절한 지식재산권 전략을 가지고 있는가? 설명하시오. - 특허나 다른 지식재산권과 관련한 이슈가 있는가?
생산/운영(인사, 고객지원, 이행, 반품, 물류)
- 경영진과 다른 직원들이 회사를 장기적으로 운영하기 위해 적절한 인센티브를 누리고 있는가? - 경영진의 이익은 우리의 이익과 일치하는가?

– 총 인건비가 적절한가? – 비영업부서 관리 및 고객지원에 대한 현실적인 계획을 가지고 있나? 고객만족도를 유지하면서 고객 증가를 감당할 수 있나?
자금 조달 전략
– 가치평가가 매력적인가? 자금이 회수되고 IRR(계산 가능한 경우)이 예상되는 시간은? 리스크 조정 수익률이 매력적인가? – 회사가 우리의 자금으로 무엇을 할 것인지 철저할 계획을 가지고 있는가? 합리적인가? – 회사가 적정 규모의 자금을 조달하고 있는가? – 사업계획에 어떤 자금 조달 리스크가 존재하는가? 추가로 얼마를 더 조달해야 하고 (금액과 시기적으로) 얼마나 융통성 있는가?
재무
– 회사는 합리적인 가정에 근거한 현실적인 예상치를 가지고 있는가? – 예상치가 상향(좋음)인가, 하향(좋지 않음)인가? – 회사가 좋은 운영 레버리지를 가지고 있는가? – 마진이 매력적인가(절대적으로 그리고 경쟁사 대비 상대적으로)? – 회사가 이전의 예산을 맞추었나, 초과하였나, 미달하였나? 분산을 분석하시오.
자산 및 재산
– 여기에 어떤 이슈가 있는가?
고객 레퍼런스
– 레퍼런스 콜의 요약을 작성한다. – 고객 레퍼런스 콜이 자사 제품/서비스 수요에 대한 클레임 관리를 수행하는가? – 고객이 제기한 이슈가 있는가? 경영진이 인지하고 이 이슈를 (유도하지 않고) 시인하는가?
계약과 협약
– 법률 고문과 모든 계약을 검토하고 모든 이슈, 위험, 누락을 표시하시오.
회사 문서
– 법률 고문과 모든 회사 문서를 검토하고 모든 이슈, 위험, 누락을 표시하시오.
세금
– 회사의 세금 상황을 검토하고 다음 몇 년간의 현금흐름에 미치는 영향을 분석하시오.

보험
– 보험 적용의 적절성을 평가하고 보험 격차의 투자 논문에 관한 위험을 분석하시오.

C GUST 사의 컨버터블 노트 주요 거래건

TERMS FOR CONVERTIBLE NOTE BRIDGE

FINANCING OF NEWCO, INC.

__________, 20_____

The following is a summary of the principal terms with respect to the proposed Convertible Note Financing of NewCo, Inc., a Delaware corporation (the "Company"). Except for the sections entitled "Expenses" and "No Shop/Confidentiality," such summary of terms does not constitute a legally binding obligation. Any other legally binding obligation will only be made pursuant to definitive agreements to be negotiated and executed by the parties.

발행할 증권(Securities to Issue)

Convertible Promissory Notes of the Company(the "Notes").

총 수익금(Aggregate Proceeds)

Minimum of $________ and maximum of$_________ in aggregate, including the conversion of any prior Convertible notes outstanding as of the Closing.

대출기관(Lenders)

Nice Guy Angels, LLC (the "Lead Lender")who will lend a minimum of _________ and other lenders acceptable to the Company and the Lead Lender.

구매 가격(Purchase Price)

Face value.

이자율(Interest Rate)

Annual 5% accruing cumulative interest, payable at maturity.

기간(Term)

All principal, together with accrued and unpaid interest under the Notes, is due and payable on the date that is 12 months from the Closing (the "Maturity Date"). The Maturity Date may be extended by the consent of holders of the Notes that hold a majority of the aggregate outstanding principal amount of the Notes(a "Majority Interest").

노트 우선순위(Note Priority)

Notes shall be senior to all other indebtedness. All unsecured indebtedness of the Company for borrowed money will be fully subordinated tothe prior payment of all principal and interest on the Notes.

선급금(Prepayment)

The Notes may not be prepaid without the consent of a Majority Interest.

전환(Conversion)

The "Conversion Sales Price" shall be a price per share equal to the lesser of (i) 80% of the lowest price per share paid by any other party purchasing Common or Preferred stock upon a Conversion Event as defined below, and (ii) the price obtained by dividing (x) $__________(the "Valuation Cap") by (y) the number of Fully Diluted Shares outstanding immediately prior to the Conversion Event. "Fully Diluted Shares" shall mean the number of shares of Common Stock of the Company outstanding at the applicable time assuming full conversion or exercise of all then outstanding options, options reserved for issuance, warrants, and convertible securities (other than the Notes). A "Conversion Event" shall mean any one of the following events:(i) Qualified Financing. The Company consummates, on or prior to the Maturity Date, an equity financing pursuant to which it sells shares of a series of its preferred stock("Preferred Stock") with an aggregate sales price of not less than $________ (excluding all indebtedness other than the Notes that is converted into Preferred Stock in such financing) with the principal purpose of raising capital (a "Qualified Financing"). (ii) Non–Qualified Financing. The Company consummates, on or prior to the Maturity Date, an equity financing pursuant to which it sells shares of a series of Preferred Stock, which is not a Qualified Financing (a "Non–Qualified Financing"). (iii) Change of Control. On or prior to the Maturity Date and prior to the consummation of a Qualified Financing, the Company consummates a change of control or sale transaction of its common stock ("Common Stock"). (iv) Maturity. The Company has not consummated a Qualified Financing or a change of control or sale transaction on or prior to the Maturity Date, and the Maturity Date has not been extended by a Majority Interest. Conversion under (i) shall be automatic. Conversion under (ii) – (iv) shall be at the option of a Majority Interest. In the event of a Financing conversion described in (i) or (ii) above, the Notes shall convert into a series of Preferred Stock that is identical to the securities issued in the Qualified or Non–Qualified Financing and on the same terms as the other parties purchasing such stock upon the Conversion Event, except that for the purposes of the Notes, the Original Issue Price in such financing shall be the discounted price actually paid per share by the noteholder.

In the event of a Change of Control conversion described in (iii) above, the Notes shall convert into Common Stock. In the event of a Maturity conversion described in (iv) above, the Notes shall convert into non-participating convertible preferred stock with a 1x liquidation preference, customary dividend preference, customary broad-based weighted average anti-dilution protection, and customary protective provisions which will entitle the holder to customary contractual preemptive rights and other customary contractual rights (each as provided in the Seed Series Convertible Preferred model documents maintained at gust.com/seedseries) ("New Preferred Stock").

특별 승인(Special Approvals)

So long as a Majority Interest is entitled to elect a Lender Director, the Company will not, without Board approval, which approval must include the affirmative vote of the Lender Director: (i) incur any aggregate indebtedness in excess of $50,000; (ii) make any loan or advance to any person, including employees, subject to customary exceptions; (iii) make any expenditure not in compliance with the annual budget approved by the Board including the Lender Director (other than expenditures within 25% of budget, individually, and in the aggregate); or (iv) approve or enter into any related party transactions (including any amendment of agreements with the founders).The Company will not, without the consent of a Majority Interest: (i) approve the voluntary liquidation or dissolution of the Company(or any subsidiary), a sale of all or substantially all of the Company's assets, a merger or consolidation of the Company with any other company, or a lease or exclusive license of the Company's assets (each a "Liquidation Event")(other than a Liquidation Event in which net proceeds exceed $__________); (ii) authorize, create (by reclassification or otherwise), or issue any new class or series of shares (including in connection with a Qualified Financing)or debt security; or (iii) declare or pay any dividend or distribution or approve any repurchase of capital stock.

자금의 사용(Use of Funds)

Proceeds shall be used for general corporate operations, and not for repayment of any existing debt obligations of the Company.

문서화(Documentation)

Transaction documents will be drafted by counsel to Lenders.

재무 정보(Financial Information)

All Lenders will receive quarterly financial statements and narrative update reports from management. Lead Lender will receive such information monthly.

이사회(Board of Directors)

Following the initial Closing, the Company's board of directors (the "Board") shall include one representative designated by the Lead Lender (the "Lender Director"), so long as any principal or interest remains outstanding under the Notes.

비용(Expenses)

The Company shall pay the reasonable fees and expenses of a single counsel to the Lenders up to $5,000 if the financing closes. If the financing is not consummated, each party will bear its own legal fees and expense, unless the financing is not consummated by reason of the Company's refusal to proceed, in which case the Company shall pay the Lenders' out-of-pocket expenses, including legal fees.

창립자/직원(Founder/Employees)

Founder(s) and all employees and contractors as of the Closing shall have assigned all relevant IP to the Company and shall have entered220 APPENDIX C into non disclosure, noncompetition, and non solicitation agreements in a form reasonably acceptable to Lenders, with such covenants to be applicable during the term of their employment by the Company and for one year after the termination thereof.

노숍/기밀성(No-Shop/Confidentiality)

The Company agrees to work in good faith expeditiously towards a closing of this note financing (the date the earliest Note is issued shall be the "Closing"). The Company and its officers and founders agree that they will not, for a period of 30 days from the date these terms are accepted, take any action to solicit, initiate, encourage, or assist the submission of any proposal, negotiation, or offer from any person or entity other than the Lenders relating to the sale or issuance, of any of the capital stock of the Company or the acquisition, sale, lease, license, or other disposition of the Company or any material part of the stock or assets of the Company, or the execution of any debt instruments of any kind, and shall notify the Lenders promptly of any inquiries by any third parties in regards to the foregoing. The Company will not disclose the terms or existence of this Term Sheet or the fact that negotiations are ongoing to any person other than officers, members of its board of directors, and the Company's accountants and attorneys and other potential Lenders acceptable to the

Lead Lender, without the written consent of the Lead Lender.

만료(Expiration)

This Term Sheet expires on __________,20__ if not accepted by the Company by that date.

This Term Sheet may be executed in counterparts, which together will constitute one document. Facsimile or digital signatures shall have the same legal effect as original signatures.

NEWCO, INC.

____

Name:

Title: Founder and CEO

Date: ______________________

NICE GUY ANGELS, LLC

____

Name:

Title:

Date: ______________________

D GUST 사의 시리즈 시드 주요 거래조건

This term sheet for financing early stage companies with investments from sophisticated angel investors was developed by Gust, the platform powering more than 90 percent of the organized angel investment groups in the United States. The goal was to standardize on a single investment structure, eliminate confusion, and significantly reduce the costs of negotiating, documenting, and closing an early stage seed investment.

For those familiar with early stage angel transactions, this middle-of-the road approach is founder-friendly and investor-rational, intended to strike a balance between the Series A Model Documents developed by the National Venture Capital Association that have traditionally been used by most American angel groups (which include a 17-page term sheet and 120 pages of supporting documentation covering many low-probability edge cases), and the one-page Series Seed 2.0 Term Sheet developed in 2010 by Ted Wang of Fenwick & West as a contribution to the early stage community (which deferred most investor protections and deal specifics until future financing rounds).

TERMS FOR PRIVATE PLACEMENT OF SEED SERIES PREFERRED STOCK OF

[Insert Company Name], INC.

[Date]

The following is a summary of the principal terms with respect to the proposed Seed Series Preferred Stock financing of __________, Inc.,a [Delaware] corporation (the "Company"). Except for the sections entitled "Expenses," "No Shop/Confidentiality," and "Special Terms," such summary of terms does not constitute a legally binding obligation. Any other legally binding obligation will only be made pursuant to definitive agreements to be negotiated and executed by the parties.

> Shares of stock are only applicable to an incorporated company (which means that this term sheet is only applicable to a C Corporation. Angel investments in a Limited Liability Company are more complex, and require a different structure.)
>
> Delaware is the favored state of incorporation for U.S. businesses (including more than half of the Fortune 500) because it is considered "corporate-friendly" with well-established case law. While not required either by law or by this term sheet, incorporation of the company in Delaware is strongly advised. Recently, Nevada has developed a similar reputation, and is sometimes used as the incorporation venue for companies based on the West Coast.

This term sheet is, for the most part, "nonbinding," which means that it is used only to document the general meeting of the minds between the two parties, and not to serve as the legal basis for the investment. However, this paragraph makes clear that the three specific sections referenced, "Expenses," "No Shop/Confidentiality," and "Special Terms" (if such a section is included), ARE legally binding, and once this term sheet is signed by both parties, those sections [only] are immediately in force. Therefore, regardless of whether or not the investment is ultimately made, any breach of things such as the confidentiality provisions, or the requirement to pay legal fees, can subject the breaching party to legal action by the other.

Note that the company name should be inserted in both the title and in this paragraph, the state of incorporation should be inserted where indicated, and the brackets should be removed. If there is a Special Terms section added to the document, the brackets around that phrase should be removed, otherwise delete the whole bracketed phrase.

거래조건 제안(Offering Terms)

발행할 증권(Securities to Issue)

Shares of Seed Series Preferred Stock of the Company (the "Series Seed").

In exchange for their financial investment, the investors under this term sheet are acquiring shares of stock in the company. Unlike Common Stock (which is what is usually purchased on the public stock markets), this term sheet specifies Preferred Stock. The difference is that in the case of a sale, liquidation, or winding up of the company, the Preferred Stock gets paid back first, before any Common Stock (which is typically what Founders and employees of the company hold). However, because Preferred Stock gets back ONLY the amount invested, all of the upside goes to the Common Stock holders. For that reason, a subsequent section of this term sheet provides for the option of the investors to convert the Preferred to Common, if such conversion would be in the investors' interest.

Note that the class of stock being purchased in this investment round is named "Series Seed." This is a purely arbitrary name, for reference purposes.

Traditionally, a first, relatively small, investment round from angel investors or a seed fund would be called a Series Seed. The first institutional investment round from a venture capital fund would be called a "Series A," with each subsequent round incrementing one letter (Series B, Series C, etc.).

총 수익금(Aggregate Proceeds)

Minimum of $______ [and maximum of $________ in aggregate].

This sets forth how much money the company is planning to raise in this round. Investors typically would not want to fund their commitments until they are sure that the company will receive enough money to be able to achieve its objectives for this round. As such, even if the investors and the company sign the term sheet today, no money will change hands until at least the minimum amount is committed by adding additional commitments from other investors. If the company and investors have agreed upon a maximum amount to be raised, insert it here and remove the brackets. If there is no maximum, delete the bracketed phrase.

리드 투자자(Lead Investors)

__________________ who will invest a minimum of $_________

This sets for the identity of the investor(s) who are signing this term sheet and committing to invest in the company. While other investors may participate in the funding, the primary investor (whether individual, fund, or group) may (but need not) be granted additional rights in the term sheet. The amount here is the minimum amount that the Lead investor(s) are committing to this round, and is distinct from the minimum amount required to consummate the investment.

주당 가격(Price Per Share)

$_______ (the "Original Issue Price"), based on a pre-money valuation of $____, calculated based upon the capitalization of the Company as set forth in Exhibit A inclusive of an available post-closing option pool of 15 percent after receipt of maximum Aggregate Proceeds.

The price that investors will pay for each share of Preferred Stock is calculated on the basis of the other factors noted in the term sheet, as well as the number of shares that the company has authorized (or will do so as part of this round). This price is usually filled in last, with the important number in this paragraph being the "pre-money valuation." This is the amount that the Founders and investors agree that the company is worth as of the date the term sheet is signed, before the investors' money is received by the company.

To make this section absolutely clear for everyone, it refers to Exhibit A to the Term Sheet, which is a Capitalization Table for the company, showing in names and numbers exactly who owns what shares, both before and after the investment.

In the second part of the sentence the parties agree that before the investment happens, the company will set aside extra shares of Common Stock that will be used to attract and compensate future employees. This is known as the "unallocated, post-closing, option pool." The important thing to understand here is that the 15 percent for the option pool is what will exist AFTER the investment, but the calculation is done BEFORE the investment is made. That means all of the shares for the option pool come out of the Founder's shares, not the investors'. Here is an example: A founder owns 100 percent of a company. Investors put in $350,000 in exchange for 35 percent ownership. That means the "post money" valuation of the company is $1 million, and the "pre-money" valuation (after subtracting out the $350,000) is $650,000. However, as the term sheet indicates, there needs to be a pool of 15 percent of the stock available for employee options. This means the post-closing Cap Table shown in Exhibit A will show 35 percent for the investors, 15 percent for the option pool, and 50 percent for the Founder.

배당(Dividends)

Annual 5 percent accruing cumulative dividend payable when as and if declared, and upon (a) a Redemption or (b) a Liquidation (including a Deemed Liquidation Event) of the Company in which the holders of Series Seed receive less than five times the Original Issue Price per share (the "Cap"). For any other dividends or distributions, participation with Common Stock on an as−converted basis.

A dividend on Preferred Stock is roughly equivalent to interest on a loan. This paragraph says that investors are entitled to a 5 percent dividend each year on their investment, but that the company's Board decides "when, as, and if" dividend payments are actually made.

Since growing companies always need cash, it would be extremely unusual for a Board to declare a dividend payment during the early years. However, "accruing cumulative dividends" means that if the dividends are not paid each year, they continue to accrue until such time as they are. This paragraph sets out a couple of additional cases where the accrued dividends must be paid: (1) is the highly unusual case in which after seven years (as laid out in a subsequent section) the company is successful but the investors have not been able to get their money out, and therefore require the company to repurchase their stock; and (2) a sale or other winding up of

the company… but only in a case where the investors would otherwise receive less than a 5x return.

Finally, the last sentence says that if the Common Stock (usually held by the Founders) gets a dividend, so does the Preferred Stock held by the investors.

청산 선호(Liquidation Preference)

One times the Original Issue Price plus any accrued and unpaid dividends thereon (subject to the "Cap") plus any other declared but unpaid dividends on each share of Series Seed, balance of proceeds paid to Common. A merger, consolidation, reorganization, sale, or exclusive license of all or substantially all of the assets or similar transaction in one or a series of transactions will be treated as a liquidation (a "Deemed Liquidation Event").

This paragraph says that if the company is converted to cash ("liquidated") whether for happy reasons, such as getting acquired for a billion dollars, or sad ones, such as going out of business and selling the furniture, after paying all of its debts (which always get paid before equity), any remaining money first goes to pay back the amount put in by the investors and then goes to pay the accrued dividends. After that, everything and anything that's left goes to the Common Stockholders (typically
the Founders and employees).

While this sounds good for investors in the sad case, it means that in the happy case, even if the company is sold for a billion dollars, the only money the investors will get back is their original investment plus the 5 percent dividend. That's the reason for the next section: conversion.

전환(Conversion)

Convertible into one share of Common (subject to proportional adjustments for stock splits, stock dividends, and the like, and Broad-Based Weighted Average antidilution protection) at any time at the option of the holder.

Here's where investors get their return: while Preferred Stock gets paid off first, it doesn't participate in any upside benefits. On the other hand, Common Stock gets a proportional share of any incoming money (such as from the proceeds of an acquisition), but has to stand in line behind the Preferred. So this paragraph says that investors who hold Preferred Stock can choose at any time to convert it into Common Stock.

Here's where investors get their return: while Preferred Stock gets paid off first, it doesn't participate in any upside benefits. On the other hand, Common Stock gets a proportional share of any incoming money (such as from the proceeds of an acquisition), but has to stand in line behind the Preferred. So this paragraph says that investors who hold Preferred Stock can choose at any time to convert it into Common Stock.

The result is that in a bad scenario (the company is going out of business) the investors stay with Preferred, and get the first money out. But in a good scenario (an

acquisition at a high price), they will choose instead to convert to Common, and share in the good things.

The "Broad-Based Weighted Average antidilution protection" means that if the company at some point in the future raises money at a lower valuation than that being used for the current round, the current investors will be partially protected. This provision is a middle-of-the-road industry standard, halfway between the Founder-biased "no anti dilution" approach and the Investor-biased "full ratchet anti dilution" version.

의결권(Voting Rights)

Votes together with the Common Stock on all matters on an as-converted basis. Approval of a majority of the Series Seed required to (i) adversely change rights of the Series Seed; (ii) change the authorized number of shares; (iii) authorize a new series of Preferred Stock having rights senior to or on parity with the Series Seed; (iv) create or authorize the creation of any debt security if the Company's aggregate indebtedness would exceed 50 percent of the aggregate proceeds of the Series Seed; (v) redeem or repurchase any shares (other than pursuant to the Company's right of repurchase at original cost); (vi) declare or pay any dividend; (vii) increase in the option pool reserve within two years following the closing; (viii) change the number of directors; or (ix) liquidate or dissolve, including any change of control or Deemed Liquidation Event.

This is where most of the protective provisions for investors are found. It says that even though investors hold Preferred Stock, when it comes to voting we will treat them as if they had converted to Common Stock, so that everyone who owns stock (founders, investors, et al.) gets to vote together on things requiring Shareholder approval. However, in addition to their voting alongside every other shareholder, this paragraph provides for a "series vote" on certain issues. That is, even if the Board of Directors and 100 percent of all the other shareholders voted to do something in one of these areas, it wouldn't happen unless a majority of the investors in this round agreed. The subjects requiring a series vote are generally ones that protect the investors from having their rights stripped, or their voting power diluted out of existence, or having the money they just put in go to someone else.

문서화(Documentation)

Documents will be based on Seed Series Preferred Stock documents published at http:/gust.com/SeriesSeed which will be generated/drafted by Company counsel.

A term sheet lays out the general outline of an investment, but the devil is in the details. Once the Term Sheet is signed and the company and investors proceed to a closing, the lawyers then draft dozens of pages of documentation, including an amended Certificate of Incorporation, a Shareholders' Agreement, an Investors' Rights Agreement, etc. The Gust website has a set of standard, model documents that match the provisions of this term sheet and make it very easy for an attorney to use them as the basis for his or her work.

While nothing will be signed and finalized until both the parties and their respective attorneys are satisfied, someone has to take the first step in drafting the documents. This paragraph says that the Company's counsel will do so, based on the Gust standard docs.

재무 정보(Financial Information)

All Investors will receive annual financial statements and narrative update reports from

management. Investors who have invested at least $25,000 ("Major Investors") will receive quarterly financial and narrative update reports from management and inspection rights. A management rights letter will be provided to any Investor that requires such a letter. All communications with Investors shall be conducted through Company's secure investor relations deal room on the Gust platform, which Company shall be responsible for maintaining with current, complete, and accurate information.

Because private companies are not required to file any statements with the Securities and Exchange Commission, this section lays out what information the company will be required to provide to its investors so that they are aware of what is happening with their investments. It provides for annual financial and written update reports from the company's management to be sent to all investors. In addition, investors who have put in more than $25,000 are entitled to quarterly reports, and also have the right to visit the company on request and see the corporate books and records (subject, of

course, to confidentiality).

A Management rights letter is a particular document required by certain venture funds.

To ensure timely communications with investors, the company is required to keep its information updated and current in its Gust deal room, which will greatly enhance both the company's investor relations, and the investors' portfolio management activities.

참여권(Participation Right)

Major Investors will have the right to participate on a pro rata basis in subsequent issuances of equity securities.

If the company sells additional stock at any time in the future, this says that each investor has the right (but not the obligation) to participate in such future rounds on

the same terms as the new investors, at least up to an amount that will enable them to maintain the same percentage ownership after the new investment that they had before.

상환권(Redemption Right)

The Series Seed shall be redeemable from funds legally available for distribution at the option of the holders of a majority of the outstanding Series Seed commencing any time after the seventh anniversary of the Closing at a price equal to the Original Purchase Price plus all accrued but unpaid dividends and any other declared and unpaid dividends thereon. Redemption shall occur in three equal annual portions.

> If, after many years, the company ends up as "lifestyle" business, where it is profitable but not likely to ever have an exit, this paragraph gives the investors the
>
> right to require the company to buy back their stock for what they paid for it (plus dividends). The repurchase (known as "redemption") would take place over three
>
> years, starting at the investor's option any time after the seventh year.

이사회(Board of Directors)

Two directors elected by holders of a majority of Common stock, one elected by holders of a majority of Series Seed. Series Seed Director approval required for (i) incurring indebtedness [exceeding $25,000] for borrowed money prior to the Company being cash flow positive, (ii) selling, transferring, licensing, pledging, or encumbering

technology or intellectual property, other than licenses granted in the ordinary course of business, (iii) entering into any material transaction with any founder, officer, director, or key employee of the Company or any affiliate or family member of any of the foregoing, (iv) hiring, firing, or materially changing the compensation of founders

or executive officers, (v) changing the principal business of the Company, or (vi) entering into any Deemed Liquidation Event that would result in the holders of Series Seed Series receiving less than five times their Original Purchase Price.

> The Board of Directors of a company is in charge of making all major decisions, including hiring/firing the CEO. This paragraph establishes a three-person board, with two of the members appointed by the Common stockholders, and one by the investors in this round.
>
> While this 2:1 ratio means that the directors appointed by the Common (usually the founder(s) themselves) could always outvote the investor, the term sheet equalizes things by setting forth a number of areas in which not only does a majority of the board have to approve, but the director appointed by the investors must also specifically approve. The $25,000 limit on borrowing is rational for smaller deals, but can be increased for larger ones.

비용(Expenses)

Company to reimburse Investors a flat fee of $______ for background check expenses, due diligence, and review of transaction documentation by Investors' counsel. Company shall be responsible for expenses related to Company's Gust investor relations deal room.

> Out-of-pocket expenses related to closing an investment are typically picked up by the company out of the investment proceeds. Given no deviation from this standard term sheet, a moderate flat fee for all of the investors' legal work is eminently reasonable, likely much less than the $20,000 or more when a full-scale NVCA term sheet is used. Including the cost of maintaining the company's investor relations site means that investors are assured of always getting up-to-date information in a form that is immediately usable to them.

미래 권리(Future Rights)

The Series Seed will be given the same contractual rights (such as registration rights, information rights, rights of first refusal, and tagalong rights) as the first series of Preferred Stock sold to investors on terms similar to, or consistent with, NVCA or other standard documents customary for venture capital investments by institutional investors.

> This is the magic paragraph that ensures investors are protected with all the provisions included in the NVCA Model Documents, assuming that the company does a follow-on investment round with an institutional investor such as a traditional venture fund. It is what allows us to cut 14 pages worth of detail out of this term sheet, compared to the NVCA one.

창업가 문제(Founder Matters)

Each founder shall have four years vesting beginning as of the Closing, with 25 percent vesting on the first anniversary of the Closing and the remainder vesting monthly over the following 36 months. Full acceleration upon "Double Trigger." Each Founder shall have assigned all relevant IP to the Company prior to closing and shall

have entered into a non disclosure, noncompetition, and non solicitation agreement (to the fullest extent permitted by applicable law), with such noncompetition and non solicitation covenants to be applicable during the term of his or her employment by the Company and for one year after the termination thereof. Founders shall be

subject to an agreement with the Company pursuant to which the Company shall have a right of first refusal with respect to any proposed transfer of capital stock of the Company at the price offered.

This section provides for what is called "reverse vesting" for the company's founders. Even though they may start out owning 100 percent of the company's stock, this gives the company the right to repurchase the stock owned by the Founder(s) if they leave the company.

The terms are the standard 'four year vesting/one year cliff', which means that if the founder leaves within the first year after the investment, the company can reacquire all of his or her stock, and after the one-year anniversary, the remaining stock vests monthly over the next three years. While some Founders initially find this onerous, it is actually very much in each of the Founders' best interest, because otherwise one co-founder (say, out of two) could theoretically walk away from the company the day after the closing, and retain nearly half of the equity …something that would be manifestly unfair to the other founder.

The "full acceleration upon Double Trigger" means that if the company is acquired before the four years are up, and the new owners terminate the Founder, all of the remaining stock owned by the Founder immediately vests.

Other provisions of this section include ensuring that the Founder(s) have fully assigned all of their intellectual property so that it is owned by the company, that they have entered into an employment agreement providing for non disclosure of confidential information, and that if they leave the company they are restricted for a year from either directly competing with the company, or poaching its employees.

Finally, this section says that if Founders want to sell any of their stock, they are required to first offer it to the company.

노숍/기밀성(No-Shop/Confidentiality)

The Company and the founders agree that they will not, for a period of 60 days from the date these terms are accepted, take any action to solicit, initiate, encourage, or assist the submission of any proposal, negotiation, or offer from any person or entity other than the Investors relating to the sale or issuance of any of the capital stock of the Company and shall notify the Investors promptly of any inquiries by any third parties in regards to the foregoing. The Company and the founders will not disclose the terms of this Term Sheet to any person other than officers, members of the Board of Directors, and the Company's accountants and attorneys and other potential Investors acceptable to the Investors, without the written consent of the Investors.

> The idea behind a No Shop provision is that investors do not want to be used as a "straw man" for the purpose of helping the company get a better deal from someone
> else. So there can be as much discussion as necessary, and as many unsigned drafts of the term sheet exchanged as necessary, but the minute the company signs this term sheet, they are agreeing that for 60 days they won't talk to anyone else about investing, without the investors' approval.

특수 조건(Special Terms)

[Deal specific comments/conditions inserted here.

Otherwise "None".]

> In order to keep the rest of the term sheet absolutely standard and reduce legal and drafting costs, there should be absolutely NO modifications within the text of the other sections of the term sheet. This "Special Terms" section is the one place that anything unusual or specific to this particular investment should go, although the more special terms or modifications there are, the longer it will take to negotiate, and the more the legal fees will cost. Remember that every page in the Term Sheet ultimately translates into ten or more pages of the actual deal documentation, and every new
> or special provision added requires that the lawyers on both sides write, read, and negotiate something nonstandard. As a rule of thumb, every time the documents
> need to go back and forth between the lawyers, it adds approximately $5,000 to the overall legal costs for the transaction.

COMPANY: [__________, INC.]	**FOR THE INVESTORS:**
____________________	____________________
Name: ________________	Name: ________________
Title: ________________	Title: ________________
Date: ________________	Date: ________________

> Since parts of the Term Sheet are legally binding, it should be signed by someone legally able to bind both parties. This would normally be the CEO of the company, and a Lead Investor who is firmly committed to investing in the company on these terms.

This sample term sheet was developed by Gust with the legal support of Lori Smith, Esq. of White and Williams, and extensive comments from the members of the New York Angels Term Sheet Committee including Larry Richenstein, Jeffrey Seltzer, and Mark Schneider.

E GUST 사의 수익 기반 노트 주요 거래조건

발행인(Issuer)

[insert company name] (the "Company")[1]

자금조달금액(Amount of financing)

[include Min/Max—$0—$1 million][2, 3] (the"Financing")

마감일(Closing Date)

The Offering will only close if the Minimum Investment Amount is committed by [insert date— see footnote 3]

증권의 종류(Type of Security) :

Unsecured Revenue Backed Promissory Note("Note")

투자 금액(Investment Amount)

$[_________][4] ("Original Principal Amount")

만기일(Maturity Date)

5 years from issuance

이자율(Interest Rate)

5% per annum calculated based on a 360-dayyear, compounding annually

상환(Repayment)

The note shall require payments quarterly within 30 days after the end of each fiscal quarter of the Company in an amount equal to(a) 5 percent of the Gross Revenue of the Company as reported on the Company's regularly prepared financial statements until the Original Principal Amount plus any interest accrued to date is repaid in full, and thereafter in an amount equal to (b) 2.5 percent of the Gross Revenue of the Company until receipt by the Investor of five (5) times the Original Principal Amount, plus all accrued and unpaid interest thereon (the "Obligation Amount"). Any balance of the Obligation Amount outstanding on the Maturity Date shall become immediately due and payable.

선급금(Prepayment)

Permitted at any time at the option of the Company, in whole or in part, provided however that the Note shall not be deemed satisfied and repaid in full unless and until the Investor has received 100 percent of the Obligation Amount. Any prepayment must be prorata among all Notes issued in this Financing.

수익금 사용(Use of Proceeds)

[insert intended use][5]

수정(Amendment)

The Notes may not be amended once issued.

정보 권한(Information Rights)

The Company shall provide each Investor with all information required by the JOBS Act of2012 and the relevant rules issued by the SEC. The Company will (i) file with the SEC annual reports as required by the SEC; (ii) mail each Investor a copy of such annual reports; (iii)make the contents of such annual report available to each Investor electronically through both (a) [insert name of Funding Portal] and (b) Gust.com, and optionally otherwise make such reports available as permitted by the SEC and applicable laws, rules, and regulations. In addition the Company will provide each Investor with a quarterly narrative report from the CEO with an update on the Company's operations and financial condition through one or more of the above means. No other information rights will be provided unless required by law.

양도 제한(Restrictions on Transfer)

Notes issued in the Financing will be subject to a one-year transfer restriction pursuant to the JOBS Act during which time such securities may only be transferred (a) to the Issuer,(b) pursuant to a registered offering, (c) to an Accredited Investor, (d) to certain family members, or in connection with the death or divorce of the Investor or similar circumstances at the discretion of the SEC. Transfers will also be subject to other limitations as the SEC may establish. In connection with any transfer, Investor must notify the Company at least ten (10) days prior to the effective date of such transfer, provide proof that the Transfer is permitted hereunder, and provide the name and address of the Transferee. The Company shall have the absolute right in its sole discretion to refuse to transfer ownership of the Note on its books, and such transfer shall be null and void absent evidence satisfactory to the Company that such transfer is in compliance with all applicable laws.

불이행(Events of Default)

The sole events of default shall be (i) nonpayment of any principal and interest when due hereunder; (ii) bankruptcy, insolvency, or otherwise seeking the protection of any creditors'rights statute, or (iii) dissolution, liquidation, or complete cessation of business of the Company.

[1]Use of this term sheet is limited to U.S. private companies. The exemption applicable to this offering is not available to foreign companies, issuers already reporting pursuant to Section 13 or 15(d) of the Securities Act, investment companies, and other companies that the SEC determines should be ineligible to use this exemption.

[2]$1 million limitation applies to the aggregate amount of all securities sold by the Issuer, whether of the same or a different class, over the preceding 12 months (including the securities sold in the offering under the crowd funding exemption. "Issuer" includes all entities controlled by or under common control with the Issuer.

[3]The JOBS Act requires that the offering include a target offering amount, the deadline to reach such target amount, and regular funding progress reports relating to the issuer's progress in meeting the target of-

fering amount. [Note: It appears that prior to close there will need to be a mechanism to allow crowd funding investors to rescind their investment once all final terms are set and all required disclosures have been made.]

[4]The amount sold to each investor is limited based on the investor's annual income and net worth. For an investor with an annual income or net worth of less than $100,000,the investor's maximum aggregate annual investment in securities issued under the crowd funding exemption over a 12-month period is capped at the greater of $2,000 or 5 percent of such investor's annual income or net worth. For investors with an annual income or net worth of greater than $100,000, such investments are capped at the lesser of $100,000 or10 percent of such investor's annual income or net worth.

[5]JOBs Act requires a description of the intended use of proceeds. Note that JOBS Act will also require disclosure of business plan and other information but for purposes of term sheet we have assumed that the funding portal or broker dealer will have a process in place for collecting and disseminating such information.

DISCLAIMER: THE NOTES ISSUED PURSUANT TO THE FINANCING ARE NOT THE EQUIVALENT OF PURCHASING A SHARE OF CAPITAL STOCK IN THE COMPANY. THEY DO NOT REPRESENT ANY PERCENTAGE INTEREST IN THE PROFITS OR LOSSES OF THE COMPANY NOR DO THEY PARTICIPATE IN THE PROCEEDS OF ANY

SALE EXCEPT TO THE EXTENT OF THE OBLIGATION AMOUNT. THE NOTES WILL NOT INCREASE IN VALUE AS A RESULT OF THE FUTURE OPERATIONS OF THE COMPANY OR ANY TRANSACTION IN WHICH THE COMPANY MAY ENGAGE, INCLUDING ANY SALE OF THE COMPANY OR ITS ASSETS OR ANY PUBLIC OR PRIVATE OFFERING OF SECURITIES. THE COMPANY WILL HAVE NO OBLIGATION TO PREPAY THE NOTES ON THE HAPPENING OF ANY EVENT, INCLUDING ANY SALE OF THE COMPANY OR ITS ASSETS OR ANY PUBLIC OR PRIVATE OFFERING. THE NOTES PROVIDE SOLELY FOR A FIXED MAXIMUM PAYMENT EQUAL TO THE OBLIGATION AMOUNT. YOU WILL NOT BE ENTITLED TO ANY AMOUNTS IN EXCESS OF THE OBLIGATION AMOUNT AND ONCE THE OBLIGATION AMOUNT IS RECEIVED THE COMPANY SHALL HAVE NO FURTHER OBLIGATION TO YOU AS AN INVESTOR, CREDITOR, OR OTHERWISE. THE NOTES DO NOT PROVIDE YOU WITH ANY VOTING RIGHTS AS A SHAREHOLDER OF THE COMPANY NOR DO THEY PROVIDE YOU WITH ANY RIGHT TO PARTICIPATE IN ANY FUTURE OFFERING OF SECURITIES OF THE COMPANY (INCLUDING ANY FUTURE OFFERING OF NOTES OR OTHER DEBT SECURITIES). INVESTMENT IN THE NOTES IS OF HIGH RISK. INVESTOR UNDERSTANDS AND ACKNOWLEDGES THAT THE COMPANY HAS A LIMITED FINANCIAL AND OPERATING HISTORY AND THAT AN INVESTMENT IN THE COMPANY IS HIGHLY SPECULATIVE. THERE CAN BE NO ASSURANCES THAT THE COMPANY WILL GENERATE ANY

REVENUES OR SUFFICIENT GROSS REVENUES TO MAKE THE PAYMENTS DUE ON THE NOTES. IN THE EVENT THAT THE COMPANY DOES NOT GENERATE SUFFICIENT GROSS REVENUES TO PAY THIS NOTE BY THE MATURITY DATE, THERE IS A HIGH RISK THAT YOU WILL NOT RECEIVE PAYMENT OF ANY AMOUNTS THAT REMAIN DUE. YOU UNDERSTAND THAT YOU MAY LOSE YOUR ENTIRE INVESTMENT IN THE NOTE. THE NOTES ARE UNSECURED. THE OBLIGATIONS ARE NOT SECURED BY ANY ASSETS OF THE COMPANY. THE COMPANY MAY INCUR ADDITIONAL INDEBTEDNESS TO FUND ITS OPERATIONS THAT MAY BE EITHER UNSECURED OR SECURED BY THE ASSETS OF THE COMPANY AND WHICH MAY GIVE THE CREDITORS WITH RESPECT TO SUCH INDEBTEDNESS PRIORITY OVER THE RIGHTS OF THE HOLDERS OF THE NOTES IN THE EVENT OF ANY BANKRUPTCY, INSOLVENCY, DISSOLUTION, OR OTHER PROCEEDING INVOLVING CREDITORS RIGHTS. SUCH OTHER INDEBTEDNESS MAY ALSO GIVE SUCH OTHER CREDITORS RIGHTS THAT ARE MORE FAVORABLE OR SENIOR TO THE HOLDERS OF THE NOTES. IT IS LIKELY THAT THE COMPANY MAY NEED TO RAISE ADDITIONAL FUNDS IN THE FUTURE TO GENERATE THE GROSS REVENUES NECESSARY TO PAY THE OBLIGATION AMOUNT. THERE CAN BE NO ASSURANCES THAT SUCH AMOUNTS CAN BE RAISED OR THAT THE TERMS ON WHICH SUCH ADDITIONAL FUNDS ARE RAISED WILL NOT HAVE AN ADVERSE IMPACT ON THE ABILITY OF

THE COMPANY TO PAY THE OBLIGATION AMOUNT. AS NOTED ABOVE, THE NOTES ARE ILLIQUID. THERE IS NO PUBLIC MARKET FOR THE NOTES AND THERE IS NOT LIKELY TO BE A PUBLIC MARKET FOR THE NOTES. THE COMPANY HAS NO OBLIGATION TO CREATE OR FACILITATE A MARKET FOR THE NOTES. YOU SHOULD UNDERSTAND THAT YOU MAY NEED TO HOLD THE NOTES INDEFINITELY. YOU SHOULD NOT INVEST IN THE NOTES UNLESS YOU CAN AFFORD TO HOLD THE NOTES INDEFINITELY AND BEAR THE TOTAL LOSS OF YOUR INVESTMENT. EXCEPT FOR THE INFORMATION REQUIRED TO BE MADE AVAILABLE PURSUANT TO THE JOBS ACT, THERE IS NO PUBLIC INFORMATION AVAILABLE ABOUT THE COMPANY AND THE COMPANY HAS NO PRESENT PLANS TO MAKE SUCH INFORMATION AVAILABLE.

F 국제 엔젤투자자 연맹

ACA, 엔젤 자본 협회 (Angel Capital Association) (U.S.),

http://www.angelcapitalassociation.org/

AEBAN, 스페인 비즈니스 엔젤 협회(Asociacion Española Business Angels)

http://www.aeban.es/

AANZ, 뉴질랜드 엔젤 협회(Angel Association New Zealand),

http://angelassociation.co.nz/

APBA, 포르투갈 비즈니스 엔젤 협회, 포르투갈(Associação Portuguesa de Business Angels, Portugal),

http://www.apba.pt

AAAI, 호주 엔젤투자자 협회(Australian Association of Angel Investors),

http://aaai.net.au/

AAIA, 오스트리아 엔젤투자자 협회(Austrian Angel Investors Association),

http://www.aaia.at

BAE, 유럽 엔젤투자자 동맹(The European Confederation for Angel Investing),

http://www.businessangelseurope.com/243

FEBAN, 비즈니스 엔젤, 시드펀드, 초기단계 시장 참여자를 위한 유럽 무역협회(European Trade Association for Business Angels, SeedFunds and Early Stage Market Players),
http://www.eban.org/

EstBAN, 에스토니아 비즈니스 엔젤 네트워크(Estonian Business Angels Network),
http://estban.ee/

FiBAN, 핀란드 비즈니스 엔젤 네트워크(Finnish Business Angel Network),
https://www.fiban.org/

FNABA, 국가 비즈니스 엔젤 연맹, 포르투갈(National Federation of Business Angels, Portugal),
http://www.fnaba.org/

France Angels, 프랑스 엔젤스
http://www.franceangels.org/

HBAN 헤일로 비즈니스 엔젤 네트워크, 아일랜드(Halo Business Angel Network, Ireland),
http://www.hban.org/

LINC, 스코틀랜드 엔젤 캐피털 협회(The Scottish Angel Capital Association),
http://www.lincscot.co.uk/

NACO, 국가 엔젤 캐피털 기구, 캐나다(National Angel Capital Organization, Canada),
http://www.angelinvestor.ca/

NBAA, 국가 비즈니스-엔젤 협회, 러시아(National Business-Angels Association, Russia),
http://rusangels.ru/

NorBAN, 노르웨이 비즈니스 엔젤 네트워크(Norwegian Business Angel Network),
http://www.norban.no/

TBAA, 터키 비즈니스 엔젤 협회(Business Angels Association Turkey),
http://melekyatirimcilardernegi.org/

WBAA, 세계 비즈니스 엔젤 협회(World Business Angel Association),
http://wbaa.biz/

G 주요 지역 엔젤 그룹

북미

뉴욕 엔젤스(New York Angels),

http://newyorkangels.com/index.html

골든 시즈(Golden Seeds),

http://www.goldenseeds.com

오하이오 테크 엔젤스(Ohio Tech Angels),

http://www.ohiotechangels.com/

테크 코스트 엔젤스(Tech Coast Angels),

http://www.techcoastangels.com/about-us

하이드 파크 엔젤 네트워크(Hyde Park Angel Network),

http://www.hydeparkangels.com/

파사디나 엔젤스(Pasadena Angels),

http://pasadenaangels.com/

캐피털 엔젤 네트워크(Capital Angel Network,Canada),
http://www.capitalangels.ca/

벤처 알베르타(Venture Alberta),
http://www.vaangels.com

투자자 써클(Investors' Circle),
http://investorscircle.net

케이레츠 포럼(Keiretsu Forum),
http://www.keiretsuforum.com/

아틀란타 테크놀로지 엔젤스(Atlanta Technology Angels),
http://www.angelatlanta.com

타이 엔젤스(TiE Angels),
http://www.tiesv.org/

레인 소스 캐피털(Rain Source Capita)l,
http://www.rainsourcecapital.com/

보스턴 하버 앤젤스(Boston Harbor Angels),
http://www.bostonharborangels.com

이스턴 뉴욕 엔젤스(Eastern NY Angels),
http://easternnyangels.com/

론치패드 벤처 그룹(Launchpad Venture Group),
http://www.launchpadventuregroup.com

로빈후드 벤처스(Robin Hood Ventures),
http://www.robinhoodventures.com/

중앙 텍사스 엔젤 네트웍스(Central Texas Angel Network),
http://www.centraltexasangelnetwork.com

스타베스트(StarVest),
http://www.starvestpartners.com/

밴드 오브 엔젤스(Band of Angels),
http://www.bandangels.com/

스페이스 엔젤스(Space Angels),
http://spaceangels.com

라이프 사이언스 엔젤스(Life Science Angels),
http://lifescienceangels.com

엔젤 연합(Alliance of Angels),
www.allianceofangels.com

유럽

파리 비즈니스 엔젤스(Paris Business Angels),
www.parisbusinessangels.com

비 엔젤스(Be Angels),
www.beangels.eu

고-비욘드(Go-Beyond),
www.go-beyond.biz

아츠 앤 메티어스 비즈니스 엔젤스(Arts & Metiers Business Angels),
www.am-businessangels.org

그레노블 엔젤스(Grenoble Angels),

www.grenobleangels.grenobleecobiz.biz

아이티 엔젤스(IT Angels),

www.itangels.fr

사브와 엔젤스 프랑스(Savoie Angels France),

www.savoie-angels.com

갈라타 비즈니스 엔젤스(Galata Business Angels),

www.galatabusinessangels.com

세인트 피터버그 비즈니스 엔젤스(Saint Petersburg Business Angels),

www.soba.spb.ru

엔젤스 온타임(Angels Ontime),

www.angelsontime.com

테크 엔젤스(Tech Angels),

www.techangels.ro

클럽 인베스트 77(Club Invest 77),

www.business-angels-77.fr

까피톨 엔젤스(Capitole Angels),

www.capitole-angels.com

시네장스(Synergence),

www.synergence.fr

클리어리소 엔젤스(ClearlySo Angels),

www.clearlyso.com/investors/CSA.html

키레츠 포럼 런던(Keiretsu Forum London),
www.keiretsuforum.com/global-chapters/london/

인벤트 뉴욕(Invent Network),
www.inventnetwork.co.uk/

캠프리지 엔젤스(Cambridge Angels),
cambridgeangels.weebly.com/

에사드 반(ESADE BAN),
www.esadeban.com/en

인버레디(Inveready),
www.inveready.com/

퍼스트 튜즈데이 비즈니스 엔젤 네트워크(First Tuesday Business Angel Network),
www.firsttuesday.es/

남반구

안조스 두 브라질(Anjos do Brasil),
www.anjosdobrasil.net/

가베아 엔젤스(Gavea Angels),
www.gaveaangels.org.br

칠레글로벌 엔젤스(ChileGlobal Angels),
www.chileglobalangels.cl

멜버른 엔젤스(Melbourne Angels),

www.melbourneangels.net

시드니 엔젤스(Sydney Angels),

www.sydneyangels.net.au

아이스 엔젤스(Ice Angels),

www.iceangels.co.nz

엔젤 에이치큐(Angel HQ),

www.angelhq.co.nz

H 엔젤투자 블로그와 자료

엔젤투자에 관한 거스트사 블로그(The Gust Blog on Angel Investing)

http;//www.gust.com/blog

엔젤 자료 연구소 자료 센터 (Angel Resource Institute Resource Center)

http://www.angelresourceinstitute.org/resource/angel-group-overview/

엔젤 캐피털 협회 – 엔젤투자 자료(Angel Capital Association – Angel Investing Resources)

http://www.angelcapitalassociation.org/resources/angel-groupoverview/

엔젤투자 협회 – 엔젤 인사이트 블로그(Angel Capital Association – Angel Insights Blog)

http://www.angelcapitalassociation.org/blog/

프랭크 피터스 쇼 – 엔젤투자에 관한 팟캐스트(The Frank Peters Show – A Podcast on Angel Investing)

http://thefrankpetersshow.com/

빌 페인의 엔젤투자 생각들(Bill Payne's Angel Investing Thoughts)

http://billpayne.com/category/angel-investors-2

엔젤을 위한 조기 엑싯과 다른 모범 사례에 관한 엔젤 블로그 – 바실 피터스(Angel Blog – Basil Peters on Early Exits for Angels and Other BestPractices)

http://www.angelblog.net/index.html

엔젤투자에 관한 인간공학–데이브 버커스(Berkonomics–Dave Berkus on Angel Investing)

http://berkonomics.com/

엔젤투자에 관한 쿼러 질문과 답변(Quora Questions & Answers on Angel Investing)

http://www.quora.com/Angel-Investing

에이투에이: 엔젤 분석가–아담 퀸톤(A2A: Analyst To Angel–Adam Quinton)

http://www.analysttoangel.com

엔젤투자에 관한 블룸버그 비즈니스윅(Bloomberg BusinessWeek on Angel Investing)

http://go.bloomberg.com/tech-deals/angel-investing/

엔젤투자에 관하여– 데이비스 테튼(David Teten on Angel Investing)

http://teten.com/blog/category/investing/angel/

투자와 기술의 미래에 관하여–댄 로슨(Dan Rosen on Investing and the Future of Technology)

http://blog.drosenassoc.com

조지 매퀼큰으로부터의 엔젤투자 뉴스(Angel Investing News from George McQuilken)

http://angelinvestingnews.blogspot.com/

크리스토퍼 미라빌의 엔젤투자에 관한 스크래치페이퍼 블로그(ScratchPaper Blog on Angel Investing by Christopher Mirabile)

http://scratchpaperblog.com/category/angel-investing/

엔젤투자에 관한 시디인베스츠 블로그(SeedInvest's Blog on Angel Investing)

http://blog.seedinvest.com

시드 펀딩 블로그와 자료－프레드 윌슨(유니온 스퀘어 벤처스)(Seed Funding Blogs and ResourcesFred Wilson (Union Square Ventures))

http://Avc.com

브레드 펠드(파운드리 그룹) (Brad Feld (Foundry Group))

http://feld.com

찰리 오도넬(브루클린 브리지 벤처스)(Charlie O'Donnell (Brooklyn Bridge Ventures))

http://www.thisisgoingtobebig.com

마크 서스터의 테이블의 양면(업프론트 벤처스)(Mark Suster's Both Sides of the Table (Upfront Ventures))

http://BothSidesOfTheTable.com

제프 부스강의 양면 보기(플라이브리지 캐피털)(Jeff Bussgang's Seeing Both Sides (Flybridge Capital))

http://bostonvcblog.typepad.com/vc/

엔젤투자에 관하여－빌 칼레논(카운슬러 앳 로)(Bill Carleton (Counselor @ Law) on Angel Investing)

http://www.wac6.com/wac6/archives.html

크리스 딕슨(앤드리센 호로위츠)(Chris Dixon (Andreesen Horowitz))

http://cdixon.org

랍 고(넥스트뷰 벤처스)(Rob Go (Nextview Ventures))

http://robgo.org

퍼스트 라운드 리뷰(First Round Review (First Round Capital))

http://firstround.com/review

폴 그레이엄의 에세이(Paul Graham's Essays)

http://paulgraham.com/articles.html

빌 걸리의 어보브 더 크라우드(벤치마크 캐피털)(Bill Gurley's Above the Crowd (Benchmark Capital))

http://abovethecrowd.com/archives/

찾아보기

지은이

David S. Rose

데이비드 로즈(David S. Rose)는 뉴욕엔젤스(New York Angels)의 설립자이자 명예회장이다.
포브스 매거진은 '뉴욕의 대부급 엔젤', 레드헤링 매거진은 '실리콘 앨리의 애국자', 그리고 비즈니스위크 매거진은 '세계를 정복하는 기업가'로 데이비드 로즈를 묘사하였다.
60만 개 이상의 스타트업과 7만 5천 명의 초기 투자자들을 움직이는 플랫폼인 거스트(Gust)의 대표이며, '엔젤 인베스트먼트'와 '스타트업 체크리스트' 등 뉴욕타임즈(NYT) 인기 작가이기도 하다.
뉴욕 출신인 데이비드 로즈는 예일대학교에서 학사, 콜롬비아 비즈니스스쿨에서 재무 전공으로 MBA를 마쳤으며, 현재 예일대학교 피어슨 칼리지의 회원이자 콜롬비아 비즈니스스쿨과 예일대학교의 기업가정신 자문위원을 맡고 있다.

옮긴이

■ **이우진** 교수

- 국민대 글로벌 창업벤처대학원 부원장
- Entrepreneurship(융합) 전공 및 경영학부 교수
- 전문엔젤투자자 및 개인투자조합 GP

■ **김영덕** 대표

- (주)디테일스 대표이사
- 샌프란시스코대학교 대학원 Finance전공 MBA
- 한국외국어대학교 학사

■ **장원식** 변리사

- 장한지식재산 대표
- A.I. 엔젤클럽 엔젤투자자
- 대한항공 항공우주사업본부 엔지니어
- 서울대학교 항공우주공학과 학사

■ **김종철** 심사역

- 다날/다날투자파트너스 투자&육성팀 팀장
- 한국투자파트너스 투자지원실 팀장
- 아주대학교 산업공학과 석사

저자와의
협의하에
인지생략

엔젤투자, 새로운 부자들의 시대

2021년 02월 26일 초판 인쇄
2021년 03월 10일 초판 1 쇄 발행

저 자 : David S. Rose
역 자 : 이우진 · 김영덕 · 장원식 · 김종철

발행인 : 정 광 식
발행처 : **비앤엠북스**
서울시 금천구 가산디지털1로 70 B1-103(호서대벤처타워)
등 록 2004. 12. 29. / 제313-2004-00298호
전 화 2627-5710~13, 팩스 2627-5720
홈페이지 www.대학교재.net
이 메 일 bnmbook@daum.net

정가 25,000원 ISBN 978-89-6821-127-0